제2판

영유아음악교육2021

김 혜 경

창지사

서문

영유아에게 음악은 그 자체로 축복이다. 아니, 모든 인간에게 그럴 것이다. 저자 역시 음악을 통해 편안함과 힘을 얻거나 그 선율과 연결된 추억에 행복해질 때가 있다. 슈베르트F. P. Schubert의 〈송어Die Forelle〉, 브람스J. Brahms의 〈왈츠 16번Waltz, no. 16〉, 엔니오 모리코네Ennio Morricone의 〈시네마 파라디소Cinema Paradiso〉, 엘비스 프레슬리Elvis Presley의 〈하운드 독Hound dog〉, 비틀즈Beatles의 〈아이 워너 홀드 유어 핸드I wanna hold your hand〉, 에릭 크랩튼Eric Clapton의 〈원더풀 투나잇Wonderful tonight〉, 송골매의 〈모두 다 사랑하리〉, 윤도현의 〈나는 나비〉, …. 행복감을 주는 여러 음악이 있다.

동요 〈섬 집 아기〉는 좀 더 특별하다. 발달특성상 부모님이 들려주셨던 장면을 기억하지 못하지만, 이런 아들을 재울 때 등에 업고 불러 주던 기억은 선명하다. 엄마 등에 딱 붙어 잠든 아기의 몽글몽글한 볼, 안온한 숨소리. 이 노래를 들으면 어머니, 아버지의 사랑이 느껴지면서 애잔한 느낌이 차오른다. 가끔은 더운 눈물도 고인다. 일반적으로는 1절만 부르면서 주로 자장가로 활용되고 있다. 실제로 노랫말을 2절까지 들어 보면 아이를 혼자 두고 일하러 나간 엄마의 애절함에 슬픔이 묻어난다.

> 엄마가 섬 그늘에 굴 따러 가면 아기가 혼자 남아 집을 보다가
> 바다가 불러 주는 자장노래에 팔 베고 스르르르 잠이 듭니다.
>
> 아기는 잠을 곤히 자고 있지만 갈매기 울음소리 맘이 설레어
> 다 못 찬 굴 바구니 머리에 이고 엄마는 모랫길을 달려옵니다.

〈섬 집 아기〉의 노랫말은 한국전쟁 당시 피난살이를 하던 초등학교 교사 한인현 씨가 부산 앞바다의 작은 섬에 갔다가 오두막에서 홀로 잠든 아이를 보고 지은 시다. 어린아이를 남겨 두고 일을 나가야 했던 엄마의 마음과 엄마를 기다리다 파도 소리를 들으며 잠들었을 아기의 마음이 모두 담긴 노랫말은 반세기가 지난 지금도 우리 마음을 울린다. 아마 우리나라에서 아이를 키우거나 돌보는 사람은 누구나 불러 보았을 노래이다.

공유된 문화라는 관점에서 우리나라 아이들이 먼 미래까지 〈섬 집 아기〉를 듣고 부르며 자랐으면 좋겠다는 바람을 가져 본다. 각 가정이 하나나 둘만 낳아 키우는 저출산의 대한민국에 노래로 동질감을 느끼게 하는 교육이 필요하다고 생각하기 때문이다. 유치원 교육과정과 어린이집 표준보육과정이 누리과정으로 통합 개발되는 과정에서 그동안 여러 세대가 공유했던 많은 노래와 음악이 삭제되어 단절되었을 때 안타까움을 느꼈다. 기관의 특성에 따라 국악 수업을 실시하고 전래 동요와 음악을 배우는 곳도 있지만, 일과운영 기준을 따라야 하는 평가제도의 확산에 따라 점점 사라지는 추세이다. 앞으로 개발되는 교육과정에서는 원장, 교사, 영유아, 부모 세대가 모두 함께 좋아하는 음악활동이 다수 포함되었으면 좋겠다는 희망을 밝혀 본다. 이와 함께 영유아들이 매일 신나게 노래를 부르며 즐겁게 어린 시절을 보내는 대한민국을 소망한다.

우리나라 영유아를 위한 교사용 도서들이 주로 번역판이거나 동요중심의 반주곡집이 전부였던 시절, 대학에서 '유아음악교육' 수업을 끌어가던 저자는 1996년도에 『유치원 음악교육의 이론과 실제』라는 이름의 음악교육 책을 만든 후 여러 차례 개정판을 내놓았다. 시기적으로 딱 맞아떨어진 내용의 책이라는 기대 이상의 반응으로 오랜 시간 자부심을 느꼈다. 10만 부 이상이 각 대학의 수업과 현장 교사들의 연구에 활용되었다. 당시에는 '유아음악교육'이라는 과목을 유아교육 전공자가 가르쳐야 하는지, 음악교육 전공자가 가르쳐야 하는지 논란과 갈등이 많았던 시기였고, 이 책이 여타 전공의 강사도 쉽게 대학의 수업을 끌어갈 수 있게 구성되어 있었기 때문이다.

저자의 책들은 유아교육 정책이나 제도의 변화에 따라 유아음악교육, 아동음악, 영유아음악활동의 이해, 유아음악교육2000, 영유아 음악교육 등으로 도서명을 변화시켜 가며 개정과 증보를 거듭해 왔다. 아래의 대표적인 책은 이 책의 독자에게도 익숙할 것이다.

▲ 유치원 음악교육의 이론과 실제(창지사)

▲ 유아음악교육2000(창지사)

▲ 영유아음악교육(창지사)

이 책들 역시 대학의 수업 교재로 채택이 되고 있지만 대학에서 음악에 관련된 강의를 꾸려 가는 미디어 환경이 달라지고 있다는 점에서 현실에 맞는 책의 필요성을 느껴 왔다. 현실 세계와 화면 속 세계를 이해하지 못하는 만 2세 이전에는 영상을 보여 주지 않아야 한다는 이론, 실리콘 밸리[1]의 컴퓨터 업계에 근무하는 박사들이 자신들의 자녀는 자연주의를 표방하는 발도르프 학교에 보낸다는 내용, 영국의 스마트폰 통신회사인 보다폰 직원들 역시 자신의 자녀가 어릴수록 휴대전화와 접하지 못하게 한다는 내용 등(김혜경의 『저출산 세대의 슈퍼대디』. 공동체.

1) Silicon Valley: 미국 캘리포니아주 샌프란시스코 동남부 지역의 계곡 지대를 이르는 이름. 실리콘 반도체를 제조하는 업체가 많이 모여 있는 곳

2015. 참조)을 접하기도 하지만, 현실에서는 태교 때부터 컴퓨터와 스마트폰을 동원해 음악이나 동요를 들려주고 있다.

저자의 어린이집 영유아들도 가정에서 음악을 접하는 플랫폼[2)]이 다양하다. 자신이 만든 유튜브[3)] 방송의 구독자가 늘어나고 있다고 자랑하는 유아도 있고, 부모의 팟캐스트[4)]에 대해 매일 알려 주는 유아도 있다. 영유아교육 현장의 수업에 관련된 교재도 변화되는 속도에 따라 또 한 번의 개정이 필요한 시점이다.

여러 사람이 저자의 책 목차를 차용하여 출판한 유사 도서들도 여전히 그 틀을 벗어나지 못한 내용으로 쏟아져 나오고 있다. 즉, 20여 년간 그저 답습하고 있는 내용에 저자의 양심은 꽤 오래전부터 괴로움에 시달렸다.

작금(these days)의 영유아에게 꼭 필요한 내용으로, 현장의 교사들이 유능하게 활용할 수 있는 음악책을 써야겠다고 마음먹었지만 다른 주제(운영관리, 평가인증, 원장리더십, 보육의 회복, 보육교사론 등)에 빠져 집필에 몰두하느라 꽤 많은 시간을 흘려보냈다. 이 시대에 꼭 필요한 책을 쓰겠다는 마음으로 도서명을『영유아음악교육2021』로 변경하였다. 2001년에 출판하여 가장 많은 독자와 만났던『유아음악교육2000』과 집필 의도가 유사하다.

현재 우리나라의 유아교육현장은 국가가 지정해 주는 커리큘럼을 중심으로 기본사항을 지켜 가며 일과를 진행해야 한다. 주어진 과업을 수행할 때 음악 분야 역시 국가수준을 준수하며 연령별 수업이 이루어진다. 예비교사들이 현장에서 처음 담임교사를 맡게 되었을 때 수업을 끌어가는 역할에 무리가 없도록 하자는 측면으로

---

2) platform: 다양한 환경의 운영 체계에서 공통으로 사용되는 컴퓨터 하드웨어나 소프트웨어

3) Youtube: 전 세계 최대 무료 동영상 공유 사이트. 사용자가 영상 클립을 보거나 업로드·공유할 수 있다.

4) Pod cast: 팟캐스트는 애플의 아이팟(iPod)과 방송(broadcasting)을 결합해 만든 신조어. 포터블 미디어 플레이어(PMP) 사용자들에게 오디오 파일 또는 비디오 파일 형태로 뉴스나 드라마, 각종 콘텐츠를 제공하는 것으로 아무 때나 들을 수 있다.

내용을 구성하였다. 이번 책에도 지난번 책에 제공되었던, 2008년 폐원되어 역사 속으로 사라진 '색동유치원' 원아들의 음악활동 사례가 일부 포함되어 있음을 밝힌다.

기본적으로 알아야 할 국가수준의 지침, 영유아의 발달특성과 음악적 능력을 학습하고 현장을 이해하는 방향으로 목차를 잡았다. 담임교사의 수업 외에 영유아에게 제공되는 특별활동 프로그램에 대해서도 알아본다. 어떤 연령을 맡아도 끌어가는 데 어려움이 없도록 연령별 흐름을 이해하고 활동을 익힐 수 있는 매체가 되었으면 한다.

교사들은 아동음악, 유아음악교육, 영유아음악교육, 유아음률지도, 동작교육 등의 과목에서 음악에 대한 공부를 하고, 현장에 나와서는 흥미 영역에 기본적인 악기를 비치해 주기, 컴퓨터나 휴대전화를 이용해 음악활동을 끌어내기, 여러 가지 자료로 음악활동을 하는 영유아에게 상호작용해 주기 등을 지원하는 정도에서 음악의 위치를 확인한다.

유능한 교사가 되기 위한 준비과정으로 음악을 익히고 악기를 탐색해 보기 바란다. 이 책의 이론을 학습하면서 발달에 적합한 활동, 소리와 음악 듣기, 노래 부르기, 악기 다루기, 동작활동, 행사와 현상학습의 음악 사례를 응용하여 모의수업 시연도 가능할 것이다. 영유아를 위한 기관에서는 음악이라는 한 가지 영역이 아니라 수업 주제를 포괄하는 패키지 교재들을 구매하여 대집단, 소집단, 개별로 음악과 관련되는 수업을 진행하는 점을 참고한다.

모의수업에서는 이 책에 소개된 음악활동을 찾아 개별로 하는 방법 혹은 노래 목록을 중심으로 수업의 주제를 잡아 팀별로 하는 방법, 음악활동의 지도방법, 즉 소리와 음악 듣기, 노래 부르기, 악기 다루기, 동작활동을 팀별로 하는 방법 등을 다양하게 활용할 수 있다. 어린이집·유치원 통합정보공시 사이트(www.childinfo.go.kr)를 통해 취업하고자 하는 지역 영유아기관의 교육과정(보육과정)을 연령별로 살펴보고 적합한 모의수업 계획에 참고해도 좋겠다.

영유아를 위한 교육과정뿐만이 아니라 교사양성의 과정에서도 '국가직무능력 표준'에 따라 수업의 내용이 조직되어야 하기 때문에 2016년에 배포된 직무능력 표준도 반영하여 책의 내용을 구성하였다. 국가직무능력 표준 역시 우리나라의 전통문화와 공유 정서를 좀 더 다룰 수 있도록 해 줬으면 한다. 이러한 측면을 이해하고 공감해 주는 독자들을 만나고 싶다.

영유아기관의 현실을 담을 수 있어서 다행이었지만…, 언제나 그렇듯이 더 훌륭한 책을 만들지 못한 아쉬움과 함께 이 책을 마무리한다.

1996년부터 수많은 작업을 함께 하는 동안 항상 저자의 집필과정을 존중하고 기다려 주는 창지사 임직원 여러분께 감사드린다.

어느 멋진 날에

저자 김혜경

차례

CHAPTER 01

영유아교육에서의 음악

1 음악교육의 본질

1) 영유아음악교육의 방향

영유아기의 음악교육은 음악전문가나 연주가를 만드는 것을 목적으로 하지 않는다. '음악'을 대상으로 하는 음악교육이 아니고 '영유아'를 대상으로 하는 음악교육을 뜻한다.

영유아기관의 음악활동은 흥미 영역에서 자유놀이로, 대·소집단 활동으로, 실외활동으로 다양하게 진행되는데, 국가직무능력 표준에서는 활동을 끌어가는 교사의 책임 및 역할을 다음과 같이 제시하고 있다. 음악 관련 활동을 계획하여 실행할 때도 적용되어야 할 것이다.

주요 업무	책임 및 역할
흥미 영역 운영하기	• 흥미 영역별로 계획한 보육활동과 자료를 영유아에게 소개하여 자유롭게 선택하도록 지도한다. • 흥미 영역별 활동을 관찰하여 영유아의 개별적 흥미와 요구에 적합한 상호작용을 한다. • 영유아의 흥미나 요구에 따라 계획한 보육활동을 확장·조정한다. • 흥미 영역별 활동에 고루 참여하여 개별 영유아와 상호작용한다. • 흥미 영역별 보육활동이 연계·통합하여 이루어질 수 있도록 지원한다. • 또래 간의 상호작용, 협동, 문제해결 등이 촉진되도록 지도한다. • 영유아의 요구, 활동의 몰입 정도에 따라 정리시간을 조정하여 마무리한다. • 놀이과정을 관찰하고 기록하여 그 결과를 체계적으로 평가함으로써 다음 활동에 반영한다.
대·소집단 활동 운영하기	• 계획된 보육활동 내용과 집단 크기에 따라 효과적인 교수·학습 방법을 적용한다. • 계획된 대·소집단 보육활동의 진행순서에 맞게 자료를 준비한다. • 보육활동을 시작할 때 유아의 흥미를 유발하고 주의를 집중하도록 지도한다. • 대·소집단 활동에 모든 유아가 골고루 참여하도록 지도한다. • 유아의 흥미와 요구에 따라 준비한 보육활동을 확장·조정한다. • 대·소집단 활동을 흥미 영역 활동, 실외활동과 연계·통합되도록 지도한다. • 개별 반응을 수용하고 영유아의 관심을 고루 반영하는 적절한 상호작용을 한다. • 보육활동 간 전이가 자연스럽게 이루어지도록 운영한다.

주요 업무	책임 및 역할
실외활동 운영하기	• 연령에 적합한 실외 놀잇감을 계획에 맞게 배치하여 활동을 실행한다. • 계획된 활동 이외에 영유아의 흥미와 요구, 날씨에 따라 놀잇감을 추가로 제공하거나 대체활동을 진행한다. • 영유아가 실외의 공기와 햇빛, 바람, 구름, 계절의 변화 등에 관심을 갖도록 상호작용한다. • 실내외 활동이 서로 연계·확장되도록 운영한다. • 실외활동 중 안전사고를 예방하기 위해 전체 영유아를 주시하여 감독한다.

출처: https://www.ncs.go.kr/unity/th03/ncsResultSearch.do#, p. 184.

위와 같은 현실적인 지침에서의 음악활동에 대한 방향과 함께 많은 연구에서는 유아기의 음악교육에 대해 다음과 같이 설명하고 있다.

J. Dewey에 의하면 영유아에게는 생활로서의 노래를 가르쳐야 한다고 하였다(박경애, 1986). 즉, 일상생활에서의 학습이 음악교육의 목적이 되는 것이다. 이러한 의미에서 영유아에게 음악을 지도하는 것은 단순히 음악교육을 위한 것이 아니라 음악을 통해서 생활 전체를 발달시키는 것이다. 따라서 교사들은 음악전문가로서의 음악연구가 아닌 영유아의 발달을 이해하는 지도방법을 연구해야 한다.

MMCP(Manhattanville Music Curriculum Program)의 실험연구들(1965, 1968)은 유아의 음악적 경험을 중시하며, 교육과정 모형의 음악교육 목적을 인지, 태도, 기술, 심미감의 측면으로 설명하고 있다. MMCP는 Bruner의 구조론에 근거한 나선형 교육과정[1]으로 16개의 사이클과 음색, 셈여림, 형식, 리듬, 음높이를 말하는 5개 개념을 단계적으로 학습할 수 있도록 제시하고 있다. 이는 학습자가 음악 개념에 대해 다양하게 경험하고 학습할 수 있도록 구성하여 포괄적인 음악을 접할 수 있게 하였다. 포괄적 음악성이란 음에 대해 감각적으로 지각하고 반응하며, 지적으로 이해 및 분석할 수 있고 음을 가지고 창조적으로 조작, 표현, 연주할 수 있는 기능 모두를 통합한 음악적 능력을 말한다. 이러한 포괄적 음악성을 길러 줄 수 있는

1) 동일한 성격의 내용이 학습자의 수준이 높아짐에 따라 더 폭넓게 제공되어야 한다는 이론의 교육과정

음악교육은 단순히 기술이나 이론적 지식을 습득함으로써 가능해지는 것이 아니다. 공통요소 접근법, 행위위주 접근법, 교육전략의 사용을 통하여 비로소 가능해진다.

MMCP 이외에도 미국 Ford재단의 지원을 받아 MEMC(Music Education's National Conference)를 중심으로 이루어진 CMP(Contemporary Music Project, 1963-1973), YCP(Young Composers Project, 1952-1962), HMCP(Hawaii Music Curriculum Program, 1968) 같은 포괄적 음악교육 프로그램들은 음악의 여러 영역이 통합되어 학습되어야 한다고 한다. 학생 스스로가 통합적 활동을 해 나가야 하며 교사는 안내자의 역할을 수행한다.

Tillman(1995)은 음악교육에 도움이 되는 게임들은 모든 음악수업에 중심이 되는 음악 감상하기, 연주하기, 작곡하기, 소리 탐색이 수반되어야 한다고 말한다. Swanson은 5가지 음악 요소인 음악 듣기, 움직이기, 노래 부르기, 악기 다루기가 합쳐졌을 때 음악적 창의능력이 생겨난다고 하였다(김춘희, 1994, 재인용).

Bessie는 음악교육의 5가지 기초를 음악 창조, 노래 부르기, 악기 다루기, 움직이기, 음악의 이해와 기본법 사용으로 설명한다(김혜란, 1987, 재인용). Arnoff와 Spodek(1994)은 조기 유아교육에 있어서 음악 프로그램은 음악을 듣고 그 음악적 요소를 이해하는 법을 배우고, 노래하기와 악기 연주를 통해 이 요소를 재현하고, 신체동작을 음악적 표현과 연결 짓는 기회를 유아들에게 제공해야 한다고 말한다.

염현경(2009)은 영유아음악교육의 현대적 동향을 4가지로 해석하고 있다.

- 통합적 접근: 음악활동이 단순히 노래 부르기나 음악 감상만으로 분리되어 실시되는 것이 아니라 문학, 미술, 동작, 드라마, 수·과학 등과 통합된 형태로 이루어질 때 최상의 교육적 효과를 얻는다.
- 다문화교육: 다문화교육(multicultural education)이 세계적인 추세임에 따라 음악교육에서도 여러 나라 음악에 관한 이해와 다양한 경험을 하도록 한다.
- 발달에 적합한 음악교육: 영유아를 가르치는 교사는 발달에 적합한 방법으로 음

악을 가르치기 위해 영유아 발달과 음악교육에 관한 지식을 가지고 적합한 프로그램을 만들 수 있어야 한다.

- 테크놀로지의 적절한 사용: 영유아를 위한 교육기관에서도 영유아의 발달수준과 환경에 적합하다면, 키보드 등 전자기기를 이용한 악기는 물론 각종 교육용 소프트웨어와 다양한 테크놀로지의 형태를 가진 교수 자료를 사용할 수 있다.

여러 학자의 연구 결과를 토대로 볼 때 영유아기 음악교육의 목적은 기능의 연습이라기보다는 음악을 친숙하게 느끼도록 하고 좋은 음악 표현이나 감상에 적극적인 태도를 갖도록 영유아의 생활 속에서 자연스럽게 받아들이는 습관을 기르는 것이라고 할 수 있다.

교사는 재량에 따라 음악활동을 다양한 방법으로 유도할 수 있다. 음악경험은 15~20분의 계획된 음악시간을 통해 일어날 수 있고 자유놀이 시간에 일어날 수도 있으며 하루 일과 중 다양한 활동을 하는 중에 수시로 이끌어 낼 수도 있다.

Greenberg는 규칙적으로 계획된 음악시간이 하루의 기본생활로 지속되도록 추천한다. 만 3세 이상 유아반에서는 대·소집단 활동이 가능하므로 모든 유아가 함께 집단활동에 참여함으로써 공동의식과 주체성을 형성하게 되며, 집단 앞에서 똑똑하게 말하는 법, 자신이 말할 차례를 기다리는 법, 청중의 자세 등을 배운다. Greenberg가 제안한 효과적인 집단활동 시간의 계획을 정리해 보면 다음과 같다.

- 종, 탬버린, 기타 등의 신호 악기를 사용하여 유아들이 모이도록 유도한다.
- 집단으로 모이는 장소에 유아들의 주의를 끄는 물건이 있을 경우 그것을 치우거나 시선을 차단시킴으로써 산만함을 피하게 한다.
- 교사와 유아, 유아와 유아 간의 상호작용을 증진시키기 위해 원이나 반원으로 앉게 한다. 카펫 주위에 미리 의자를 배열해 놓거나 집단 속의 보조교사가 유아들의 자리 정돈을 도울 수 있다. 학기 초에는 어린 유아를 위해 교실 바닥에 유아 사진을 붙여 놓고 정해진 자리에 앉도록 배려해 줄 수 있다.
- 유아의 이름 부르기나 간단한 손유희, 익숙한 노래 부르기 등부터 시작하여

분위기를 유도한다.

- 유아는 너무 많은 신체표현이나 오래 앉아 듣는 것을 싫어하므로 유아의 흥미를 위해 필요한 교구 및 교재의 준비를 철저히 하여 융통성 있게 활용한다.
- 음악활동 시간에 부정적인 강화는 최소한으로 줄이고 집단에서 기대되는 수칙을 수행한 유아는 칭찬해 준다.

유아반의 음악활동을 대집단으로 진행하기에 적당한 시간은 다음과 같다.

- 기관의 하루 프로그램이 시작될 때
- 간식 전후
- 동화를 들려준 후
- 자유놀이 시간 이후
- 이야기 나누기 시간과 관련된 시간
- 산책이나 견학을 할 때

대부분 음악시간은 신체적인 활동이 포함되어 있으므로 실외활동 이후나 낮잠 직후, 이른 아침 등은 피한다. 대집단 활동 시간은 학기 초에 5~10분 정도, 학기 중간쯤에 10~15분을 목표로 한다. 음악활동 중에 유아의 주의력을 집중시키는 요령은 손뼉치기, 교사의 신체표현, 악기 다루기, 손유희, 노래 게임, 음악 만들기 등을 포함하여 다양한 흥미와 즐거움을 제공해 주는 것이다.

대집단 활동 시간 외에도 다른 학습을 위해 음악을 다양한 방법으로 사용할 수 있다. 간식이나 수업 준비를 기다리는 잠깐의 시간, 현장학습을 위해 유아들을 버스에 태우려고 할 때 간단한 노래 게임을 할 수 있다. 출석을 부르거나 귀가지도 시 유아의 이름을 찬트[2)]한다. 즉, 유아들이 잘 알고 있는 노래에 유아 이름을 넣어 부른다(예: 눈은 어디 있나~ 요기~♪♪ → 서윤이는 어디 있나~ 요기~♪♪).

유아에게 음악을 가르치는 교사는 일상생활에서 유아들을 지지하고 격려하고 상호작용하는 가운데 음악적인 분위기를 살리기 위한 노력을 끊임없이 해야 한다.

---

2) chant: 읊조림

2 국가수준 프로그램

1) 목표와 내용의 영역

우리나라의 모든 어린이집과 유치원은 3~5세 유아를 대상으로 국가수준의 누리과정, 어린이집의 0~2세 영아를 대상으로 국가수준의 표준보육과정을 근간으로 수업을 끌어가야 한다.

(1) 누리과정

누리과정은 2011년에 도입을 확정하고 관련법령 개정후 2012년 3월에 만 5세아, 2013년 3월에 만 3~4세에 도입되었다. 누리과정은 어린이집의 표준보육과정과 유치원의 유치원교육과정을 공통의 과정으로 만든 것이다. 보건복지부 표준보육과정의 6개 영역(신체운동, 기본생활, 사회관계, 예술경험, 의사소통, 자연탐구)과 교육부 유치원교육과정의 5개 영역(건강생활, 사회생활, 표현생활, 언어생활, 탐구생활)을 3~5세 누리과정에서는 신체운동·건강, 의사소통, 사회관계, 예술경험, 자연탐구 영역으로 일원화하였다.

유치원과 어린이집 현장에는 교사들이 누리과정의 개요를 학습하고 활용할 수 있는 국가수준의 리플렛과 참고자료들이 보급되어 있고 교사들은 이 내용을 근간으로 프로그램을 계획하고 수업을 진행한다.

▲ 현장에 보급되어 있는 누리과정 책자

개정 누리과정은 내용범주의 간략화, 유아의 자율적인 놀이를 중시한다. 위 책자들의 내용을 참고하여 각 연령별 담임교사는 단계별 계획안을 작성하여 누리과정을 전개한다. 누리과정 수업에서의 수업 주제는 유아들의 관심에 따라 달라질 수 있다. 유아들의 의견에 따라 계획한 시기가 달라질 수 있으며 지속적인 홍미를 보일 경우 연중 반복될 수도 있다. 음악과 관련된 활동도 이러한 기본 방향에 따라 전개되어야 한다.

개정 누리과정은 기존 누리과정에서 연령 구분없이 다음과 같이 변화되었으며 유아의 진정한 놀이중심을 강조하고 있다. 누리과정에서 유아는 놀이하는 유능한 존재이자 배움의 주체이다. 놀이는 유아가 배우는 내용, 방식, 과정이며 유아의 앎이자 삶이다.

	누리과정(2015)		개정 누리과정(2020)
교육과정	유아·놀이 중심의 교육과정	→	유아–놀이 중심 교육과정의 재정립
	교사가 계획하여 실행하는 놀이	→	유아가 선택하여 주도하는 놀이 강조
	교사 계획에 따른 놀이시간 제한 예) 간식을 먹기 위해 같이 놀이를 중단하고 간식을 먹음.	→	유아에게 충분한 놀이시간 확보 예) 놀이가 중단되지 않도록 놀이시간 중 자유롭게 간식을 먹을 수 있도록 함.
	교사에 의해 미리 만들어진 교육과정	→	유아와 함께 만들어가는 교육과정

교사 역할	연간, 월간, 주간 등 교사가 구체적으로 계획하여 실행하는 놀이 예) 가족 주제에 영역별로 교사가 계획한 놀이를 제안하여 실행	→	교사의 계획을 최소화하고 유아의 흥미와 요구에 따라 변경 및 실행 유아가 선택하여 주도하는 놀이 강조 예) 교사가 가족 주제를 계획했어도 유아가 팽이에 관심이 있으면 변경하여 실행
	구체적인 교육 계획안, 계획 및 평가 등 문서작성에 교사가 많은 시간 소요	→	실질적으로 이루어진 놀이 실행 및 교사의 지원 계획을 기록
	교사의 적극적인 놀이 개입 및 상호작용	→	유아가 스스로 놀이할 수 있도록 관찰하고 지원 및 소극적 상호작용
	사전 계획 안내 가정에 교사가 작성한 다음 주 활동 계획안 배부 예) 월간 계획안, 주간 계획안	→	사후 활동 안내 유아들이 실행한 놀이 실행내용을 배부 예) 한주 또는 한 달간 진행된 놀이 이야기

표 출처: 전국국공립어린이집연합회. 2020년도 국공립어린이집 운영안내서.

개정 누리과정은 신체운동·건강, 의사소통, 사회관계, 예술경험, 자연탐구의 5개 영역을 유지하였으나, 각 영역에 포함되는 범주와 내용을 간략화하였다. 각 영역은 3개의 내용범주를 두어 총 15개의 내용범주로 구성하였다. 각 영역에 포함된 내용은 신체운동·건강 영역 12개, 의사소통 영역 12개, 사회관계 영역 12개, 예술경험 영역 10개, 자연탐구 영역 13개로서 총 59개로 간략화하였다. 음악활동과 가장 밀접한 영역은 예술경험 영역이다.

	목표	내용범주	내 용
신체운동·건강 (12개)	신체활동에 즐겁게 참여한다	신체활동 즐기기	• 신체를 인식하고 움직인다. • 신체 움직임을 조절한다. • 기초적인 이동운동, 제자리운동, 도구를 이용한 운동을 한다. • 실내외 신체활동에 자발적으로 참여한다.
	건강한 생활습관을 기른다	건강하게 생활하기	• 자신의 몸과 주변을 깨끗이 한다. • 몸에 좋은 음식에 관심을 가지고 바른 태도로 즐겁게 먹는다. • 하루 일과에서 적당한 휴식을 취한다. • 질병을 예방하는 방법을 알고 실천한다.
	안전한 생활습관을 기른다	안전하게 생활하기	• 일상에서 안전하게 놀이하고 생활한다. • TV, 컴퓨터, 스마트폰 등을 바르게 사용한다. • 교통안전규칙을 지킨다. • 안전사고, 화재, 재난, 학대, 유괴 등에 대처하는 방법을 경험한다.
의사소통 (12개)	일상 생활에서 듣고 말하기를 즐긴다	듣기와 말하기	• 말이나 이야기를 관심있게 듣는다. • 자신의 경험, 느낌, 생각을 말한다. • 상황에 적절한 단어를 사용하여 말한다. • 상대방이 하는 이야기를 듣고 관련해서 말한다. • 바른 태도로 듣고 말한다. • 고운 말을 사용한다.
	읽기와 쓰기에 관심을 가진다	읽기와 쓰기에 관심 가지기	• 말과 글의 관계에 관심을 가진다. • 주변의 상징, 글자 등의 읽기에 관심을 가진다. • 자신의 생각을 글자와 비슷한 형태로 표현한다.
	책이나 이야기를 통해 상상하기를 즐긴다	책과 이야기 즐기기	• 책에 관심을 가지고 상상하기를 즐긴다. • 동화, 동시에서 말의 재미를 느낀다. • 말놀이와 이야기 짓기를 즐긴다.
사회관계 (12개)	자신을 이해하고 존중한다	나를 알고 존중하기	• 나를 알고 소중히 여긴다. • 나의 감정을 알고 상황에 맞게 표현한다. • 내가 할 수 있는 것을 스스로 한다.
	다른 사람과 사이좋게 지낸다	더불어 생활하기	• 가족의 의미를 알고 화목하게 지낸다. • 친구와 서로 도우며 사이좋게 지낸다. • 친구와의 갈등을 긍정적인 방법으로 해결한다. • 서로 다른 감정, 생각, 행동을 존중한다. • 친구와 어른께 예의 바르게 행동한다. • 약속과 규칙의 필요성을 알고 지킨다.

사회관계 (12개)	우리가 사는 사회와 다양한 문화에 관심을 가진다	사회에 관심 가지기	• 내가 살고 있는 곳에 대해 궁금한 것을 알아본다. • 우리나라에 대해 자부심을 가진다. • 다양한 문화에 관심을 가진다.
예술경험 (10개)	자연과 생활 및 예술에서 아름다움을 느낀다	아름다움 찾아보기	• 자연과 생활에서 아름다움을 느끼고 즐긴다. • 예술적 요소에 관심을 갖고 찾아본다.
	예술을 통해 창의적으로 표현하는 과정을 즐긴다	창의적으로 표현하기	• 노래를 즐겨 부른다. • 신체, 사물, 악기로 간단한 소리와 리듬을 만들어 본다. • 신체나 도구를 활용하여 움직임과 춤으로 자유롭게 표현한다. • 다양한 미술재료와 도구로 자신의 생각과 느낌을 표현한다. • 극놀이로 경험이나 이야기를 표현한다.
	다양한 예술표현을 존중한다	예술 감상하기	• 다양한 예술을 감상하며 상상하기를 즐긴다. • 서로 다른 예술표현을 존중한다. • 우리나라 전통예술에 관심을 갖고 친숙해진다.
자연탐구 (13개)	일상생활에서 호기심을 가지고 탐구하는 과정을 즐긴다	탐구과정 즐기기	• 주변 세계와 자연에 대해 지속적으로 호기심을 가진다. • 궁금한 것을 탐구하는 과정에 즐겁게 참여한다. • 탐구과정에서 서로 다른 생각에 관심을 가진다.
	일상속의 문제를 수학적 과학적으로 탐구한다	생활 속에서 탐구하기	• 물체의 특성과 변화를 여러 가지 방법으로 탐색한다. • 물체를 세어 수량을 알아본다. • 물체의 위치와 방향, 모양을 알고 구별한다. • 일상에서 같이 무게 등의 속성을 비교한다. • 주변에서 반복되는 규칙을 찾는다. • 일상에서 모든 자료를 기준에 따라 분류한다. • 도구와 기계에 대해 관심을 가진다.
	생명과 자연을 존중한다	자연과 더불어 살기	• 주변의 동식물에 관심을 가진다. • 생명과 자연 환경을 소중히 여긴다. • 날씨와 계절의 변화를 생활과 관련 짓는다.

(2) 표준보육과정

영아반의 표준보육과정은 기본생활, 신체운동, 의사소통, 사회관계, 예술경험, 자연탐구의 총 6개 영역이며 유아반의 누리과정은 신체운동·건강, 사회관계, 의사소통, 자연탐구, 예술경험의 5개 영역으로 구분되어 국가수준에서 제공하는 보편적이고 공통적인 목표와 내용을 제시하고 있다. 국가수준에서 제공하는 목표와 내용은 법규, 안내, 지표 등에서도 다루고 있다.

0-2세를 위한 표준보육과정은 다음과 같은 방향으로 각 영역별 목표와 내용을 설정하고 있다.

* 자신의 소중함을 알고 건강하고 안전한 환경에서 즐겁게 생활한다.
* 자신의 일을 스스로 하고자 한다.
* 호기심을 가지고 탐색하며 상상력을 기른다.
* 일상에서 아름다움에 관심을 가지고 감성을 기른다.
* 사람과 자연을 존중하고 소통하는 데 관심을 가진다.

〈목표와 내용〉

* 기본생활 영역

목표: 건강하고 안전한 일상생활을 경험한다

내용범주	내용
건강하게 생활하기	• 도움을 받아 몸을 깨끗이 한다. • 음식을 즐겁게 먹는다. • 하루 일과를 편안하게 경험한다. • 배변 의사를 표현한다
안전하게 생활하기	• 안전한 상황에서 놀이하고 생활한다. • 안전한 상황에서 교통수단을 이용해 본다. • 위험하다는 말에 주의한다.

* 신체운동 영역

목표: 감각 및 기본 신체운동 능력을 기른다.

내용범주	내용
감각과 신체 인식하기	• 감각적 자극에 반응한다. • 감각으로 주변을 탐색한다. • 신체를 탐색한다.
신체활동 즐기기	• 대소근육을 조절한다. • 기본 운동을 시도한다. • 실내외 신체활동을 즐긴다

* 의사소통 영역

목표: 의사소통 능력과 상상력의 기초를 마련한다

내용범주	내용
듣기와 말하기	• 표정, 몸짓, 말과 주변의 소리에 관심을 갖고 듣는다. • 상대방의 이야기를 들으면서 말소리를 낸다. • 표정, 몸짓, 말소리로 의사를 표현한다.
읽기와 쓰기에 관심가지기	• 주변의 그림과 상징에 관심을 가진다. • 끼적이기에 관심을 가진다.
책과 이야기 즐기기	• 책에 관심을 가진다. • 이야기에 관심을 가진다.

* 사회관계 영역

목표: 나를 인식하고, 친숙한 사람과 관계를 맺는다.

내용범주	내용
나를 알고 존중하기	• 나를 인식한다. • 나의 욕구와 감정을 나타낸다. • 나와 친숙한 것을 안다.
더불어 생활하기	• 안정적인 애착을 형성한다. • 또래에게 관심을 가진다. • 다른 사람의 감정과 행동에 관심을 가진다. • 반에서 편안하게 지낸다.

* 예술경험 영역

목표: 아름다움을 느끼고 경험한다.

내용범주	내용
아름다움 찾아보기	• 자연과 생활에서 아름다움을 느낀다. • 아름다움에 관심을 가진다.
창의적으로 표현하기	• 소리와 리듬, 노래로 표현한다. • 감각을 통해 미술을 경험한다. • 모방 행동을 즐긴다.

* 자연탐구 영역

목표: 주변 환경과 자연에 관심을 가진다.

내용범주	내용
탐구과정 즐기기	• 주변 세계와 자연에 대해 호기심을 가진다. • 사물과 자연 탐색하기를 즐긴다.
생활 속에서 탐구하기	• 친숙한 물체를 감각으로 탐색한다. • 물체의 수량에 관심을 가진다. • 주변 공간과 모양을 탐색한다. • 규칙성을 경험한다.
자연과 더불어 살기	• 주변의 동식물에 관심을 가진다. • 날씨의 변화를 감각으로 느낀다.

* 누리과정과 표준보육과정에 대한 많은 자료는 중앙육아종합지원센터 홈페이지–〉보육과정 웹사이트–〉 교육과정소개·영상자료실에서 찾아볼 수 있다.

더 많은 자료와 심화학습이 필요하면 교육부, 보건복지부, 육아정책연구소가 공동운영하는 누리과정 사이트(http://i-nuri.go.kr)를 참고할 수 있다.

이러한 목표와 내용에는 '음악교육'에 관한 직접적이고 구체적인 언급이 없다. '음악'이라는 분야와 가장 밀접해 보이는 예술경험 영역이 있지만, 영유아교육의 특성상 모든 영역은 상호 유기적인 관계를 통해 통합되고 '즐거운 놀이'의 형태로 음악이 제공되어야 한다. 우리나라 국가수준의 지침에는 영유아교육이 전 영역을 통합하는 놀이중심으로 이루어진다는 전제가 있다.

2) 교수자료

많은 업체가 판매하는 교구·교재도 통합의 형태로 개발되어 판매된다. 노래에 대한 자료들은 '누리과정 동요', '유아 동요', '동요와 동화' 등의 다양한 이름으로 시디(CD)가 판매되고 있다. 어린이집과 유치원에서 활용되는 교구·교재로 현재 우리나라 영유아기관에서 가장 많이 사용하는 상품은 시공미디어, 동심, 키즈엠, 아이코리아 등의 업체가 개발한 교수 자료이다. 다음의 사진은 아이코리아의 상품들이다.

▲ 자유선택활동 교구·교재 206종: 음률 영역에 해당하는 내용에는 생활주제별 악기 연주판과 악기, 신체표현 도구가 포함되어 있다.

▲ 전래 동요 세트: 동요 20권과 시디로 구성되어 있다.

▲ 만 5세 대상 노래를 지도하는 자료 세트: 뮤직펜, 노랫말 세트, 지도서와 시디가 포함되어 있다. 3~4세용의 자료는 별도로 판매한다.

시공미디어 등 여러 업체에서는 교수 자료 판매와 함께 수업의 자료와 교사지침을 사이트에서 제공하고 있다.

▲ 시공미디어 홈페이지의 화면: 누리과정에 대한 다양한 수업자료를 제공한다.

영아를 위한 표준보육과정, 유아를 위한 누리과정에서 명시하고 있는 예술경험 영역의 목표와 내용 등을 명확하게 이해하고 적용해야 하는 과제는 교사의 몫이다. 음악활동을 실시하고 기록을 남기는 과정에서도 다음의 내용이 적용되어야 한다.

- 2017년 개정된 「영유아보육법」
  - 제29조 보육과정: 보육과정은 영유아의 신체, 언어, 사회성 및 인지적 **발달**을 도모할 수 있는 내용을 포함하여야 한다.
  - 제29조 2의 어린이집 생활기록: 어린이집 원장은 영유아의 생활지도 및 초등학교 교육과의 연계 지도에 활용할 수 있도록 영유아의 **발달상황** 등을 종합적으로 관찰·평가하여 보건복지부장관이 정하는 기준에 따라 생활기록부를 작성·관리하여야 한다.
- 보건복지부의 「2018 보육사업 안내 부록」(303쪽)
  - 영유아 관찰·평가 및 개별면담 기록 양식이 있고 표 아래

  "★ 기본생활, 신체운동, 의사소통, 사회관계, 예술경험, 자연탐구 **영역의 내용**이 포함되어 지속적으로 관리될 수 있도록 관리하여 주십시오."라는 문장을 참고한다.

3 국가수준 프로그램에 따른 공간 구성

앞 절의 목표와 내용은 교실 내에서 교사가 계획하여 제공하는 대·소집단의 활동을 통해 다양한 놀이로 제공된다. 표준보육과정의 목표와 내용을 실현하기 위해 제시하고 있는 각 교실의 흥미 영역은 다음과 같다.

흥미 영역

- 0세: 신체 영역, 언어 영역, 감각탐색 영역
- 1세: 신체 영역, 언어 영역, 감각탐색 영역, 역할 및 쌓기놀이 영역
- 2세: 신체 영역, 언어 영역, 감각탐색 영역, 역할 및 쌓기놀이 영역, 미술 영역
- 3~5세: 언어 영역, 미술 영역, 음률 영역, 수·조작 영역, 과학 영역, 역할놀이 영역, 쌓기놀이 영역

음악에 관련된 영역 명칭은 유아반이 되어야 음률 영역이라는 이름으로 구체적으로 제시되고 있다. 영아반은 각 영역에서 음악을 활용해 신체, 언어, 감각탐색 등을 끌어낸다.

각 흥미 영역을 중심으로 다음과 같은 준비가 이루어진다. 어린이집의 평가인증을 위해 보육환경 영역에서 제시하고 설명하는 내용을 정리한 것이다. 흥미 영역에 갖춰야 할 음악 관련 자료와 함께 낮잠이나 급간식 등의 활동에도 음악이 활용된다. 음악과 관련된 목록은 밑줄로 차별화해 보았다.

- **영아반 준비물**

가족사진과 영상, 가족이 녹음한 동화나 노래, 가족과 주말에 찍은 사진, 가족이 영아를 그린 그림이나 함께 그린 그림, 같은 반 친구들과 함께 찍은 사진, 기저귀 갈이대와 거울, 음률활동용 거울 및 악기와 사물, 1세는 있다와 없다를 구분하는 구체물, 1개와 여러 개 수

량을 구분하기 위한 구체물, 2세는 3개가량을 세어 볼 수 있는 구체물(3개 정도씩 구비된 놀잇감으로 활동 가능)

* 삼킬 위험이 있는 직경 3.5cm 이내의 물건은 제거하고 역할 및 쌓기놀이 영역에 제시된 매니큐어나 립스틱에 내용물이 없어야 한다.

• 유아반 준비물

흥미 영역별 기본 교구, 수업 주제 관련 교구 및 게시물, 관찰용 동식물, 가족사진이나 주제 관련 화보, 동화 들려주기용 다양한 인형(막대인형, 손인형, 손가락인형 등), 주변 상가 홍보 전단지, 식단표, 우리 동네 카펫 혹은 도로 카펫, 음률활동용 거울 및 악기와 사물, 자연물(잎사귀, 돌, 열매 등)과 폐품(휴지속심, 작은 상자, 포켓패드 비닐 등)이 포함된 다양한 미술재료와 도구(안전가위, 찍기틀 등), 감각 자료, 돋보기

• 휴식 영역과 사물함

보육실에는 각 학급 모두 휴식할 수 있는 공간과 함께 영유아의 옷이나 개인 소지품을 정리하거나 영유아가 만든 작품을 보관할 수 있는 공간이 영유아의 수에 맞게 마련되어 있어야 하며 개별 물건에 모두 이름이나 표식이 있어야 한다. 청결해야 하는 것은 환경구성의 기본이다. 영유아들의 개별 물건에는 이름이 있는지 확인한다. 쌍둥이도 개별 물건과 개별 공간을 제공해야 한다. 영유아들의 사물함 내부도 청결하게 잘 정리해 준다.

• 흥미 영역

다음과 같은 연령별 흥미 영역 구성이 필요하다.

흥미 영역의 활동자료는 영아의 경우 영역별로 각 3종 이상, 유아의 경우 영역별로 각 4종 이상 구비되어 있어야 한다. 계획안의 주제와 관련된 활동자료들은 0~1세의 경우 2개 이상, 2세의 경우 4개 이상, 3~5세의 경우 5개 이상으로 다양하게 준비해야 한다. 언어 영역의 경우 듣기, 말하기, 읽기, 쓰기와 관련된 자료가 각 1종 이상 포함하여 총 5종 이상이 있어야 한다.

- 0세: 신체 영역, 언어 영역, 감각탐색 영역
- 1세: 신체 영역, 언어 영역, 감각탐색 영역, 역할 및 쌓기 놀이 영역
- 2세: 신체 영역, 언어 영역, 감각탐색 영역, 역할 및 쌓기 놀이 영역, 미술 영역
- 3~5세: 언어 영역, 미술 영역, 음률 영역, 수·조작 영역, 과학 영역, 역할놀이 영역, 쌓기놀이 영역

흥미 영역의 최소 공간은 0~1세가 1~2명 이상, 만 2세는 2~3명 이상, 만 3~5세는 3~4명 이상이 놀이할 수 있는 크기로 구성되어야 하며, 영유아들의 이동 통로를 충분히 확보해야 한다. 각 영역에는 놀이하는 영유아 수의 1.5배 내외의 놀잇감을 준비하고 영아가 좋아하는 품목은 갈등을 줄이기 위해 동일한 것으로 여러 개 마련해 둔다.

흥미 영역의 활동은 모든 영유아가 고르게 참여하도록 유도하고 표준보육과정의 목표 영역에 따라 상호작용이 이루어지도록 한다.

바깥놀이 활동은 0세의 경우 주 3회 이상 30분 이상, 1세는 매일 30분 이상, 2세와 유아는 매일 1시간 이상 운영하여야 한다. 바깥놀이 공간에서도 다양한 활동을 준비하여 놀이하게 하고 날씨와 계절의 요인으로 바깥놀이가 불가한 상황에서는 실제로 대체한 활동의 기록을 남겨야 한다.

- 일상생활을 위한 공간
  - 쾌적한 낮잠을 위해 블라인드가 조정되어 자연채광 조절이 가능한지, 끈 처리가 안전한지 확인한다.
  - 적절한 온도와 습도가 유지되는지 확인한다. 평가인증지표에서는 난방온도는 18~20℃, 냉방온도 26~28℃, 습도는 30~80%로 제시하고 있다.
  - 편안한 낮잠을 위해 들려줄 음악과 잠들지 않는 아이들을 위한 조용한 놀잇감이 준비되어 있는지 살핀다.
  - 배변 실수에 대비한 여벌 침구를 청결하게 보관한다.
  - 전선이나 블라인드 줄이 늘어지지 않았는지 살피고 안전 조치한다.
  - 보육실 내 모든 물품에서 파손, 균열, 오염, 돌출, 녹, 날카로움이 발견되지 않아야 한다.
  - 모든 놀잇감과 보관장, 바구니, 침구 등을 청결하게 관리하고 보육일지 등에 기록한다.
  - 보육실 내 게시물은 투명 시트지를 먼저 붙인 후 그 위에 게시하여 벽지 손상을 방지한다.
  - 각 보육실 입구의 게시판에는 주간보육계획안, 전체 원아의 사진과 명단, 가정통신문 등이 있어야 한다.
  - 지난 게시물은 제거한다.

CHAPTER 02

영유아의 발달

1 음악을 통한 발달

영유아의 생활 속에서 음악교육은 창의성 발달, 정서적 반응, 지적 성장, 언어 발달, 신체발달, 자아개념의 발달, 사회성 발달 등 전반적인 발달을 돕는다(Tyler & Francis, 2017). 영유아의 발달을 돕기 위한 사례로 이 장에 제시된 많은 활동은 2008년에 폐원하여 역사 속으로 사라진 색동유치원에서 제공해 주었다.

1) 창의성

창의성은 영유아가 자신의 방식으로 음악을 해석하도록 허용할 때 격려된다. 음악경험은 탐색, 실험, 새롭고 다른 아이디어의 표현이기 때문이다. 교사의 동작을 똑같이 따라 하기, 획일적으로 모두 같은 동작으로 표현하기 등의 활동은 영유아를 위한 교실에서 바람직하지 못한 장면이다. 노래 만들기, 음악 만들기, 마음대로 노래하기, 소리 탐색하고 느낌 말하기 등을 스스로 할 때 창의성 발달은 이루어질 수 있다.

음악을 들으면서 동화 듣기를 함께하거나(동화의 내용을 담고 있는 노래의 예: 〈누가 내 머리에 똥 쌌어?〉, 〈세 마리 꼬마 원숭이〉 등) 악기 만들기를 미술 영역과 연결시켜 줄 수 있다. 이러한 활동에서 교사는 영유아의 작품을 최대한 수용하고 창의성을 격려한다(김혜경, 1993).

누가 내 머리에 똥 쌌어?

이 활동은 **동화 듣기 → 노랫말 정하기 → 노래극 준비 → 노래극 해 보기** 등의 순서로 진행한다. 영유아기관의 수업 주제 중 '동물' 단원에서 유아반의 대집단 활동으로 진행하면 좋겠다.

활동목표
- 동화를 듣고 동화의 내용을 노래극으로 표현한다.
- 자기 생각과 느낌을 음악과 몸으로 표현한다.
- 노래극을 경험하며 성취감을 느낀다.

활동자료
- PPT 동화 자료, 동화책, 노래극 노랫말판, 동극 자료(머리띠, 똥을 만드는 여러 가지 재료)

활동방법

1. 동화 듣기: 『누가 내 머리에 똥 쌌어?』

- 동화를 감상한 후 이야기를 나눈다.

『누가 내 머리에 똥 쌌어?』 줄거리

땅 위로 올라오던 두더지의 머리에 똥이 떨어지자 두더지는 날아가는 비둘기, 파리에게 "내 머리에 똥 쌌어?"라고 묻고, 파리가 정육점의 개, 한스의 똥임을 알려 준다. 두더지는 한스의 머리에 올라가 똥을 싸고 재빠르게 땅속으로 들어간다.

- 동화에서 계속 똑같이 나오는 부분이 무엇이니? (내 머리에 똥 쌌어?)
- 동화에서 어떤 말이 꼭 필요할까?

2. 노랫말 정하기

- 익숙한 노래를 결정하여 노랫말을 바꿔 본다.
  - 우리가 좋아하고 쉽게 부를 수 있는 노래에는 무엇이 있을까?
  - 동화에서 꼭 필요한 내용을 노랫말로 만들어 보자.

• 만들어진 노랫말로 노랫말판을 만들어 함께 부른다.

〈누가 내 머리에 똥 쌌어?〉 노랫말

누가 내 머리에 똥 쌌어?~♪
누가 내 머리에 똥 쌌어?~♬
누가 내 머리에 똥 쌌어?~♪
한스, 한스, 한스가 쌌어~♬
나도 한스 머리에 쌌지~♪♩

3. 노래극 준비

• 등장인물을 그려 동극 머리띠를 만든다.
  – 동화 속에 나오는 동물은 무엇이니?
• 여러 가지 재료를 이용하여 동물의 똥을 만든다.
  – 동물의 똥은 무엇으로 만드는 것이 좋을까?
• 초대장을 만들어 다른 학급 영유아들을 공연에 초대한다.

4. 노래극

• 노래극에 필요한 사람과 등장인물을 정한다.
  – 노래극을 하려면 어떤 사람들이 필요할까?
    (등장인물, 노래 부르는 사람들, 해설, 감독)
• 노래극을 한다.
  – 노래극에서 가장 재미있는 부분은 무엇이니?
  – 칭찬해 주고 싶은 친구가 있니?
  – 노래극과 동극의 다른 점은 무엇이니?
  – 많은 사람 앞에서 공연을 하니 어떠니?
• 노랫말판을 만들어 음률 영역에 놓아두면 자유롭게 노래에 익숙해질 수 있다.
• 등장인물의 수를 늘려 한 번에 많은 인원이 참여하게 할 수 있다.

2) 정서

음악경험은 영유아가 느끼는 표현과 그 밖의 느낌을 예민하게 증진시켜 준다. 음악이 영유아뿐만 아니라 교사에게도 즐거운 것으로 받아들여질 때 정서발달이 촉진될 수 있다(김혜경, 1993).

부드럽게 신나게!

이 활동은 **음악 감상 → 신체활동 → 미술활동**의 순서로 진행한다. 영유아기관의 수업 주제 중 '여름' 혹은 '물놀이' 등의 단원에서 대집단 활동으로 진행할 수 있다.

활동목표
- 음악을 감상하고 느낌을 이야기한다.
- 음악의 느낌에 따라 손을 움직이며 풀 그림을 그린다.
- 작품을 감상하고 어울리는 제목을 짓는다.

활동자료
- 요한 슈트라우스 2세Johann Strauss II의 〈아름답고 푸른 도나우강〉, 인어공주 OST[3] 중 〈언더 더 씨Under the sea〉 음악
- 아세테이트지 씌운 우드락 2개, 밀가루 풀, 물감

활동방법

1. 음악 감상

- 음악을 감상한 후 이야기를 나눈다.
  - 음악을 들으니 어떤 마음이 드니?
  - 음악을 들으니 무엇이 생각나니?

3) original sound track: 영화나 드라마에서 사용된 음악을 모아 제작한 앨범

2. 신체활동

- 음악을 들으며 몸으로 표현해 본다.
  - 음악을 들으면서 음악을 들을 때의 기분을 손으로 표현해 보자.
  - 음악 소리가 커질 땐 어떻게 표현해 볼까?

3. 미술활동

- 밀가루 풀을 탐색한다.
  - 느낌이 어떠니?
  - 어떤 냄새가 나니?
- 음악을 들으며 풀 그림을 그린다.
- 밀가루 풀 작품을 꾸며 준다.
  - 너희가 함께 그린 풀 그림을 보니 무엇이 생각나니?
  - 이 풀 그림 위에 어떤 그림을 그려서 꾸미면 좋을까?
- 어울리는 제목을 짓는다.

▲ 강물 속을 상상하고 그림을 그리는 유아들

3) 인지

음악경험은 영유아의 사고력, 문제 해결력, 소리에 대한 이해력을 개발하고 관계, 비교, 개념을 통합할 수 있도록 자극시킴으로써 인지 발달을 유도한다.

느낌이 다른 음악을 들려주면서 다른 점을 이야기 나누기나 그림으로 표현해 본다.

느낌대로 그려요

이 활동은 음악 감상과 미술활동으로 진행된다. 대집단 활동도 좋지만 수업 주제와 상관없이 미술 영역에서 소집단 활동으로 이끌어 가다가 각자 그린 그림을 책으로 엮어 언어 영역에 게시하는 방법을 사용해 본다.

활동목표
- 음악의 빠르기와 셈여림, 높낮이를 비교하며 감상한다.
- 음악의 느낌이나 분위기를 그리기 자료를 이용해 자유롭게 표현한다.

활동자료
- 슈베르트F. P. Schubert의 〈아베마리아〉, 쇼팽F. Chopin의 〈혁명〉 음악
- 다양한 색상의 색도화지
- 색연필이나 사인펜, 크레파스 등의 그리기 재료

활동방법

1. 음악 감상: 슈베르트 〈아베마리아〉, 쇼팽 〈혁명〉
   - 2가지의 음악을 비교해서 들으며 음악의 빠르기와 셈여림, 높낮이에 초점을 맞춰 이야기를 나눈다.
     – 이 음악에서 음의 빠르기/셈여림/높낮이는 어떠니?

- 어떤 곡이 더 빠르니/느리니?
- 음의 셈여림이나 높낮이의 변화에 따라서 분위기는 어떻게 다르니?

• 음악을 간단히 소개한다.

• 음악을 들으며 음악의 느낌을 말로 표현한다.

- 이 음악을 들으면 어떤 느낌이 나니?
- 이 음악을 만화의 배경음악으로 들려준다면 그때 그 만화의 어떤 장면(내용)일 것 같니?
- 음악 속에 어떤 이야기가 숨어 있는 것 같니?
- 이 음악은 어떤 색과 어울릴까? / 어떤 단어와 어울릴까? / 어떤 시간과 어울릴까?

• 음악을 들으며 음악의 흐름에 따라 손가락으로 선을 그려 본다.

- 음악의 느낌과 빠르기, 높낮이, 분위기에 맞춰 손가락으로 선을 그려 표현해 보자.

2. 미술활동: 느낌을 선으로 표현하기

• 다시 음악을 들으며 도화지에 색연필이나 사인펜, 크레파스 등의 다양한 그리기 자료를 사용하여 음악의 흐름을 선으로 그려 본다.

- 음악의 느낌에 어울리는 색을 골라서 그려 볼까?
- 어떤 선을 그리면 음악과 어울릴까?
- 뾰족하거나 부드러운 선을 이용해 그려 보자.

또한, 각종 소리를 녹음하여 듣는 활동을 통해 소리를 추리하고 유추해 봄으로써 주의력을 증가시켜 줄 수 있다. 음악활동을 통해 소리를 탐색해 보는 활동사례를 살펴보면 다음과 같다.

소리동화 만들기

이 활동은 **명화 감상 → 동화 짓기 → 소리 탐색 → 소리동화 만들기**의 과정으로 진행한다. 만 5세 이상에게 적합한 통합 교육활동의 사례이다.

활동목표
- 그림과 어울리는 여러 가지의 소리를 찾는다.
- 그림을 보고 그 느낌이나 생각을 말로 표현한다.
- 다양한 악기와 사물의 소리에 관심을 가진다.

활동자료
- 카츠시카 호쿠사이Katsushika Hokusai의 '카나가와의 큰 파도', 르네 마그리트René Magritte의 '피레네의 성', 김기창의 '군마도' 그림
- 여러 가지 악기와 소리를 낼 수 있는 물건

활동방법

1. 명화 감상
- 명화를 감상한 후 이야기를 나눈다.
  - 그림 속에서 무엇이 보이니? (큰 파도 / 거대한 바위 / 야생마들)
  - 어떤 소리가 들리는 것 같니? (파도 소리 / 바람 소리 / 말발굽 소리)

2. 동화 짓기
- 명화 중 이야기를 꾸며 줄 그림을 선정한다.
- 이야기를 창작한다.
  - 무슨 일이 일어났을까?
- 만들어진 이야기를 들어 본 후 내용을 다듬는다.
- 이야기 중 효과음이 필요한 장면을 정한다.

3. 소리 탐색

• 동화 속 소리에 맞는 악기와 사물을 선정한다.
  – 이 장면에서는 어떤 소리가 나니? 그 소리는 어떻게 만들 수 있을까?

4. 소리동화 만들기

• 다양한 사물과 악기를 이용한 효과음을 만들어 소리가 나는 동화를 완성한다.
• 소리동화를 감상한다.
• 동화와 효과음이 들어간 소리동화로 이야기를 들었을 때의 느낌을 비교한다.
• 소리동화를 만들기 전 주변에서 나는 소리를 녹음하여 다양한 사물과 악기의 소리로 표현해 본다.
• 동화의 삽화는 유아가 직접 그려 꾸민다.
• 소리동화를 음률 영역에 게시하여 다양한 방법으로 효과음을 만들어 볼 수 있도록 한다.

수 세기 활동이나 과학활동도 음악의 형태를 사용하여 접근할 수 있다. 수학과 동작, 수학과 음악의 통합적 접근은 감각적이고 조작적인 활동을 통해 학습하며 주의집중 시간이 짧은 영유아의 발달특성에 적합한 방법이다. 또한, 음악의 리듬패턴, 박자패턴, 빠르기, 소리의 높낮이는 수학의 규칙성, 측정과 중복된 개념이다. 동작의 공간 인식, 움직임의 모양, 움직임의 빠르기와 세기는 수학의 공간 및 도형, 측정과 중복된다. 이러한 교과 간의 개념 중복은 영유아의 내부에서 학습경험이 의미 있게 관련되고 통합되게 한다.

무엇보다 수학과 동작 및 음악의 통합이 영유아에게 적합한 가장 큰 이유는 '즐거움'이다. 영유아는 음악을 들으면 흥얼거리고 리듬에 맞춰 몸을 움직이며, 넓은 공간에서 움직이거나 신체로 표현하는 것을 즐긴다. 이러한 즐거움은 영유아에게 수학의 지식구성뿐 아니라 수학에 대한 친숙함, 자신감 등의 긍정적인 성향을 갖게 한다(김현주 · 유청옥, 2008).

수 세기 활동의 사례를 보면 다음과 같다.

숫자 풀이

활동목표 • 노래를 부르며 소고를 연주한다.
• 노랫말에 나오는 인물을 몸으로 표현한다.
• 노래극을 하며 즐거움과 성취감을 느낀다.

활동자료 • 동화 자료, 소고, 노래극에 필요한 소품(지팡이, 두부 모형, 거울, 빨래, 도토리 등)

활동방법

1. 동화: 『숫자 풀이』

• 동화를 듣는다(노래로 들려줘도 좋다).

『숫자 풀이』 줄거리

하나 하면 할머니가 지팡이를 짚는다고 잘잘잘
둘 – 하면 두부장수 두부를 판다고 잘잘잘
셋 – 하면 새색시가 거울을 본다고 잘잘잘
넷 – 하면 냇가에서 빨래를 빤다고 잘잘잘
다섯 하면 다람쥐가 도토리를 줍는다고 잘잘잘

• 동화(노래)를 회상한다.
– 동화에 누가 나왔니?
– 할머니 한 분이 무엇을 하고 있었니?
– 두부를 판 사람은 누구니?
– 새색시는 뭘 했지?

2. 노래 부르며 소고 치기
- 노래를 부른다.
- '잘잘잘' 부분에서 소고를 치며 노래를 부른다.

3. 노래극
- 소품을 정한다.
  - 할머니는 무엇이 필요하니? 지팡이는 무엇으로 하면 좋을까?
    (교실에서 역할에 필요한 비슷한 소품을 찾는다.)
- 역할을 정한다.
  - 할머니 역할은 누가 어울릴 것 같니?
  - 할머니는 몇 명이었니?
- 노래극을 한다.
- 하루에 다 하는 것이 아니라 며칠에 나누어 활동한다.
- 노래극을 할 때 역할을 맡은 유아만 노래를 부르는 것이 아니라 모두 함께 불러 주고, 역할을 맡은 유아가 그 역할을 표현한다.

4) 언어

영유아는 음악경험 묘사 속에서 언어를 습득하고, 노래 부르기와 듣기를 통해 단어와 소리의 형태를 배운다. 이와 같이 음악을 통해 언어발달을 이루기도 하고, 반대로 동화책 등의 언어 자료를 통해 음악의 개념을 익히는 활동도 할 수 있다. 우리나라에는 동화를 통해 음악의 개념을 알고 즐길 수 있는 상품이 많다. 『한밤의 음악회』, 『무슨 소리일까?』, 『즐겁게 춤을 추다가』, 『노래하는 돼지』, 『팔랑팔랑 나풀나풀』 등의 동화들은 그러한 교육목표를 갖는다.

구조화된 수업 자료 외에 영유아 자신의 이름, 모습, 옷이나 의미 있는 사람, 장소, 동물 등에 노래활동의 초점을 맞춰 언어 사용을 활성화시켜 줄 수 있다(김혜경, 1993).

공 룡

안현수 작곡
김혜경 편곡

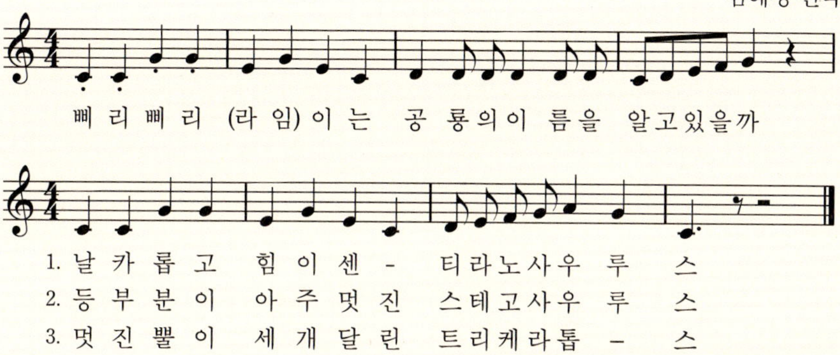

내가 좋아하는 사람

김혜경 작곡

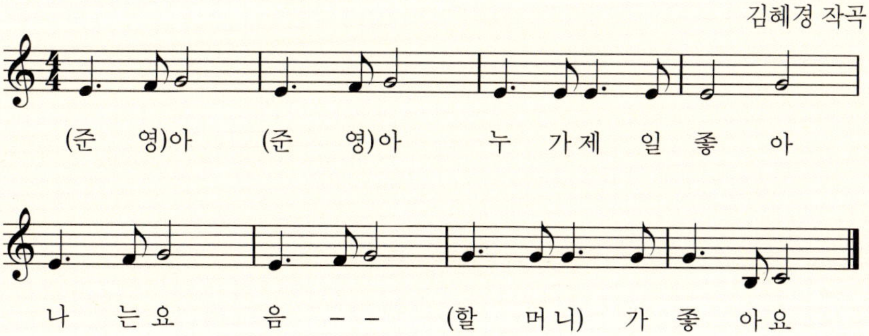

음악활동과 언어활동을 통합시킨 사례를 보면 다음과 같다.

부부와 도깨비와 도둑 이야기

이 활동은 **음악 감상 → 동화 짓기 → 악기 탐색 → 극놀이**를 통해 언어발달을 증진시키는 과정을 갖는다. 추석이나 설 같은 명절을 다루는 수업에서 사물놀이 등의 전통음악으로 접근해 볼 수 있다. 만 5세반에서 가능한 활동이다.

활동목표
- 음악을 듣고 그 느낌과 생각을 말로 표현한다.
- 다양한 악기 소리에 관심을 가진다.

활동자료
- 사물놀이 등 전통음악

활동방법

1. 음악 감상: 사물놀이
- 음악을 감상한 후 이야기를 나눈다.
  - 음악을 들으니 어떤 느낌이니?
  - 음악에 어떤 악기가 나오는지 알 수 있니?
- 음악에 대해 간단히 알아본다.
  - 사물놀이는 네 사람이 각각 다른 악기, 즉 꽹과리, 징, 장구, 북을 가지고 함께 연주하는 우리나라 전통음악이란다.

2. 동화 짓기
- 음악을 들으며 음악에 어울리는 이야기를 짓는다.
  - 음악 속에 어떤 이야기가 숨어 있을까?
- 만들어진 이야기를 들어 본 후 내용을 다듬는다.

3. 악기 탐색
- 다양한 악기를 탐색하며 악기의 소리와 느낌을 경험한다.
- 이야기의 분위기에 맞는 악기를 선정한다.
  - 이 장면에서는 어떤 느낌이 나니? 그 느낌에 어울리는 악기는 어떤 것이 있을까?

– 그 느낌을 살리려면 어떻게 연주해야 할까?

4. 극놀이

- 교사가 사물놀이 음악을 배경으로 동화를 해설하고 유아는 등장인물과 상황에 맞춰 악기 연주와 동작을 하며 극놀이를 한다.
- 다양한 창작방법을 사용할 수 있다. 예를 들면 동그랗게 앉아서 한 유아가 이야기를 만들고, 다음 유아는 앞 이야기를 받아서 연속된 이야기를 만들어 간다.
- 느낌에 어울리는 악기를 찾아내기 전, 다양한 악기의 소리와 연주방법에 대한 충분한 탐색의 시간을 갖는 것이 좋다.
- 동화와 악기 연주의 사진을 함께 음률 영역에 게시해 두고 자유선택활동 시간에 동화를 읽으며 악기를 연주해 볼 수 있도록 한다.

색동유치원 유아들이 지은 동화 줄거리의 예

옛날 옛날에 마음씨 착한 할아버지, 할머니가 살고 있었어요.
할아버지, 할머니는 너무 가난해서 아주 작은 집에 살았대요.
할아버지, 할머니에게는 자식과도 같은 강아지, 흰둥이가 있었어요.

그런 할아버지, 할머니에게는 몰래 도와주는 도깨비가 있었어요.
도깨비는 가난하지만 마음씨 착한 할아버지, 할머니를 남몰래 도우며 지붕에 숨어 살았대요.
하루는 부부가 산책을 나갔는데 집에 살금살금 도둑이 들었어요.
도둑을 본 흰둥이는 도둑을 혼내 주려고 마당 한 켠에 구덩이를 파고 똥을 뿌직! 누어 놓았어요.
도깨비도 도둑을 보고선 지붕에서 내려왔지요.
그때, 도둑이 가지고 갈 물건들을 자루에 담아 방에서 나왔어요.

깜짝 놀란 도둑이 부리나케 집에서 내려와 마당으로 가다가 강아지가 파놓은 똥구덩이에 발이 푹! 하고 빠지고 말았지요.
마침 집에 돌아온 할아버지, 할머니는 그 모습을 보고선 마당에 있는 수돗가에서 물 한 바가지를 퍼서 도둑에게 훽! 뿌렸어요.

도둑은 정신없이 가다가 물 때문에 미끄러운 바닥에서 쭉–! 미끄러지고, 일어나 달려가다가 부러진 도깨비방망이에 걸려 꽈당 넘어지고 말았어요.
혼쭐이 난 도둑은 걸음아 나 살려라 하며 훔친 물건들을 내팽개치고 도망을 갔대요.

부부는 흰둥이와 도깨비에게 고맙다는 인사를 했어요. 그리고는 부러진 도깨비방망이를 정성껏 고쳐 주었죠.
그러자 도깨비방망이가 금으로 변했어요.
도깨비는 금방망이를 할아버지, 할머니에게 선물로 주고는 지붕으로 휙 날아가 버렸어요.
할아버지, 할머니는 도깨비가 준 금방망이를 가지고 흰둥이와 함께 오래오래 행복하게 살았대요.

언어발달과 함께 음악을 다룰 수 있는 동화와 자료는 다양하게 찾아볼 수 있다.

▲ 음악 관련 동화의 예: 여원미디어의 리듬동화 세트

5) 신체

노래 부르기, 악기 연주, 음률활동 등의 음악경험은 특히 영유아의 소근육 및 대근육의 조절능력을 증가시켜 주고 신체를 움직이는 실험과 탐색을 하도록 도와준다.

영유아는 행진곡, 왈츠, 록, 민속음악 등 다양한 음악을 접하면서 손뼉치기, 손으로 다리 치며 노래하기, 북이나 탬버린 사용하기, 자신의 몸으로 표현하기 등 신체활동이 포함된 활동을 통하여 발달을 촉진할 수 있다(김혜경, 1993).

음악을 통해 신체활동과 미술활동을 통합시킨 사례를 보면 다음과 같다.

가면무도회

이 활동은 각 나라의 전통음악에 대해 알아보고 그중 폴카와 같은 흥겨운 리듬에 맞춰 춤을 추는 데 필요한 가면을 만든다. 가면무도회를 통해 즐거운 시간을 가져본다.

활동목표
- 음악의 박자에 맞춰 춤을 춰 본다.
- 각 나라의 전통적인 민속춤에 대해 알아본다.
- 그림을 감상하며 그림 속 장면과 인물에 대해 생각해 본다.
- 가면을 창의적이며 아름답게 꾸민다.
- 자신이 꾸민 가면을 활동에 활용하면서 성취감을 느낀다.

활동자료
- 〈어린이 폴카〉 음악, 가면을 쓰고 있는 사람의 사진, 가면 모양 본(검은색 도화지 이용), 크레파스, 스티커, 고무줄, 영유아가 직접 꾸민 가면

활동방법

1. 신체활동: 어린이 폴카

- 독일의 민속춤 중 폴카[3]에 대해 알아본다.
  - 우리나라의 민속춤인 탈춤이나 한삼춤, 부채춤처럼 독일이라는 나라에도 그 나라의 민속춤이 있단다. 혹시 알고 있니?
  - 어린이 폴카라는 춤인데 이것은 2명이 함께 추는 춤이야.
- 어린이 폴카 춤을 감상한다(동영상으로 보거나 교사가 보여 줄 수 있음).
  - 음악은 어떤 느낌이니?
  - 춤을 보니 어떤 기분/생각이 드니?
- 음악에 맞춰 부분 동작을 알려 준 후 친구와 함께 춰 본다.

2. 가면무도회 사진 감상

- 포털 사이트의 이미지 사진 등을 통해 가면무도회의 모습과 다양한 가면을 감상한다.
  - 이 그림에 있는 사람들은 무엇을 하고 있는 것일까? 어때 보이니?
  - 왜 그렇게 생각했니?
  - 어떤 춤을 추고 있을까?
  - 어떤 음악에 맞춰 춤을 추고 있는 것 같니?
  - 이렇게 모여서 춤추는 것을 무도회라고 한단다.
- 가면을 쓰고 있는 사람의 모습을 감상한다.
  - 이 사람들은 무엇을 쓰고 있니?
  - 왜 쓰고 있을까?
  - 이렇게 하고 어디에 가는 것일까?
  - 이렇게 가면을 쓰고 춤추는 것을 가면무도회라고 한단다.

---

4) polka: 1830년경 보헤미아 지방에서 유래하여 유럽 전역과 아메리카 대륙까지 확산된 춤

– 우리가 가면무도회를 연다면 무엇을 준비해야 할까?

3. 미술활동: 가면 꾸미기
- 검은색 가면을 크레파스와 스티커로 꾸민 후 귀에 걸 수 있도록 고무줄을 묶는다.
  – 어떻게 꾸미면 좋을까?
  – 색칠도 하고 스티커를 붙여 아름답게 꾸며 보자.

4. 가면무도회
- 가면을 쓰고 행진 음악에 맞춰 입장한다.
- 서로 인사를 나눈 후 〈어린이 폴카〉 음악에 맞춰 춤을 춘다.
- 한 번씩의 동작이 끝나면 다른 영유아와 만나 춤을 춘다.
- 가면무도회를 해 본 소감을 이야기 나눈다.
  – 이렇게 가면무도회를 열어 보니 어땠니?
  – 어떤 점이 특히 기억에 남니?

* 신체발달을 위한 더 많은 활동 사례는 Jerry Storms & Anne Griffiths의 『101 Music Games for Children: Fun and Learning with Rhythm and Song』(1995)이나 조윤미의 『함께 슬기는 유아국악교육』(2004)의 전래놀이 게임 부분을 참고한다.

6) 자아개념

음악경험은 영유아가 한 인간으로서 자신을 알고 인정하도록 문화에 대한 동일시를 돕고 자신감을 키워 준다. 생일축하 노래의 수식어(예: 예쁜 이서현, 멋진 박준영)나 음악을 통한 축하 분위기도 긍정적인 자아개념 형성에 도움을 준다.

▲ 친구의 생일을 축하하며 활짝 웃는 영아들

7) 사회성

영유아교육의 강조점에 관한 연구들(김혜경, 1994)을 살펴보면 교육은 전인적인 발달을 위해 다양한 경험을 필요로 하며, 특히 사회성 교육을 중시해야 한다고 인식하고 있다. 친구들과 함께 노래를 부르면서 그 노래로 극놀이를 해 보고 악기를 연주해 보는 동안 협력하는 법을 배우고 차례를 아는 등의 다양한 친사회적 행동을 경험한다.

영유아들과 함께 시도해 볼 수 있는 노래극 활동의 사례를 색동유치원의 기록을 통해 살펴보면 다음과 같다.

노래극 '커다란 무'

이 활동은 동화를 통해 서로 돕는 과정에 관해 이야기를 나누고, 경험을 직접 극놀이로 확장시키는 활동이다.

1. 동화 듣기

- 아래의 내용으로 된 동화를 듣는다. 『커다란 무』는 다양한 출판사의 책과 자료가 있으므로 쉽게 찾을 수 있다. 동화의 내용은 다음과 같다.

『커다란 무』 줄거리

어느 시골의 할아버지가 커다란 무를 뽑으려 하다가 뽑히지 않아 할머니, 손자, 손녀, 강아지, 고양이, 쥐를 차례로 불러 다 같이 힘을 모아 쑥 뽑는다는 내용이다. 각자를 불러 무 뽑기를 시도할 때마다 반복되는 '무를 함께 뽑을까? ♬', '영차영차! ♬' 부분을 유아들이 무척 좋아한다.

2. 동화 회상 및 극놀이 준비하기(5분)

- 동화를 듣던 자리를 정돈하고 무대공간을 만든다.
  - 극놀이를 하려면 앞에 넓은 무대가 필요하겠다. 무대를 어디로 할까?
  - 동화 속에 누가 나오니?
  - 무를 뽑을 때는 어떤 노래를 불렀니? (영차영차! ♬)
  - 도와 달라고 부를 때도 노래를 불러 볼까? 어떤 노래를 하면 좋을까? (○○○, 무를 함께 뽑을까? ♬)
- 극놀이를 유도하고 준비사항을 토의한다.
  - 동극으로 하려면 무엇이 필요할까?
  - 몇 명이 필요할까?

- 노래는 어떻게 할까? 등장인물만 나와서 부를까? 아니면 함께 불러 줄까? (모두 함께 불러 주자.)
- 무는 어디에 심어져 있다고 할까? 다른 등장인물들은 어디서 나올까?
- 노래할 때 동작은 어떻게 할까?
- 나올 때는 어떻게 나올까? 나오는 노래에 맞춰 동작을 해 볼까?

• 등장인물 선정하기
  - 누가 '커다란 무'를 해 보겠니? (배역 정하고 역할 목걸이 걸기)

3. 극놀이 실행하기(8분)
   - 우리 모두 다 역할을 맡았으니까 자기 순서를 잘 기억해야겠다.
   - 이제부터 ㅇㅇ반의 '커다란 무' 동극을 시작하겠습니다.
   - 교사는 해설을 한다. 모든 등장인물은 자리에서 1명씩 나온다.
   - 노래에 맞춰 반주해 줄 수도 있다.
   - 노래극이 끝나면 모두 서서 인사를 한다.

4. 동극 평가
   - 동화를 듣고 동극도 해 보았는데 어떤 점이 재미있었니?
   - 어떻게 하면 더 재미있었을까?

2 발달특성의 적용

1) 음악교육과 발달

1980년대 이후 영유아교육자들과 성장심리학자들은 음악을 영유아기의 현상으로 보고, 그들의 삶에 있어서의 음악에 관한 연구에 관심을 보이기 시작했다(Hargreaves, 1986a, 1986b; Peery, Preery, & Draper, 1987). 이러한 연구들은 음악세계와 영유아의 성장을 접목시키는 데 설득력 있고 분명한 시도를 보여 주고 있으며, 영유아들의 삶과 음악을 연구하는 데 중점을 두고 있다. 음악은 영유아의 삶에 전반적으로 관련되어 있으므로, 음악활동은 영유아의 발달에 적합하며 발달을 촉진시켜 줄 수 있는 목표와 내용으로 구성되어야 할 것이다.

영유아기관의 교육과정은 발달단계와 밀접하게 관련되어 있다. 영유아의 발달수준에 적합한 프로그램을 계획하고 실행할 때 개별적인 발달과 학습에 대한 이해가 필수요건이 된다. 영유아의 발달에 관한 지식은 그들이 무엇을 알 수 있으며 발달의 특정단계에서 알아야 할 것을 어떻게 알게 되며 자신의 지식을 어떻게 확인하는가를 이해하도록 도와줄 수 있다.

영유아는 본능적으로 움직이고, 홍얼거리고, 노래하고, 소리 만들기를 즐거워한다. 이러한 본능을 기반으로 올바른 지도와 적절한 환경을 제공한다면 누구나 일정 수준까지 음악적 능력을 발달시킬 수 있을 것으로 본다.

영유아에게 맞는 올바른 지도와 적절한 환경조성을 위해서는 발달특성을 파악하고, 그러한 발달이 음악학습과 어떤 관련성이 있는가를 충분히 알아야 할 것이다. 영유아기의 음악교육이 음악성 발달에 크게 공헌했음은 이미 과거의 많은 음악가를 통해 증명되었고 이는 발달특성에 기초를 두고 있다. 학자들은 수년간 음악적 소질을 평가하는 방법을 개발하는 일에도 관심을 보여 왔는데 음악적 소질과 성취는 구분되어야 할 것이다. 음악적 소질은 시간이 지나도 비교적 고정된 상태이고 반복이나 연습에 의해 증진되는 성질의 것도 아니다. 음악적 성취는 개인이 표현할 수 있는 실제적인 능력을 말하며 연습, 경험, 훈련에 의해 증진된다. 음악적 소질이 있는 영유아들은 훈련과 경험을 통하여 보다 빠른 성취를 보여 줄 것이다.

교육학이나 심리학 분야에서 논의된 영유아와 음악에 관한 연구들은 인간능력의 기본이 되는 정의적 특성, 신체적인 능력의 기초가 5~6세 이전에 거의 대부분 결정되며 음악교육을 받은 아동이 그렇지 못한 아동보다 여러 분야에서 음악적 점수를 높게 받았음을 증명하고 있다(Serafine, 1986). 특히 Bloom(1986)은 이 시기에 발달을 촉진시킬 수 있는 환경과 알맞은 학습조건을 조성해 주는 것이 개인의 잠재 가능성 계발을 좌우한다고 주장하였다. 음악적 능력을 형성하는 데 가장 기초적이고 중요한 음악 감수성이 영유아기에 가장 빠른 속도로 발전하며 조기 음악경험을 통해 영유아의 전인적 발달을 이루어 나갈 수 있다는 것이다. 이처럼 영유아기에 대한 중요성과 함께 이 시기에 접하는 음악교육의 중요성도 주목해야 할 것이다.

영유아 시기 음악교육의 기본 전제에 대한 내용 중 한 가지 사례를 살펴보면 MENC(Music Educator National Conference, 1991)를 들 수 있다. 미국의 영유아교육자협의회가 1991년에 채택한 어린이를 위한 음악정책 선언문에 제시되어 있는 영유아음악에 대한 믿음 10가지는 다음과 같다.

① 모든 영유아는 음악적 잠재력을 가지고 있다.
② 음악학습에 대한 그들 나름의 독특한 흥미와 능력이 있다.
③ 영유아들은 음악적 아이디어를 통해 비판적 사고기술을 계발할 수 있다.
④ 영유아기의 음악경험으로 다양한 배경을 가질 수 있다.
⑤ 영유아들은 바람직한 음악적 소리, 활동, 자료들을 경험해야 한다.
⑥ 영유아들은 연주목표에 도달하기 위한 욕구를 방해받아서는 안 된다.
⑦ 영유아들의 놀이는 그들의 일이다.

⑧ 영유아들은 물리적·사회적으로 즐거운 환경에서 가장 잘 배운다.

⑨ 각각 다른 영유아들의 발달욕구를 채워 주기 위해 다양한 학습환경이 필요하다.

⑩ 영유아들에게는 모범이 될 만한 성인 모델이 필요하다.

2) 현장 적용 고려사항

음악능력의 개발을 위한 적절한 시기에 대해 Carl Orff는 음악적 경험은 초등학교 저학년이나 학령 전에 시작해야 더 효과적이라고 강조했는데, 이 시기의 일반적인 특징을 보면 다음과 같다.

- 영유아들은 모방을 통해 많은 노래를 배우고 기억하게 되며 선율이나 화성보다는 율동적인 곡을 노래하는 일에 더 흥미를 보인다.
- 영유아들은 여러 사람과 같이 맞춰 노래를 부르는 것이 힘들고, 너무 높거나 낮거나 빠른 곡을 잘 부르지 못한다.
- 영유아들은 귀로 듣고 기억하기를 좋아하고 단음으로 반주해야 잘 알아듣는다.
- 흥미를 유발하기 어려운 노래를 싫어하고 오랜 시간 앉아서 음악을 듣지 못한다.
- 타악기에 흥미가 집중된다. 그러나 악기를 연주한다는 의식보다는 여러 악기의 특징적인 음색 자체에 호기심을 가지고 악기를 만지고, 치고, 자유롭게 소리 내어 보는 충동적인 악기놀이의 시기이다.
- 대부분의 영유아는 음악을 좋아하고 음악에 대한 소질을 가지고 있어도 뚜렷이 나타나지 않는다. 이는 박자감, 리듬감, 음정감 등이 확실하지 않기 때문이다.

영유아의 발달특성을 음악교육 현장에 활용할 때는 다음을 고려해야 한다.

- 영유아기부터 초등학교의 시기는 청각이 가장 민감하므로 이 시기를 놓치면 훌륭한 음악적 성장을 기대하기 어렵다. 즐겁게 음악을 '들을 수 있는' 기회를 다양하게 제공해야 한다. 이 책의 제6장에는 듣기활동에 대한 실제가 소개되어 있다.
- 운동기능과 밀접한 관련성이 있는 리듬교육은 유치원에서 초등학교 저학년에 걸친 시기가 가장 적당하다. 영유아의 음악학습은 자유로운 상상을 자극할 수 있도록 자발적인 활동을 장려해야 하므로 교사의 일방적인 지도보다는 재미있는 놀이로 진행한다. 매시간 눈을 감고 음악을 듣게 하는 등의 형식적인 방법은 좋은 지도방법이 아니다.
- 감각이나 지각 또는 촉각 등의 재생기억이나 심정적 경험은 개인에 따라 특색이 있다. 따라서 음악을 수용하는 방식에도 각기 다른 특징이 있으므로 영유아들에게 획일적인 반응을 기대해서는 안 된다.
- 영유아가 집단 속에서 음악적 즐거움을 느낄 수 있도록 하기 위해서는 자발적인 선택에 의해 전체 집단에 참여하도록 한다. 전이시간에 손유희나 재미있는 동기 유발의 방법을 사용하여 자발적인 참여를 유도한다.

- 손유희 사례: 노래 〈통통통통〉
  - **통통통통**: 양손은 주먹 쥐어 위아래로 놓고 가볍게 두 번씩 친다.
  - **털보 영감님**: 양손으로 수염을 쓰다듬는 시늉을 한다.
  - **혹부리 영감님**: 턱에 난 혹을 만지는 시늉을 한다.
  - **코주부 영감님**: 양손을 주먹 쥔 후 맞붙여 코에 길게 연결한다.
  - **안경 영감님**: 엄지와 검지로 동그라미를 만들어 눈 주위에 대고 돌린다.
  - **손을 위로 팔랑팔랑**: 양손을 머리 위로 올렸다가 흔들면서 아래로 내린다.
  - **손을 무릎에**: 손을 무릎 위에 놓는다.

* 손유희는 교사를 따라 하는 모방행위이므로 동기 유발의 방법으로 짧게 사용한다.

3 발달단계

1) 출생~1년

0~2개월까지는 거의 수면상태로 의사표현은 울음으로 한다. 자신의 소리에도 관심을 보이지 않는 시기이며 반사단계, 울음, 호흡, 수유, 두 손 들기, 두 발 차기 등에서 리듬감이나 강약을 경험한다(김혜경, 1993). 부드러운 소리, 흔들어 주는 행동, 사람의 목소리에 안정되며 갑작스러운 큰 소리나 높은 음정의 소리를 불편해한다.

2~4개월에는 전 단계보다 더 울며 쿠잉(cooing), 옹알이(babble) 등의 소리를 많이 내며 즐긴다. 뜻이 다른 울음소리를 내며 일부 모음을 흉내 낸다. 성인이 끄덕거리거나 말을 걸면 때때로 소리를 내며 자신이 낸 소리를 즐긴다. 부드러운 소리, 흔들어 주는 행동, 사람의 목소리에 안정감을 느끼고, 특히 주양육자(주로 엄마)의 목소리에 더욱 정확히 반응한다. 양육자가 웃으면 따라 웃는다. 1세까지가 양육자에 대한 애착과 신뢰가 주요 과업인 시기이므로 한 사람의 성인과 주로 상호작용하는 것이 좋다.

4~6개월에는 소리가 나는 곳을 눈으로 찾는 등 소리에 강한 관심을 나타내기 시작하여 의도적으로 주변의 소리를 들으려 한다. 사물을 손으로 쥐기 시작하므로 소리 나는 딸랑이 등을 흔들면서 놀 수 있다. 누워서 몸을 좌우로 굴리고 뒤집을 만큼 어깨와 허리에 힘이 생긴다. 음악은 아기를 달래고 안정시켜 준다. 자장가는 아기를 안정시키고, 생생한 음악은 활동적으로 만든다. 시계 소리나 음악 놀잇감과 같은 리듬 있는 소리, 양육자의 목소리에 매료된다. 거울에 비친 자신의 모습에 관심을 보이므로 교사와 함께 거울 앞에서 노래 부르고 움직이는 놀이도 좋아한다.

6~9개월에는 음악을 틀어 주면 만족해하고 팔을 움직이는 동작을 하게 되며 싫어하는 음악에 대해 불쾌감을 나타내게 된다. 낯가림이 심해지면서 울음과 웃음으로 주양육자를 옆에 있게 한다. 성인과 까꿍놀이[5]가 가능하다. 세상에 대한 신뢰와 애착이 형성되면서 주양육자와의 분리불안이 심해진다. 소리가 나는 쪽으로 고개를 돌리고 물건을 놓거나 던질 때 나는 소리에 관심을 갖는다. 옹알이의 억양이 분명해지면서 소리를 반복하기 시작한다. 억양과 소리의 크기를 달리하여 감정을 표현한다.

9~12개월에는 성공적이지는 않지만 자주 많은 소리를 모방하고 계속해서 소리와 음악에 관심을 갖는다. 혼자 앉고 기어 다닐 수 있다. 잡고 일어서려는 시도를 보이며 기구를 잡고 발걸음을 뗄 수 있을 만큼 동작이 발달한다. 발바닥 감각을 인식할 수 있으므로 걷기를 통한 감각교구 등을 제공해 준다. 옹알이로 대화하며 간단한 소리를 따라 하거나 한 단어를 말할 수 있게 된다. 표정이나 억양을 통해 말의 의미를 인식하고 끝음절을 따라 하기도 한다. 입 모양을 모방하며 감정이 반영된 소리를 낼 수 있다. 사물의 움직임을 집중해서 탐색하므로 움직이면 소리가 나는 놀잇감을 즐긴다. 놀잇감에 있는 버튼을 눌러 작동시키고 소리가 나면 즐거워한다.

2) 1세

1년~1년 6개월에는 새롭고 신기한 소리에 매력을 느껴 많은 소리를 변별한다. 의도적으로 주변의 소리를 들으려 하며 싫은 음악과 좋은 음악을 구분한다. 리듬과 높낮이를 이용한 옹알이를 하기도 하고 들려오는 노래의 간단한 음의 높낮이를 비슷하게 따라 한다.

음악에 맞춰 움직이지만 꼭 박자와 동시에 움직이는 것은 아니다. 한 손을 잡아

5) 어린아이에게 얼굴을 가렸다가 보이며 '까꿍' 소리를 내며 노는 일

주면 몇 걸음 걸을 수 있을 만큼 근육이 발달해 가면서 걷기가 능숙해지고 점차 뛰거나 달릴 수 있고 커다란 물건을 끌어당기거나 밀기를 좋아한다. 운율[6]이 있는 노래나 라임[7]을 듣기 좋아한다. 손을 흔들거나 머리를 숙여 인사할 수 있을 만큼 동작활동이 발달한다. 성인의 표정이나 말 소리에 따라 적절히 반응하려 한다. 친숙한 성인의 행동을 모방하기 시작한다. 인형을 돌보는 흉내를 내며 놀기 때문에 교사가 인형을 들고 노래 부르기나 몸 움직이기 등을 시도하면 즐거워한다. 3곳 정도의 신체 부위를 찾아 가리킬 수 있으므로, 이와 관련된 노래나 찾기 놀이도 좋은 활동이 된다(예: 눈은 어디 있나~ 요기~♪♪).

2세에 가까워지면서 자신이 듣는 음악에 맞춰 서투르지만 리듬감 있게 몸동작을 시도한다. 박자를 맞추지는 못하지만 구르기, 흔들기, 손뼉치기 등으로 음악에 반응한다. 서 있는 자세에서 신체의 각 부분을 따로따로 움직이면서 몸 전체를 움직일 수 있다. 뒷걸음질 치기도 가능해진다.

놀이할 때 노래하거나 웅얼거리며 목소리를 통제한다. 단순한 멜로디 악기나 목소리를 사용하여 가락을 만든다. 텔레비전에서 자주 듣는 음악을 좋아하기도 한다. 냄비, 주전자, 컵 등으로 영아의 눈높이에 맞게 소리 만들기 환경을 구성해 주면 소리를 만들어 보면서 즐긴다.

6) 韻律: 행을 이루는 단어의 배열과 글자의 발음에 의하여 일정한 리듬감을 자아내게 하는 것

7) rhyme: 동운어(同韻語)

3) 2세

이 시기의 영아는 여러 악기 혹은 모든 물체에서 나는 소리의 특징에 대해 대단한 관심을 보인다. 기차 소리, 천둥소리와 같은 커다란 소리에 무서움을 표현한다. 주의집중은 그다지 길지 못하고 집단활동에는 관심이 없지만, 음악 만들기에 꽤 열중한다. 음악에 대한 반응도 다양해지고 풍부해진다. 이 시기의 음악활동은 어디까지나 개인적인 활동일 뿐 타인을 의식한 것이 아니며, 두 사람 이상과 함께 음악을 만드는 일이 거의 없다. 자기 물건에 대한 소유 개념이 발달하고 자아가 강해지는 2세 영아는 차례를 정해 놓고 진행하는 음률활동이 거의 불가능하다. 음악의 리듬에 몸동작을 조화시키기 시작하므로 이 시기에는 신체적인 움직임을 유발하는 노래들(예: 머리 어깨 무릎 발, 엄지 어디 있나, 주먹 쥐고)이 좋다. 영아반 교사는 이러한 노래를 능숙하게 부르고 동작을 유도할 수 있어야 한다.

2년~2년 6개월, 즉 걸음마기 후반에 접어들면서 영아는 음악에 대해 좀 더 신체적인 반응을 보이게 된다. 무릎 굽히기, 팔 흔들기 등의 동작으로 움직임을 시도한다. 찬트[8]의 리듬과 반복을 좋아하며, 자주 소리와 형태를 반복하게 된다. 평균 200~300단어를 구사할 수 있으며 5개의 다른 음을 노래할 수 있고 간단한 손유희를 배울 수 있다.

2년 6개월~3년 된 영아는 놀이를 하면서 노래를 부르며 박자에 따라 악기를 다루려 하고 악기에 관심을 갖게 된다. 근육의 협응이 가능하게 되므로 실로폰 같은 악기를 다룰 수 있게 된다. 실로폰, 드럼, 탬버린, 리듬판, 리듬막대, 샌드블록, 마라카스와 같은 악기 소리에 관심을 보인다. 음악에 맞춰 동작을 창의적으로 자유롭게 표현하려 하며 가족을 위해 자발적으로 노래한다. 노래를 완전하게 부르지는 못하지만 노래 듣기를 즐기고 노래를 따라 부르려 한다. 즉흥적인 노래든 흉내 내는 노래든 노래 부르기를 아주 좋아한다.

8) chant: 2~3도 이내의 읊조림

McDonald(1979)는 2세 영아의 노래 부르기 능력과 반응에 관하여 다음과 같이 정리하였다.

- 2세경이면 노래를 부를 수 있는 능력이 생기지만 대부분 자신의 탐색적 경험을 토대로 자기중심적이며 말놀이식 즉흥적인 노래를 부른다.
- 실제 노래를 따라 부르거나 배울 때 D(레)부터 A(라) 사이의 음역이어야 편안하게 부를 수 있다.
- 대부분의 노래는 언어와 어휘를 가지고 놀면서 부르는 것이므로 반복적인 언어나 문구가 포함된 단순한 노래를 만들어 노래함으로써 언어발달을 촉진하게 된다.
- 음 간격은 좁을수록 부르기 쉽고, 5~6도가 넘으면 영아들이 노래를 고쳐서 부른다.
- 노래를 여럿이 함께 부를 때도 음정을 맞추려고 하지 않고 각자 마음대로 부르기 때문에 합창은 불가능하다.
- 가끔 몇 소절이나 몇 군데만 따라 부르면서 참여에 만족하고 주로 듣기를 좋아한다. 노래의 첫 음이나 끝 음만을 따라 하는 경우도 있다.
- 높은음보다는 낮은음이 소리 내기에 편하다.
- 리듬이 분명한 음악에 적극적으로 반응하는 경향이 있으나, 템포[9]는 멋대로이다.
- 반복을 통해서 박자와 동작을 이해하므로 한 가지 동작으로 리듬에 맞춘다.

4) 3세

3세는 언어발달, 정서발달과 함께 음악성도 현격하게 발달되는 시기이다. 세 단어 이상을 사용하여 문장을 만들면서 의사소통이 가능하고 운동능력도 활발해져서 자신감이 넘치는 연령이다. 음악활동과 같은 동적인 놀이에 적극적으로 참여한다.

---

9) tempo: 악곡을 연주하는 속도

3세가 되면 단순한 절로 된 노래를 부를 수 있다. 음역이 2~3도인 것은 쉽게 부를 수 있으며 D(레)에서 G(솔)까지의 곡조를 잘 부른다. 아주 짧은 몇 개의 음으로 된 선율이기는 하나 유아 자신이 만들어 낸 선율로 노래하기 시작한다. 혼자서 노래 만들기를 좋아하고 노래를 다른 방법으로 불러 보는 것에 흥미를 느낀다.

'원숭이 시절(monkey stage)'이라고 부를 만큼 흉내를 잘 내며 텔레비전이나 휴대전화 화면 속 동작을 따라 하는 등의 모방능력이 점점 발달하게 되어 자발적인 노래의 길이가 길어진다. 음의 높낮이와 빠르기를 더 잘 변화시킬 수 있으며 점점 더 정확히 단순한 악구를 노래한다. 또한, 극화된 노래(예: 세 마리 꼬마 원숭이, 잘잘잘)를 좋아한다.

박자에 따라 움직이는 능력이 생겨 리듬에 맞춰 손뼉을 칠 수 있다. 이러한 발달 특성들이 대집단의 음악활동을 가능하게 한다. 다른 영역의 대집단 활동도 3세 이후 비로소 원활하게 진행되기 시작한다. 자신의 차례를 기다릴 줄 알고 교사가 이끄는 집단놀이에서 규칙준수가 가능하다. 흥미 영역에서의 자유놀이 형태도 개별놀이 모습에서 3~4명이 어울려 노는 집단 형태로 나타난다.

걸음걸이의 리듬이 발달하면서 신체 협응력이 증가하고 리듬 있는 동작을 할 수 있는 능력이 생기므로 넓은 공간을 사용하여 다양하고 창의적인 몸동작을 시도하려고 한다. 몸의 움직임을 통해 크고-작은, 빠른-느린 개념을 형성한다. 오르기, 흔들기, 밀기 등의 동작이 연습을 통해 가능하다(김혜경, 1993). 간단한 노래 게임의 움직임을 따라 할 수 있으며, 발끝으로 걷기, 선을 따라 똑바로 걷기, 제자리에서 양발 모아 공간을 이동하며 뛰기, 높이 뛰어오르기와 앙감질[10]이 가능하다.

손가락이 정교해져서 피아노 건반을 가리킬 수 있고 피아노 연주 모습을 흉내 낼 수 있다. 타악기나 주변의 물건을 이용하여 리듬, 강약, 속도를 만든다. 벨, 실로폰 등으로 계속해서 소리 내면서 노는 것을 즐긴다. 텔레비전에서 매일 듣는 날씨 음악이나 매일 시청하는 프로그램의 시그널 뮤직(signal music), 부모의 전화기를

10) hopping: 한 발은 들고 한 발로만 뛰는 동작

통해 매일 듣는 컬러링[11] 등의 친숙한 곡에 맞춰 흔들고 동작하기를 좋아한다.

5) 4세

다양한 목소리로 노래를 부를 수 있는 확장된 어휘나 음역(vocal range), 리듬감각이 표출된다. 노래를 처음부터 끝까지 부를 수 있다. 기억력을 통해 노래 전체를 부르고 리듬과 음의 높낮이를 더욱 정확히 사용한다. 노래를 부르는 과정에서 노랫말을 기억하는 일에 많은 비중을 두고 즐기지만 노랫말을 나타내는 글씨나 악보는 이해하지 못한다. 간단한 멜로디를 만들 수 있고 친숙한 곡에 노랫말을 만들 수 있다.

말장난이 심해지는 언어발달과 함께 이미 알고 있는 노래들의 단편을 모아 새로운 노래를 구성하면서 즐거워한다. 〈세 마리 꼬마 원숭이〉 노래를 부를 때 '뛰다가 머리를 다쳤다네'를 '뛰다가 방귀가 터졌다네'로 다소 유치한 언어, 화장실 언어 등으로 바꿔 부르기가 나타난다.

영유아들이 만든 자발적인 노래의 특성을 보면 노래의 음역이 한 옥타브를 넘지 않고 대부분 완전5도 내의 음정으로 구성된다. 리듬의 반복이 높은 비율로 나타나며 노래를 부르면서 손뼉치기, 춤추기와 같은 신체적인 움직임을 동반하는 경향을 갖는다.

여러 가지 리듬악기를 사용하여 연주할 수 있게 되고, 음의 높낮이 및 음의 장단, 음색의 차이에 관한 개념을 확장한다. 특히 큰 소리와 작은 소리에 대한 자극에 잘 반응한다. 음의 리듬 흐름에 따라 더욱 잘 놀고 움직이며 발 바꾸어 뛰기가 가능해진다.

친숙한 노래를 노랫말 없이 악기를 연주해서 들려주면 약 40%의 아동이 알아맞힐 수 있다. 음악을 적극적으로 들으려 하므로 잘 유도하면 오랫동안 주의집중하

11) color ring: 음악이나 다양한 소리의 통화 연결음

여 듣는다. 소리를 순서 짓고 분류 및 재생산할 수 있다. 가장 큰 소리부터 작은 소리 찾기, 음악의 일정 부분을 목소리로 표현해 보기 등 음악을 듣고 몸으로 표현하거나 극화시키는 데 많은 흥미를 보인다.

6) 5세

노래하는 일에 열심과 흥미를 보이고 혼자 노래, 대집단 속에서의 노래, 소집단 속에서의 노래를 할 수 있으며 노래의 강약과 속도에 주의해 가면서 노래를 부르기 시작한다. 자장가와 같은 쉬운 노래는 쉽게 재현해 내지만 자발적인 노래를 부르는 빈도가 급격히 감소한다. 자의식이 강해지면서 실수를 피하려는 노력에 따라 정확한 모방을 하려고 노력한다. 동일한 노래를 다른 속도의 다른 음높이로 부를 수 있다. 자신이 좋아하는 노래를 갖게 된다.

리듬과 노래를 좋아하고 음악에 맞춰 움직이거나 리듬게임, 율동하기 등을 즐긴다. 음악에 자신의 몸동작을 그대로 맞출 수 있다. 스케이팅이나 그와 유사하게 공간을 이동하며 몸을 움직이는 이동 동작을 시도한다. 단순한 춤을 배울 수 있다. 깡충 뛰기(skip)가 가능하고 춤을 출 수 있으며 공을 던지고 받을 수 있게 된다. 한 발로 10초 이상 설 수 있으며 음악에 맞춰 줄넘기를 할 수 있다.

음악의 템포를 변화시켰을 경우 그 차이를 식별하고 언어화할 수 있다. 빠르고 느린 소리의 조화가 리듬패턴을 만들고 있음을 알기 때문에 손뼉치기나 북 치기 등으로 리듬패턴을 만들어 리듬감을 효과적으로 배운다.

프렌치 혼, 바이올린, 트럼펫, 플루트, 첼로, 바순, 오보에 등의 악기를 이용하여 대조되는 음질을 구분할 수 있도록 훈련될 수 있다(McDonald, 1974). 친숙한 노래를 노랫말 없이 악기로만 연주해서 들려주었을 때 5세 아동의 75%가 알아맞힐 수 있다(안재신, 1994, 재인용). 대부분의 리듬악기를 연주할 수 있게 되며 리듬패턴을 흉내 내기 시작한다.

CHAPTER 03

교실(주) 환경과 음악

(주) 영유아기관의 공간은 교실, 보육실, 활동실 등 다양한 용어를 사용하지만, 이 책이 음악 '교육'에 초점을 두고 집필한다는 측면에서 교실로 통일하여 사용하였다.

1 국가직무능력 표준에서의 환경

보육교사를 위한 국가직무능력 표준(NCS: National Competency Standards)에서는 교실 내 환경에 대해 다음과 같은 지식, 기술, 태도를 명시하고 있다. 음악 관련 자료를 활용하여 환경구성을 할 때도 반영되어야 하는 내용이다.

- **능력단위 명칭** : 어린이집 환경구성
- **능력단위 정의** : 어린이집 환경구성이란 영유아의 성장과 발달을 도모하기 위해 영유아의 흥미와 발달적 특성에 적합하도록 물리적 환경을 구성하는 능력이다.

능력 단위 요소	수행준거
보육실 놀이환경 구성하기	1.1 보육실에 필요한 모든 자료장과 기본 활동자료 등을 확인할 수 있다. 1.2 연간, 월간 또는 주간 보육계획안을 토대로 활동자료를 구입 또는 제작할 수 있다. 1.3 각 흥미 영역별 공간 크기와 영유아의 동선, 활동의 수를 고려하여 배치도를 그릴 수 있다. 1.4 각 흥미 영역별 공간 크기와 영유아의 동선, 활동의 상호 연계성을 고려하여 흥미 영역을 구성할 수 있다. 1.5 보육활동 자료는 연간 주제, 소주제에 따라 주기적으로 교체, 추가할 수 있다.
	【지식】 • 평가인증의 보육환경 지표 • 영유아 발달 • 보육활동 자료 특성 • 영유아를 위한 실내 환경구성 원리 • 흥미 영역별 놀이 특성 • 흥미 영역 간 상호 연계성 • 구매계획서 작성방법 • 제작교구계획서 작성방법

<table>
<tr><th>능력 단위 요소</th><th>수행준거</th></tr>
<tr><td rowspan="2">보육실
놀이환경
구성하기</td><td>【기술】
• 영유아의 흥미와 요구 파악 능력
• 효율적인 공간 구성 능력
• 적합한 보육활동 자료를 제공하는 능력</td></tr>
<tr><td>【태도】
• 평가인증 보육환경 지표를 준수하는 태도
• 영유아의 개별성을 배려하는 자세
• 기본 활동자료를 주기적으로 교체하는 성실한 태도
• 주어진 시간 내에 제작을 완료할 수 있는 책임감</td></tr>
<tr><td rowspan="4">실내외 환경
구성하기</td><td>2.1 어린이집의 보육철학을 토대로 실내외 환경구성에 대한 장단기 개선방침을 수립할 수 있다.
2.2 보육실을 제외한 실내외 공간을 용도별로 구분한 후 세부 공간별 사용목적과 기능을 수립할 수 있다.
2.3 실외 공간은 동적인 영역과 정적인 영역, 영아와 유아를 위한 공간으로 구분한 후, 세부 공간별 사용목적과 기능을 수립할 수 있다.
2.4 실외 놀잇감과 영유아용 놀이기구 목록을 만들어 주기적으로 교체, 추가하여 비치할 수 있다.
2.5 실내외 공간의 장단기 보수 및 개선계획을 수립할 수 있다.</td></tr>
<tr><td>【지식】
• 평가인증의 보육환경 지표
• 영유아 발달
• 실내외 놀이 환경구성 원리
• 실내외 놀이 영역 간 상호 연계성
• 어린이집의 보육 철학</td></tr>
<tr><td>【기술】
• 영유아의 흥미와 요구 파악 능력
• 효율적인 공간 구성 능력</td></tr>
<tr><td>【태도】
• 영유아의 개별성을 배려하는 태도
• 평가인증 보육환경 지표를 준수하는 태도
• 다양한 실외 환경구성을 통해 영유아의 발달과 흥미를 촉진하려는 노력
• 실외 활동에 필요한 자료를 주기적으로 교체하여 비치하는 성실함</td></tr>
</table>

출처: www.ncs.go.kr/ncs » '학습모듈' 검색 » 사회복지 종교/보육.

2 누리과정의 음률 영역

보건복지부(2014)가 발행한 「3~5세 연령별 누리과정 교사용 지침서」에서는 음률 영역의 정의를 다음과 같이 정리하였다.

- 음률 영역: 생활 주변에서 듣는 다양한 소리에 관심을 가지고 탐색하고 음악을 듣고 노래를 부르고 여러 가지 악기를 다루어 보고 음악에 맞춰 자유롭게 몸을 움직이거나 창의적인 신체표현 활동을 경험하는 영역

위의 책에서 제시하는 음률 영역은 다음과 같은 내용으로 서술되어 있다. 목차와 문장은 이 책의 특성에 따라 재구성하였다.

1) 구성

유아는 음률 영역의 활동을 통해 음악적 아름다움의 요소를 찾아보며, 음악이나 움직임과 춤으로 표현하고, 음악을 감상하는 능력을 키운다. 음률 영역은 음악에 맞춰 신체를 자유롭게 움직일 수 있는 충분히 넓은 공간이 필요하다. 소음이 많이 나는 영역이므로 다른 영역의 활동에 방해가 되지 않도록 배치하며 바닥에는 카펫을 깔아 안정된 분위기를 조성하고 소음도 줄일 수 있도록 한다.

2) 놀잇감 및 교재 · 교구

- 기본 교구: 녹음기, 헤드폰, 카세트테이프, 다양한 음악 테이프나 시디, 악보, 악기 관련 사진, 각종 연주회나 춤 공연 등의 사진이나 동영상 자료 등

- 생활 속 악기: 젓가락, 냄비 뚜껑, 깡통, 빨래판, 체 등
- 우리나라 전통악기류: 장구, 소고, 북, 꽹과리, 가야금, 피리 등
- 외국 악기류: 리듬악기(예: 탬버린, 캐스터네츠, 트라이앵글, 마라카스 등), 멜로디 악기(예: 실로폰, 멜로디언, 키보드, 피아노 등)
- 스카프, 리본, 작은 낙하산 등의 신체표현 도구나 음악 연주회나 춤 공연, 오페라 등에서 공연자가 입는 무대 의상 등

3) 연령별 영역구성

만 3세반에는 다양한 장르의 음악을 듣고 자유롭게 표현해 보는 활동을 할 수 있도록 다양한 리듬악기, 유아나 교사가 만든 악기, 소리를 녹음하여 들을 수 있는 녹음기 등을 비치하여 원할 때 언제나 활용할 수 있도록 한다.

만 4세에게는 음악과 함께 몸을 마음대로 움직여 보고 노래를 부르며 여러 가지 악기를 자유롭게 만지고 경험을 해 보도록 리듬악기류와 유아들이 직접 만든 마라카스, 리본막대, 우드블록, 핸드벨, 실로폰, 소고 등을 제시한다. 동작활동 자료로는 다양한 동작카드, 한삼, 탈, 스카프, 접이부채, 응원 반짝이 수술 등이 있다.

만 5세에게는 음악을 들어 보고 만들어 가는 경험을 할 수 있도록 유아 스스로 조작이 가능한 시디플레이어를 제공하며, 그림으로 된 간단한 노랫말판을 벽에 부착하여 연주해 보도록 한다. 음률 영역에 전신거울을 두어 자신이 표현하는 모습을 볼 수 있도록 하여도 좋다. 음률활동을 위한 자료에는 다양한 동작카드, 한삼, 탈, 스카프, 접이부채, 응원 반짝이 수술 등이 있다.

4) 유의점

- 유아가 스스로 음률활동에 참여할 수 있도록 여러 가지 매개체(예: 악기, 음악테이프, 리본, 의상 등)를 제공하고, 움직이는 모습을 볼 수 있도록 벽에 큰 거울을 준비해 주는 것이 좋다.
- 공연 관람, 지역 인사나 전문가 초대, 비디오 관람 등 다양한 방법으로 움직임과 춤 경험, 음악적 표현 및 감상활동을 하도록 한다.
- 움직임이나 춤과 관련된 활동을 할 때, 신체 접촉을 꺼리는 유아가 있으면 강요하지 않도록 한다. 서로 부딪히거나 다치지 않도록 미리 주의를 준다.
- 우리나라 전통 악기와 함께 다른 나라의 악기를 다양하게 준비하고, 유아가 쉽게 다룰 수 있는 리듬악기나 타악기에서 시작하여 점차 멜로디 악기로 확장한다.

3 음악 관련 영역의 구성 이론

앞 절에서 살펴본 국가수준 기준과 함께 영유아기관의 교실에 배치되는 음악 관련 영역의 이론과 실제를 정리한다.

음악을 위한 교실 내 공간은 상급학교의 음악실 개념과 다르며 놀이를 위한 흥미 영역이다. 연령별로 다르게 구성되며 영아반은 음악 관련 영역이 별도로 구분되지 않는다. 흥미 영역의 설치와 구성은 교육목적, 교육과정의 운영, 영유아의 흥미, 교사의 판단에 따라 추가되고 수정될 수 있다. 흥미 영역 설치에 확고부동한 기준은 없다고 보지만, 우리나라의 국가수준 영유아기관은 평가를 위해 만들어진 항목과 연령별 기준을 따르고 있다.

영유아기관의 교실구성은 다양한 영역으로 이루어진다. 영아들을 위해서는 좀 더 포괄적인 개념의 영역에서 음악의 일부가 다루어지며, 유아들을 위한 공간에는 음률 영역이 독자적인 영역으로 제시된다. 각 영역은 독립성을 유지하기 위하여 활동 영역에 따라 다른 공간을 확보해야 한다.

홍미 영역 구성에서 가장 일반적인 원칙으로 통용되는 Frost의 원리에 의하면 교실 내부의 구성은 주로 4가지 기초구성에 의하여 각 영역이 배치된다. 물이 요구되는 활동은 될 수 있는 대로 건조한 활동과 격리되도록 하고, 활동적인 영역은 되도록 조용한 영역에서 멀리 떨어져 설치한다.

각 지역을 세부적으로 살펴보면 다음과 같다.

- 제1지역(조용하고 건조한 곳): 책 보기, 듣기, 이야기 나누기, 동화, 쓰기, 소집단 활동을 위한 곳으로 구성한다.
- 제2지역(활동적이고 건조한 곳): 대근육 활동, 쌓기 놀이, 목공놀이, 소꿉놀이, 음률활동을 계획할 수 있다.
- 제3지역(물이 있고 조용한 곳): 요리하기, 간식 먹기, 풀칠하기, 점토놀이 등의 미술활동을 계획할 수 있다.
- 제4지역(활동적이고 물이 있는 곳): 물놀이, 모래놀이, 손 씻기, 물감 그리기, 물을 사용하는 과학실험 등을 할 수 있는 곳으로 구성한다.

음악을 위한 홍미 영역을 설치하기 위해서는 교실 안에 일정하게 트인 공간이 요구된다. Shelley(1977)는 대집단, 소집단, 개별 활동이 다양하게 이루어져야 하고 악기와 재료를 자유롭게 탐색하고 조작해 볼 수 있는 시간과 장소가 허용되어야 유아의 음악적 성장을 가져온다고 보았다(김혜경, 2013, 재인용). 유아의 창조적인 생각과 느낌을 자유롭게 표현할 수 있도록 충분한 공간을 확보해야 할 것이다.

음악 영역은 소리가 있고 활동적인 특성이 있으므로 쌓기 영역이나 역할놀이 영역 가까이에 위치해 두는 것이 좋다. 이 두 영역 사이에서 창의적 움직임과 놀이가 자극을 받을 수 있기 때문이다. 그러나 음악 영역은 영유아들이 서로 다른 소리를 실험하는 장소이므로 너무 시끄러운 소음을 만들지 않도록 규칙을 정하고 지도한다.

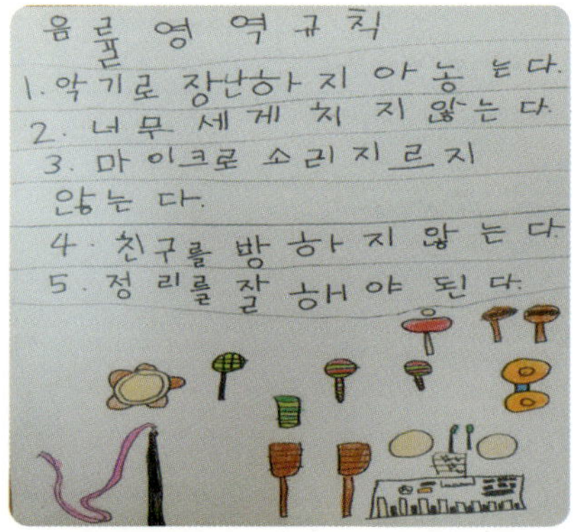

▲ 각 영역에서 지켜야 할 규칙에 대해 토의하는 유아들과 결과물

음악 영역은 음악적인 분위기가 나도록 꾸민다. 낮은 탁자나 교구장, 가리개 등을 이용하여 영역의 경계를 만들어 주고, 그 위에 유아가 사용할 수 있는 악기를 놓아두거나 음악과 관련된 사진을 붙여 놓는다. 음악 영역에는 놀이에서 사용하는 악기들을 보관할 수 있다. 각 악기는 종류별로 분류해서 각각의 용도에 맞게 보관한다. 샌드블록이나 작은 악기는 각각 상자에 보관하고, 멜로디 악기는 리듬악기와 다른 용기에 보관한다. 각 종류의 악기들이 섞이지 않도록 하여 소리 나는 종류, 악기의 재질, 연주방법에 따라 분류하는 것을 알게 한다. 악기만을 위한 교구장을 구입하여 사용하면 편리하다.

▲ 썬차일드의 자작나무 악기장

▲ 썬차일드의 영아 악기장

▲ 보육사의 자작 악기장

출처: http://www.sunchild.co.kr/web/product/medium/sunchild7_18720.JPG.
http://www.sunchild.co.kr/web/product/medium/sunchild7_18809.JPG.
http://www.boyuksa.co.kr/_prozn/_data/ykmall/picture/15172898602800/15172898602800A.jpg.

음악을 표현할 수 있는 흰 종이, 오선지, 악기 그림들의 자료는 2~3주마다 바꾸어 주는 것이 좋다. 소음의 확산을 피하기 위해 바닥에 카펫을 깔고 교구장 등으로 소리를 단절시킨다.

악기를 비롯한 다양한 자료를 사용한 후 제자리에 정리할 수 있도록 배려한다. 정리공간에 악기의 그림자 형태를 그려 놓아 그 위에 정리하거나 상자별로 분류할 수 있도록 가르친다. 음악 영역에서 유아들은 악기를 교구장에 옮기는 법, 치우는 법 등을 익혀야 한다.

교육부의 「유치원 지도서 총론」(2000)에서는 음악 관련 영역을 '음률 영역'으로 칭하고 제공해 줄 놀잇감 및 자료, 유의점을 다음과 같이 제시하고 있다. 현재의 누리과정에서도 음악 관련 영역을 '음률 영역'으로 제시하고 있다.

- 전통악기류: 소고, 장구, 북, 꽹과리, 징 등
- 리듬악기류: 트라이앵글, 탬버린, 캐스터네츠, 방울, 리듬막대, 우드블록, 핸드벨, 마라카스 등
- 멜로디 악기류: 피아노, 전자오르간, 멜로디언, 실로폰, 목금, 철금 등
- 노래활동 자료: 노래책, 노랫말 적은 종이, 융판과 융판 자료 등
- 감상활동 자료: 녹음기와 녹음테이프, 다양한 음악과 소리가 녹음된 테이프와 그림카드, 헤드폰 등
- 움직임을 위한 자료: 리듬막대, 리본막대, 스카프 등
- 기타: 거울, 색깔로 표시된 악보, 노랫말 모음, 융판 자료, 색연필, 종이, 리듬 패턴 카드, 유리컵[12], 연필, 오선지 등

12) 영유아기관에서는 음악활동보다 안전이 우선되므로 사용하지 않는 것이 좋겠다.

연령별 유의점은 다음과 같다.

- 일상생활 동요나 놀이 동요, 빠르기가 다른 음악 등이 녹음된 테이프와 카세트를 준비한다.
- 다른 사람들 앞에서 노래를 불러 보는 시간을 갖는다.
- 여러 가지 타악기를 통하여 소리를 탐색해 보고 리듬감을 익힐 수 있는 활동을 제공한다.
- 강약이 표시된 노랫말판을 제공한다.
- 다양한 리듬악기를 비치한다.
- 신체를 이용하여 좀 더 창의적인 표현을 하도록 리본 테이프나 스카프, 풍선, 끈, 고무줄 등을 제공한다.
- 실로폰, 핸드벨 등의 가락 악기를 제공한다.
- 다양한 음악 테이프, 음악 관련 그림책, 녹음기, 헤드폰을 비치한다.
- 노래극 놀이에 필요한 자료와 소품을 준비한다.
- 음악을 들은 후 느낌을 그림이나 몸으로 표현해 볼 수 있는 자료를 제공한다.
- 악기를 만들어 보는 경험을 한다.

4 영역 구성의 사례

영역을 분류하여 교실을 구성할 때 움직일 수 있는 시설, 즉 칸막이, 이동식 교구장, 책꽂이, 책상, 의자 등을 어떻게 배치하는가에 따라 그 형태가 달라진다. 각 연령별로 다르게 구성되는 교실의 사례를 보면 다음과 같다.

- 1세반 교실: 이 교실에서는 영아들을 위한 악기가 벽면과 교구장에 있고 거울이 부착되어 음악과 함께하는 동작활동이 이루어짐을 알 수 있다.

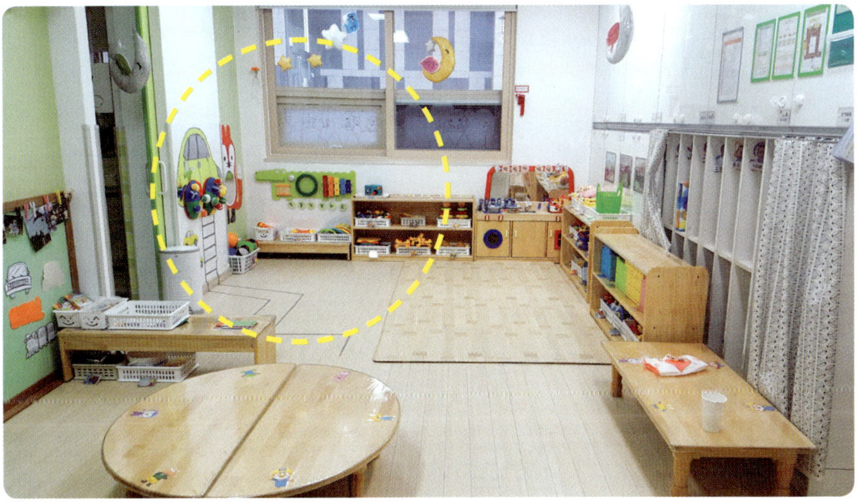

- 2세반 교실: 이 교실에도 여러 가지 악기와 음악 자료들이 교구장에 비치되어 있다.

- 3세반 교실: 이 교실의 음률 영역은 교실 입구에 쌓기놀이 영역과 인접해 배치되어 있고 교구장에는 음악 관련 자료와 카세트, 교구장 위에는 새 노래를 가르칠 때 사용하는 노랫말판이 있다.

- 4세반 교실: 이 교실은 입구에 여러 악기와 새 노래의 노랫말판, 듣기활동을 위한 자료들이 배치되어 있다. 음률 영역의 표시가 다른 영역보다 강조되어 있어서 교사가 음악활동에 강점을 두고 있음을 유추해 볼 수 있다.

- 5세반 교실: 이 교실도 입구에 음악 자료용 교구장을 활용하여 악기와 여러 자료를 배치하였다.

이와 같이 각 교실에서는 매일의 일과에서 대·소집단 활동, 개별 활동으로 음악 활동이 일어나고 있다. 각 영역에 배치된 음악활동 자료의 사례는 다음과 같다.

반별로 대집단 활동을 하거나 행사를 진행할 때, 기관의 여러 가지 사정으로 전 연령의 통합보육을 실시할 때 사용하는 실내 유희실은 음악을 접하기 좋은 장소이다. 많은 기관이 이 장소에 오디오 시스템을 갖추고 있다. 거창한 시스템이 아니어도 작은 시디박스나 블루투스 스피커를 이용하여 음악을 들려줄 수 있다.

영유아들은 하루 일과 중 교실이나 유희실 외의 공간에서도 음악을 듣는다. 아침에 등원하면서 현관에서, 전이활동으로 이동하는 복도에서, 필요에 따라 바깥놀이터 등에서 음악을 접할 수 있다. 현관의 신발장 위, 복도의 벽면 등에 음악을 들을 수 있는 매체를 비치하여 자연스럽게 음악을 듣고 좋아하도록 분위기를 만들어 줄 수 있다. 이러한 공간에서 제공되는 음악은 영유아들의 감수성 향상, 정서 안정, 지식 습득 등 많은 측면에 공헌한다.

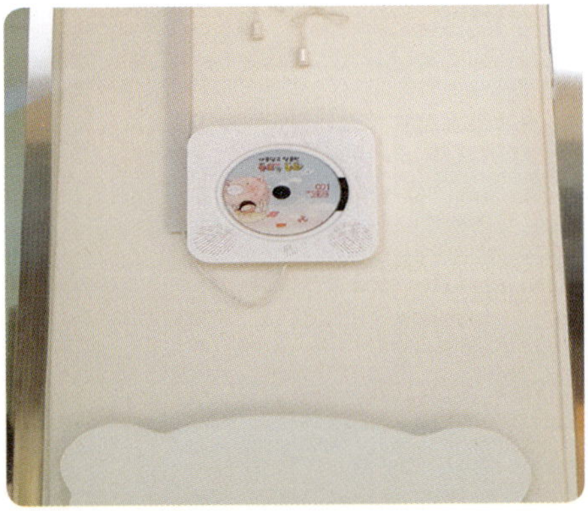

▲ 복도나 유희실 벽면에 부착하여 자연스럽게 음악을 들려주는 기기

▲ 현관의 신발장 위에 비치하여 등하원 시간에 음악을 들려주는 기기

영유아기관은 모든 공간에서 영유아와 교직원에게 음악을 접하게 해 줄 수 있다.

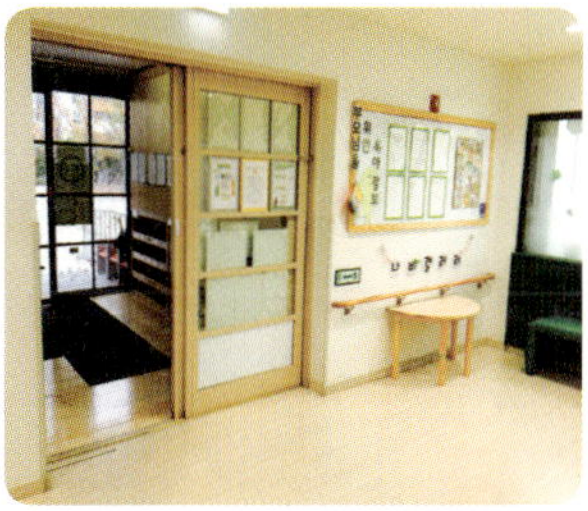

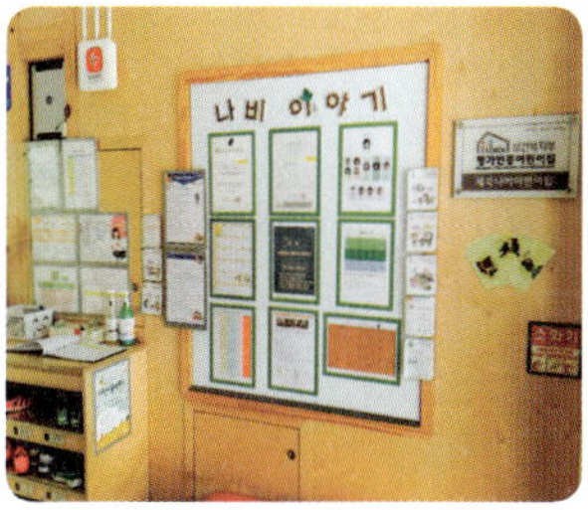

▲ 현관

▲ 복도

▲ 1세 교실

▲ 2세 교실

▲ 3세 교실

▲ 4세 교실

▲ 5세 교실

▲ 실내 유희실

CHAPTER 04

교사의 지식, 기술, 태도

1 국가직무능력 표준의 음률활동 지도 능력

산업현장에서 직무를 수행하기 위해 요구되는 지식, 기술, 태도 등의 내용을 국가가 체계화한 국가직무능력 표준(NCS: National Competency Standards)에서는 영유아에게 음률활동을 지도하기 위해 필요한 지식, 기술, 태도에 대해 다음과 같이 명시하고 있다.

- **능력단위 명칭**: 음률활동 지도
- **능력단위 정의**: 음률활동 지도란 영유아의 예술감각 및 심미감을 증진시키기 위하여 음률활동에 필요한 활동자료를 준비하여 영유아의 흥미와 발달 수준에 적합한 다양한 보육활동을 지도하는 능력이다.

능력단위 요소	수행준거
음률활동 계획하기	1.1 발달단계와 주제에 적합한 음률활동 자료를 준비하여 음악적, 동작적 요소를 탐색하도록 환경을 구성할 수 있다. 1.2 음악과 동작활동 자료를 준비하여 영유아가 자신의 느낌, 생각, 감정을 자유롭고 창의적으로 표현하도록 환경을 구성할 수 있다.
	【지식】 • 영유아의 음악적 발달특성 • 발달에 적합한 음률활동의 종류와 방법 • 음률활동 자료 사용방법
	【기술】 • 음률활동 계획 능력 • 음률활동 계획안 작성 능력
	【태도】 • 영유아의 개별성을 배려하는 태도 • 영유아의 음률활동을 지원하는 태도 • 영유아의 발달적 적합성을 고려하는 태도

능력단위 요소	수행준거
음률활동 지도하기	2.1 영유아가 다양한 소리, 음악, 움직임과 춤을 듣고 보며 아름다움을 느껴 보도록 지도할 수 있다. 2.2 노래 부르기, 창의적 신체표현, 악기 연주, 노래 만들기, 움직임과 춤 등에 영유아가 자발적으로 참여하도록 지도할 수 있다. 2.3 영유아가 다른 사람의 예술 표현을 자연스럽게 자주 접할 수 있도록 지도할 수 있다.
	【지식】 • 음률활동을 지원하는 상호작용의 내용 • 음률활동 자료 활용방법 • 영유아의 음악적 발달특성
	【기술】 • 음률활동 지도 능력 • 영유아의 음악적 요소에 대한 탐색과 감상을 격려하는 능력 • 음률활동 자료 활용 능력
	【태도】 • 영유아의 예술적 표현 활동을 격려하는 태도 • 영유아의 창의성을 격려하는 태도 • 영유아의 음률활동을 지원하는 태도

출처: www.ncs.go.kr/ncs » '학습모듈 검색' » 사회복지 종교/보육.

음률활동 지도의 능력단위에서는 다음을 고려한다.

- 교사가 음률활동 지도 시 놀이 유형, 수준, 주제에 따라 다양한 방법을 적용하고, 영유아의 개별적 특성과 선호를 고려하는 업무 등을 포함한다.
- 교사가 영유아 자신만의 독특한 반응이나 생각을 자발적으로 표현해 보도록 충분한 시간을 제공하는 업무 등을 포함한다.
- 교사는 영유아의 음악적 발달 수준과 특성을 고려하여 일상에서 경험될 수 있도록 음률활동을 지도하는 역할을 포함한다.
- 교사는 영유아가 음악적 요소를 인식할 수 있도록 지도하는 역할을 포함한다.
- 교사역할이란 영유아가 음률활동을 통해 음악과 움직임에 대해 긍정적으로

인식할 수 있도록 돕는 것을 말한다.

- 교사역할이란 영유아가 완성된 결과물을 만들어 내기보다는 과정을 즐길 수 있도록 격려하는 것을 말한다.
- 교사능력이란 영유아가 주변 환경과 다양한 작품을 접하면서 심미감을 향상시킬 수 있도록 적절하고 민감하게 반응해 주는 것을 말한다.

2 • 월간·주간·일일 보육계획안

- 표준보육과정
- 연령별 어린이집 프로그램
- 영유아 관찰기록

3 • 컴퓨터

- 카세트[13] / 시디플레이어
- 복사기
- 빔프로젝터
- 음률활동 자료

4 • 교재 • 악기

- 음악용품 • 관련 영상 자료
- 수행준거에 제시된 내용을 성공적으로 수행할 수 있는지 평가해야 한다.
- 평가자는 다음 사항을 평가해야 한다.
  - 표준보육과정 준수
  - 평가인증 지침 준수
  - 음률활동 지도가 놀이 유형, 수준, 주제에 따라 다양한 방법을 적용하고 영유아의 개별적 특성과 선호를 고려하였는지에 대한 여부

---

13) 많은 도서와 지침, 직무능력 표준에서는 영유아 음악교육 자료로 카세트를 추천하고 있지만 현실적으로 소프트웨어를 구하기 힘들다.

- 음률활동 지도가 영유아의 음악적 발달 수준과 특성을 고려하여 매일 경험될 수 있도록 지도되고 있는지에 대한 여부
- 영유아가 음악 관련 요소를 포함한 모든 활동을 골고루 포함하여 이루어지는지에 대한 여부
- 교사가 완성된 결과물을 만들어 내는 것에 중점을 두기보다는 과정을 즐길 수 있도록 격려하며 상호작용하는지에 대한 여부
- 영유아가 주변 소리와 다양한 작품을 접하면서 심미감을 향상시킬 수 있도록 적절하고 민감하게 반응하는지에 대한 여부

2 교사교육 교육과정의 영유아음악교육[13)]

2013년 보육교사에 대한 국가직무능력 표준이 개발되고 개정이 이루어지고 있는 시대 상황에 맞춰 유치원 교사양성 과정에도 교육과정 연구가 이루어지고 있다. 영유아기관의 교사가 되기 위해 필수과목으로 이수해야 하는 유아음악(학교와 학과의 특성에 따라 영유아음악, 아동음악, 유아음률 등으로 사용) 관련 과목은 대부분 유사한 텍스트로 구성된다. 대학의 수업에서는 교사의 지식, 기술, 태도에 대해 다음과 같은 내용을 담고 있다.

---

14) 이 절에 포함된 일부 내용은 2016~2018년에 작성된 D, G, K 대학교의 「현장중심 교육과정 개발연구」를 일부 참조하였다. 각 대학의 교육과정에서 중시하고 있는 지식, 기술, 태도에 관한 내용이 이 책에 모두 담겨 있다.

【영유아음악교육 기초 내용 익히기】

지 식	• 음악교육의 개념과 목적 알기 • 통합적 접근방법에 대한 이해 • 음악교육의 범주와 내용 • 표준보육과정과 누리과정의 예술경험 영역 이해
기 술	• 영유아음악교육의 유형에 따른 교수법
태 도	• 영유아음악교육 기초 내용 심화학습

【영유아음악교육 계획】

지 식	• 발달에 대한 이해 • 표준보육과정과 누리과정 예술경험 영역의 교사 유의 사항 및 지도법 이해
기 술	• 주제 관련 활동내용에 따른 다양한 교수학습 방법 • 음악 관련 활동의 목표 서술 능력 • 단계별 계획안 형식에 적합한 기록 및 평가 능력
태 도	• 교육계획안에 대한 평가 및 반성적 사고

【음악활동 모의수업 시연】

구분	내용
지 식	• 활동의 특성에 따른 집단 크기 결정 • 도입, 전개, 정리 등의 단계별 수업 방식
기 술	• 음악활동을 하루 일과에 통합시키는 전개 방식 • 음악적 개념을 끌어내기 위한 상호작용 능력 • 활동 유형에 적합한 교수학습 방법
태 도	• 영유아의 발달수준을 관찰하고 적용하려는 노력 • 심미감과 표현 능력의 개별 특성 인정 • 음악활동을 통한 영유아의 발달 지원

3 교사의 역할

국가직무능력 표준에서 제시한 사항들과 함께 영유아기관에서 음악교육을 주도하는 교사에게 일반적으로 필요한 역할은 다음과 같다.

1) 유아음악에 대한 이론적 배경

유아에게 적절한 음악활동을 이끌어 내기 위해서는 영유아의 발달수준이나 행동특성에 관한 지식은 물론, 기초적인 음악이론에 관한 지식의 습득이 선행되어야 한다. 학교에서 배운 여러 이론과 함께 현장 자료를 찾아 끊임없이 탐구하고 적용하는 과정에서 유능한 경력교사로 성장해 갈 것이다.

이론의 습득과 함께 교사로서의 마음가짐을 살펴보기 위해 음악교사 강령을 보면 다음과 같다.

MENC(Music Educator National Conference)의 음악교사 강령(1991)

나는 음악교사로서 2가지 중요한 이유로 나 자신을 헌신한다.

1. 모든 사람에게 음악을 그들 삶의 일부가 되도록 도와준다.
2. 음악예술을 증진시킨다.

나는 모든 사람이 음악교육을 받을 권리가 있다는 것을 믿는다.

- 그들에게 노래 부르고 악기를 연주하게 하여 온 생애를 통해 음악을 만드는 즐거움을 가르친다.
- 말로는 표현할 수 없는 것을 음악을 통해 표현할 수 있는 기회를 준다.
- 음악에 대해 지적으로, 감정적으로 반응하도록 도와준다.
- 음악 기보법의 언어를 가르치고, 즉흥으로 연주하고 작곡하고 편곡하는 문을 열어 준다.
- 그들이 음악작품이나 연주에 대해 알고 판단하도록 가르쳐 준다.
- 그들에게 모든 문화와 역사적 시대의 음악을 가르친다.
- 만일 그들이 그렇게 되기를 선택한다면 음악을 전문직으로 준비하도록 하는 것을 포함해 특별한 재능을 개발하도록 허용한다.
- 그들의 삶을 통해 음악과 함께 하도록 준비시킨다.

나는 음악을 가르친다. 왜냐하면 음악은 사람들의 삶을 변화시키기 때문이다.

출처: Hoffer, C. R. (2008). 『음악교사론』 (안미자 옮김), p. 34.

우리나라 어린이집 교직원을 위한 윤리강령은 4가지로 조직되어 있다. 여러 가지 딜레마에 직면하여 공정하고 바른 처신을 위해 판단을 내려야 할 때 도움이 된다. 윤리강령은 윤리선언문과 함께 교직원을 위한 큰 행사에 낭독이 포함되기도 하며, 많은 어린이집의 교사공간에 게시된 것을 볼 수 있다. 음악활동을 계획할 때도 참고해야 한다.

각 장에서 제시하고 있는 4가지 윤리의 내용은 다음과 같다.

영유아에 대한 윤리

1. 영유아에게 고른 영양과 충분한 휴식을 제공하여 몸과 마음이 건강한 사람으로 자라도록 돕는다.
2. 성별, 지역, 종교, 인종, 장애 등 어떠한 이유에서도 영유아를 차별하지 않고 공평한 기회를 제공한다.
3. 영유아는 다치기 쉬운 존재임을 인식하여 항상 안전하게 보호한다.
4. 영유아에 대한 정서적·언어적·신체적 학대를 행하지 않는다.
5. 어린이집 내외에서 영유아 학대와 방임을 민감하게 관찰하며 필요한 경우 관련 기관(아동보호 전문기관 등)에 보고하고 조치를 취한다.
6. 영유아의 인격을 존중하고 개인의 잠재력과 개성을 인정한다.
7. 개별적 상호작용 속에서 영유아의 요구를 수용하기 위해 노력한다.
8. 영유아의 사회·정서·인지·신체발달을 통합적으로 지원하는 보육프로그램을 실시한다.
9. 특별한 도움을 필요로 하는 경우 전문가와 협력하여 영유아의 입장에서 최선의 대안을 찾는다.
10. 보육활동의 계획·실행·평가하는 모든 과정에 영유아의 흥미와 의사를 반영한다.
11. 영유아의 개인적 기록과 정보에 대해 비밀을 보장한다.

가정에 대한 윤리

1. 상호 신뢰를 바탕으로 영유아의 가정과 동반자적 관계를 유지한다.
2. 각 가정의 양육가치와 의사결정을 존중한다.
3. 경제적 수준, 가족형태, 지역, 문화, 관습, 종교, 언어 등 어떠한 것에 의해서도 영유아의 가정을 차별 대우하지 않는다.
4. 보육활동 및 발달상황에 관한 정보를 정확하게 알고 영유아에 대한 가정의 이해를 돕는다.
5. 어린이집 운영 전반에 관한 정보를 공개하여 영유아 가정의 알 권리에 임한다.
6. 보육프로그램과 주요 의사결정에 영유아의 가정이 참여하도록 안내한다.
7. 필요한 사회적 지원, 전문 서비스 등 관련 정보를 제공하여 영유아 가정의 복리 증진을 돕는다.
8. 영유아 가정의 사생활을 보호하고 익명성을 보장한다.

동료에 대한 윤리

〈어린이집 원장〉

1. 최상의 보육서비스 제공에 필요한 인적·물적 환경의 조성 및 유지를 위해 노력한다.
2. 보육교사를 신뢰하고 존중하며 전문성과 자율성을 인정한다.
3. 성별, 학연, 지연, 인종, 종교 등에 따라 보육교사를 차별하지 않는다.
4. 업무 관련 의사결정이 필요한 경우, 보육교사의 의견 개진 기회를 보장한다.
5. 보육교사에게 지속적 재교육 등 전문적 역량 제고의 기회를 부여한다.
6. 보육교사에게 적정 수준의 보상(보험, 급여 등)을 안정적으로 제공하며 복지 증진에 힘쓴다.
7. 보육교사 개인의 기록과 정보에 대한 비밀을 보장한다.

〈보육교사〉

1. 존중과 신뢰를 바탕으로 협력하며 서로의 전문성과 자율성을 인정한다.
2. 상호 간 역량계발과 복지 증진에 부합하는 근무환경이 되도록 힘쓴다.
3. 어린이집 원장 및 동료와 영유아 보육에 대한 신념을 공유한다.
4. 보육교사로서의 전문성 향상을 위해 스스로 노력한다.
5. 어린이집 내에서 영유아 및 보육교사의 인권과 복지를 위협하는 비윤리적 사태가 발생한 경우 법률규정이나 윤리기준(한국보육시설연합회 윤리강령위원회 참조)에 따라 조치를 취한다.

사회에 대한 윤리

1. 공보육에 대한 책임을 인식하고 항상 질 좋은 보육서비스를 제공한다.
2. 영유아의 안전을 위협하는 환경이나 정책이 발견될 시 관계 기관과 협의하여 개선한다.
3. 공적 책임이 있는 어린이집으로서 재정의 투명성을 유지하고 부정한 방법으로 사적 이익을 취하지 않는다.
4. 영유아의 권익보호를 위해 관련 정책 결정 및 법률 제정에 적극 참여하며 사회적으로 이를 널리 알리는 데 앞장선다.
5. 지역사회 실정에 맞는 어린이집의 책임과 역할을 인지하고 실천하고자 노력한다.

출처: 한국보육시설연합회(2011). 어린이집 원장·교사 윤리강령.

2) 음악경험의 계획과 아이디어 찾기

영유아들이 그들의 사고와 감정을 표현하는 매개체로서 음악을 사용하고 음악을 즐길 수 있도록 하려면 교사의 계획이 필요하다. 영유아에게 적합한 계획을 세우기 위해 그들이 무엇을 알고 있고 어떻게 음악을 느끼는지 발견해야 한다. 새로운 경험을 제공하기 위해서 교사는 정기적으로 의미 있는 음악경험을 계획하여야 할 것이다.

영유아를 위한 교사에게는 연주자, 성악가 같은 능력보다는 '놀이중심 활동'으로 심미감과 표현 능력을 끌어내는 능력이 더 필요하다. 이러한 능력에 음악적인 능력이 있다면 금상첨화일 것이다. 교사 대부분은 음악을 전공하지 않았고 형식적인 음악훈련을 받지 않았지만, 그러한 결핍을 보상할 수 있는 많은 방법이 있다. Christoph Drösser(2015)는 『음악본능』이라는 책에서 시종일관 "우리는 누구나 음악성이 있다."라고 강조한다. 음악을 따로 배우지 않아도 사람이라면 누구나 어마어마한 재능을 갖추고 있기 때문에 능동적인 음악활동에 당장 뛰어들라고 말한다.

현재의 환경에서 음악을 더 배우고 싶다면 음악 특별활동을 운영하거나 자료를 판매하는 여러 업체에서 여는 음악교육 강좌에 참여해 볼 수도 있다. 이러한 기회에 새로운 기법이나 이론을 배우면서, 응용할 아이디어를 찾아볼 수 있다. 새로운 아이디어를 찾는 끊임없는 노력과 창의성의 개발은 교사의 능력을 증진시켜 줄 것이다.

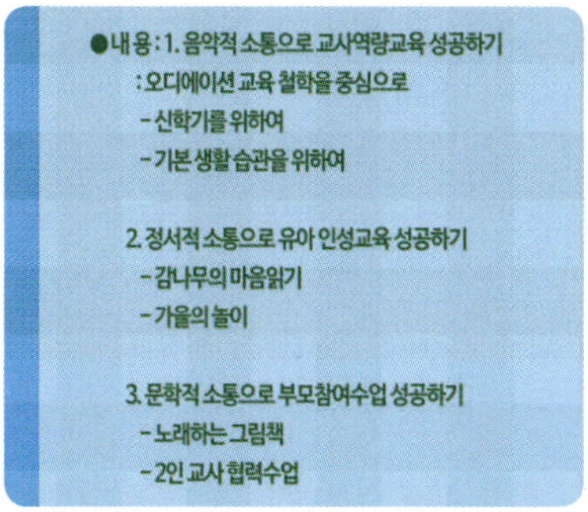

▲ 한국오디에이션교육연구소에서 실시한 음악교육 사례

3) 노래목록 만들기와 익히기

영유아기관의 일과에서 각 상황에 적합한 활동을 유도하고 지도하기 위해 다양한 노래를 목록으로 만들어 본다. 생각보다 많은 레퍼토리를 갖고 있음을 발견할 것이다. 오래전부터 불러 오던 전래 동요, 대중가요, 민요, 찬송가 등 여러 가지 범주로 나누어 목록을 만들어 놓고 계속 첨가해 나간다. 선율과 노랫말을 모두 아는 노래, 노랫말은 모르고 앞 소절의 선율만 아는 노래, 어릴 때 배웠던 노래, 대학에서 배웠던 노래, 교사가 된 이후에 배웠던 노래 등으로 나누어 목록을 찾아볼 수도 있다. 또한, 수업 주제별로 알고 있는 모든 노래를 찾아봐도 좋다. 정말 많은 노래를 배웠고 알고 있는 자신을 발견할 수 있을 것이다. 이 책의 제7장에 소개된 영아반 노래, 유아반 노래의 목록도 참고해 보기 바란다.

목록에 기록된 곡들을 완전히 익힌다. 정확히 익히고 알고는 있지만 인쇄물로 본 적이 없는 노래는 악보를 검색하거나 만들어 보고, 선율만 알고 있는 노래는 새로운 노랫말로 개작하여 불러 본다. 여러 출판사에서 제작한 '반주곡집'과 같은 도서도 노래를 익히는 데 많은 도움을 준다.

유아교사를 위한
동요반주곡집
김연희 · 김명옥
2017년
B5/185면/10,000원

예비유아교사를 위한
개인 · 그룹용
유아동요 코드반주법
안미숙
2017년
A4변형/392면/22,000원

개정증보
주제별
유아동요반주곡집
김혜숙
2014년
B5/496면/22,000원

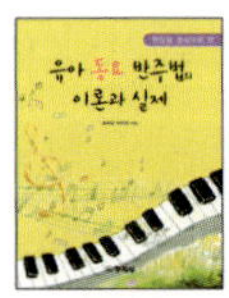

현장을 중심으로 한
유아 동요 반주법의
이론과 실제
송여숙 · 박지원
2011년
B5/408면/22,000원

누리과정 중심의
유치원동요반주곡집
구희영
2016년
B5/296면/16,000원

개정
누리과정 도입곡과
영역별 코드형 반주
유아동요반주곡집
권종애 · 윤정원
2013년
B5/360면/19,000원

16주 완성
유치원 동요 반주법
봉정원
2002년
B5/240면/12,000원

16주 완성
유치원 동요 반주법 II
봉정원
2011년
B5/240면/14,000원

▲ 창지사에서 발행된 반주곡집 사례

잘 모르는 노래는 인터넷상의 다양한 동요 사이트를 활용하여 악보를 다운받거나 친숙해질 때까지 듣고 불러 보면서 익힐 수도 있다. 포털 사이트의 어린이 관련 메뉴(예: 멜론키즈, 네이버뮤직의 유아러브송 혹은 유아해피송)의 목록에서 노래를 선택하고 잘 부를 수 있을 때까지 연습하는 방법도 좋겠다. 영유아기관에서 활용하는 동요 시디가 다양하게 판매되고 있으므로 노래를 익히는 자료로 활용한다.

▲ 영유아기관에서 활용하는 동요 시디의 예

4) 매체와 악기의 활용

새로운 노래를 올바르게 배우는 방법으로 인터넷 사이트 혹은 다양한 음반을 활용할 수 있다. 여러 사이트에서 음악활동에 활용할 수 있는 자료를 제공하고 있으므로 영유아들을 위한 교수·학습 방법에 관한 아이디어를 얻을 수 있다.

▲ 기관과 가정에서 부를 수 있는 많은 동요가 들어 있다.

출처: m.jr.naver.com song.

풍부하고 다양한 미디어 환경을 활용하여 노래를 익히고 가르칠 수 있다. 그러나 교사 스스로 할 수 있는 노래까지도 매체에 의존하여 지나치게 자주 사용한다면 자발성과 창의성을 방해하는 요인이 될 수 있다. 노래를 충분히 익혀서 교사의 육성으로 가르쳐 줄 것을 권한다. 영유아들은 교사나 다른 성인의 육성으로 노래를 배울 때 가장 잘 배우며, 그들과 친밀감이 형성된다.

교사가 한 번 들은 음악을 즉흥적으로 연주해 내거나 자유자재로 조옮김을 하여 영유아들에게 알맞은 음조로 연주할 수 있다면 음악활동에 커다란 도움이 될 것이다. 그러나 대부분이 기악 전공자가 아니므로 이러한 교사를 찾기는 힘들다.

교사는 자신감을 갖기 위해서 반주 없이 노래를 부르거나 코드가 있는 악기 연주를 시도하는 계획을 세울 수 있다. 기타나 우쿨렐레는 피아노보다 쉽게 배울 수 있고 교사가 움직일 때마다 휴대할 수 있으며 유아들과 마주 본 상태에서 상호작용할 수 있으므로 유용하다. 유아의 노래는 대부분 화성이 단순하기 때문에 몇 개의 코드만 확실하게 익힌다면 쉽게 활용할 수 있을 것이다.

▲ 우쿨렐레로 즐겁게 놀이하는 유아들

학습과 창의적인 반응을 길러 주는 많은 책, 악기와 음반, 미술재료들, 그 밖의 물건들로 자극적인 환경을 제공한다. 여러 교구 제작사에서도 다양한 영유아용 악기를 구비해 놓고 판매하고 있으므로 교사의 열의에 따라 다양한 음악활동을 준비할 수 있을 것으로 본다. 이 책의 제8장에서 악기에 관한 많은 정보를 접할 수 있다.

5) 교사 자신의 흥미와 적합한 상호작용

특별한 목적을 가지고 계획한 활동도 유아들의 흥미를 끌지 못하면 효과적으로 유도할 수 없다. 유아의 흥미는 저절로 이루어지는 것이 아니라 선택된 자료나 환경, 특히 교사에 의해 고양된다. 그러므로 교사 자신에게도 흥미의 원칙을 적용해야 한다. 교사 자신이 즐기지 않는 노래를 가르치거나 활동을 시도하면 유아들은 교사의 내키지 않는 마음을 느끼기 때문이다. 일과 중에 다양한 음악을 사용하여 교실의 분위기를 즐겁게 해 주거나 교사들의 작은 음악회를 개최하여 음악을 좋아하는 모습을 보여 주어 영유아들이 흥미를 갖도록 해 본다.

▲ 기관의 행사에서 유아에게 노래를 불러 주는 교사

영유아들이 음악을 듣고 표현할 기회를 되도록 많이 마련해 준다. 여러 가지 자료를 이용하여 표현을 장려하기도 하고, 영유아가 스스로 탐색할 기회를 만들어 준다. 교사의 상호작용 능력은 그 기관의 실력을 측정하는 가장 기본적인 요소이다. 이 책의 제12장 상호작용 기법을 참고하여 음악활동에서도 활용하기 바란다.

CHAPTER 05

수업의 계획

영유아기관의 교실 내 수업은 각 연령에 적합한 수업 주제를 토대로 교실 내 흥미 영역에서의 자유놀이나 교사가 계획한 집단활동을 통해 이루어진다. 만 2세까지의 영아들을 위한 수업은 주로 개별 및 소집단 활동이 많다. 만 3세 이상의 유아반부터 대집단 활동이 시작된다. 우리나라 어린이집과 유치원에서는 국가수준으로 제시되는 '표준보육과정'과 '누리과정'의 각 영역 목표와 내용이 수업에 반영되어야 하며 다양한 법정교육(인성, 안전 등)이 주기적으로 이루어진다. 음악은 수업의 모든 과정에서 활용될 수 있다.

수업의 계획은 연간, 월간, 주간, 일일 단위로 작성되며 기관의 운영 상황이나 지역사회 여건, 날씨 등의 변수에 따라 융통성 있게 실행될 수 있다. 영아반과 유아반의 수업계획안 사례를 보면 다음과 같다.

1 영아반

2020년부터 도입된 제 4차 표준보육과정은 주제와 활동방법이 간략하게 제시되어 교사의 재량이 반영된다. 최근에는 다음과 같은 간략형 계획안에 따라 영아의 흥미와 교실 상황에 따라 융통성있는 수업이 진행된다.

영아반은 만 0, 1, 2세반으로 구분된다. 사례에 제시된 단계별 계획안에서 '음악'이 포함될 수 있는 부분을 찾아보기 바란다. 다음은 만 1세 영아반의 수업계획 사례이다.

10월 월간보육계획안 (만2세)

결재	담 임	주임	원 장

교사의 기대		• 알록달록 가을이에요2/ 동물놀이해요1 • 가을이 되어 변화되는 날씨를 느껴 주변 자연환경 및 식물의 변화 / 동물에 관심을 가진다.
실시기간		2020년 10월 1주 ~ 10월 4주 (4주)
등원 및 맞이하기		변화된 날씨 이야기하기
교사의 기대 (실내놀이)		• '바스락 바스락' 낙엽길 걸어보기/내가 좋아하는 동물 따라 해보기 1수준: 낙엽길 걸어보기 2수준: 내가 좋아하는 동물흉내 내 낙엽길 걸어보기 • 가을 숲 사진 붙이기 • 동화 '안녕 가을' 'Apple and Pumpkins ' '가을낙엽 사진' '가을 산책 사진' 위에 끼적이기 • 노래 '숲속을 걸어요' '아기 고양이 네로' 들으며 악기 연주해보기 • 동물 돌보기 / 자연물로 상 차리기 • 동물병원 만들기 / 가을 숲속 길 만들기
특성화 프로그램		오감발달 : 음악 들으며 스카프로 '바스락, 바스락' 춤추는 낙엽 표현해보기 (조성진 베토벤 피아노 협주곡 5번 Op.73 황제)
바깥 놀이		가을길 산책하기 (대체활동:훌라후프 건너기/훌라후프 기차놀이)
일상생활	점심 및 간식	• 식사 후 내 자리 정리해보기 (동화 '내가 맡은 일을 척척')
	기저귀 갈이 / 배변 활동	'쉬, 마려워요'라고 표현하기 (선생님과 화장실 같이 가기) 그림책: '혼자서 할 수 있어요'
	낮잠	현악기 소리 들으며 잠들기
	안전교육	소방안전–소화기로 불을 꺼요(소화기 종류) / 재난대비–땅이 흔들려요 교통안전–신호등 색을 알아보아요 / 성폭력예방–좋은 느낌과 나쁜 느낌
	인성교육/ 기본생활습관교육	• 인성교육: '너도 예쁘다' • 기본생활습관: 스스로 가방 벗어 내 사물함에 가방 넣기
귀가 / 가정 및 지역사회 연계		우리 동네에는 어떤 동물이 살고 있을까? / 산책하며 동네 이웃께 인사하기

간략하게 개요 중심으로 작성한 계획안에 따라 매주, 매일의 일과를 계획하고 실행해 가는 과정에서 초임교사는 많은 어려움에 직면한다. 다음에 소개된 각 연령별 특성을 반영한 구체적인 계획안 사례를 통해 영아반의 수업 전개에 필요한 주제와 학급 운영방식을 참고해 보기 바란다.

만 1세 연간 보육 계획안					
기간		주제	소주제	행사 및 지역사회 협력	
				영아	부모
3월	3월 1주 ~ 3월 4주	새로운 것이 낯설어요 1	어린이집에 왔어요(1) 어린이집에 왔어요(2) 만나고 친해져요(1) 만나고 친해져요(2)	• 신입원아 적응프로그램 • 소방기초훈련 및 교통안전 방문교육 • 영유아 체격검사	
4월	4월 1주 ~ 4월 4주	새로운 것이 낯설어요 2	우리 반에 무엇이 있을까요?(1) 우리 반에 무엇이 있을까요?(2) 밖으로 나가 보아요(1) 밖으로 나가 보아요(2)	• 소방훈련 및 안전교육	• 상반기 부모상담
5월	5월 1주 ~ 5월 5주	느낄 수 있어요 1	만져 보아요(1) 만져 보아요(2) 살펴보아요(1) 살펴보아요(2) 들어 보아요(1)	• 어린이날 행사 • 소방훈련 및 안전교육	• 부모 참관수업
6월	6월 1주 ~ 6월 4주	느낄 수 있어요 2	들어 보아요(2) 맡아 보아요(1) 맡아 보아요(2) 맛보아요	• 소방훈련 및 안전교육 • 영유아 체격검사	• 부모 참여수업
7월	7월 1주 ~ 7월 4주	놀이할 수 있어요 1	온몸으로 느껴 보아요(1) 온몸으로 느껴 보아요(2) 물놀이는 재미있어요(1) 물놀이는 재미있어요(2)	• 소방훈련 및 안전교육 (재난 안전 방문교육)	• 부모교육 강연회
8월	8월 1주 ~ 8월 5주	놀이할 수 있어요 2	놀잇감은 재미있어요(1) 놀잇감은 재미있어요(2) 놀잇감은 재미있어요(3) 놀잇감은 재미있어요(4) 까꿍놀이는 재미있어요(1)	• 소방훈련 및 안전교육	• 부모 자원봉사

기간		주제	소주제	행사 및 지역사회 협력	
				영아	부모
9월	9월 1주 ~ 9월 4주	좋아하는 놀이가 있어요 1	즐겁게 할 수 있어요(1) 즐겁게 할 수 있어요(2) 말할 수 있어요(1) 말할 수 있어요(2)	• 소방훈련 및 안전교육 • 영유아 체격검사	• 가족 운동회
10월	10월 1주 ~ 10월 5주	좋아하는 놀이가 있어요 2	찾을 수 있어요(1) 찾을 수 있어요(2) 바깥놀이는 재미있어요(1) 바깥놀이는 재미있어요(2) 몸을 움직여요(1)	• 소방훈련 및 안전교육	• 하반기 부모상담
11월	1월 1주 ~ 11월 4주	움직이는 것이 재미있어요	몸을 움직여요(2) 몸을 움직여요(3) 움직이게 할 수 있어요(1) 움직이게 할 수 있어요(2)	• 제2차 평가인증 • 소방훈련 및 안전교육	• 부모 일일교사
12월	12월 1주 ~ 12월 4주	나는 할 수 있어요 1	그림책으로 놀아요(1) 그림책으로 놀아요(2) 춤추고 놀이해요(1) 춤추고 놀이해요(2)	• 산타행사 • 소방훈련 및 안전교육 • 영유아 체격검사	
1월	1월 1주 ~ 1월 5주	나는 할 수 있어요 2	흉내 내요(1) 흉내 내요(2) 흉내 내요(3) 응가, 쉬 놀이가 좋아요(1) 응가, 쉬 놀이가 좋아요(2)	• 소방훈련 및 안전교육	
2월	2월 1주 ~ 2월 4주	새로운 것도 좋아요	함께 놀아요(1) 함께 놀아요(2) 선생님이 좋아요(1) 선생님이 좋아요(2)	• 소방훈련 및 안전교육	• 신학기 오리엔테이션

<table>
<tr><th colspan="2">6월 월간 보육 계획안</th></tr>
<tr><td>주제</td><td>느낄 수 있어요 2</td></tr>
<tr><td>실시기간</td><td>6월 1주 ~ 6월 4주(4주)</td></tr>
<tr><td>목표</td><td>1. 다양한 소리를 탐색하고 새로운 소리를 만들며 놀이한다.
2. 주변에서 맡을 수 있는 여러 가지 냄새에 관심을 갖는다.
3. 다양한 음식의 맛과 향기를 탐색하며 놀이한다.</td></tr>
</table>

<table>
<tr><th colspan="2" rowspan="2">날짜
영역</th><th colspan="4">활동 내용</th></tr>
<tr><th>6-1주</th><th>6-2주</th><th>6-3주</th><th>6-4주</th></tr>
<tr><td colspan="2">소주제</td><td>들어 보아요(2)</td><td>맡아 보아요(1)</td><td>맡아 보아요(2)</td><td>맛보아요</td></tr>
<tr><td colspan="2">등원 및 맞이하기</td><td>선생님과 손뼉치며 인사해요</td><td colspan="2">내 물건을 제자리에 놓을 수 있어요</td><td>엄마, 아빠! 다녀오세요</td></tr>
<tr><td rowspan="4">오전 실내 자유 놀이</td><td>신체</td><td>• 쿵쿵 소리 내며 모양 발자국을 따라 걸어요(대)
• 북을 두드려요(소)</td><td colspan="2">• 발목, 손목 딸랑이를 흔들어요(대)
• 음식 그림을 꾸며요(소)</td><td>• 매달린 과자를 먹어요(대)
• 과일을 잘라요(소)</td></tr>
<tr><td>언어</td><td>• 동물 소리가 나는 그림책을 봐요(읽기, 듣기, 말하기)
• 동물 소리를 들으며 끼적여요(쓰기)</td><td colspan="2">• 향기 나는 책을 봐요(읽기, 듣기, 말하기)
• 향기 나는 종이 위에 끼적여요(쓰기)</td><td>• 음식 사진을 보며 이름을 들어요(읽기, 듣기, 말하기)
• 과일 그림 위에 끼적여요(쓰기)</td></tr>
<tr><td>감각 탐색</td><td>• 종이컵 전화기를 꾸며요(미술)
• 어떤 소리가 날까요(탐색)</td><td colspan="2">• 향기 나는 주머니(탐색)
• 과일 마라카스를 흔들어요(음악, 동작)</td><td>• 과일을 탐색해요(탐색)
• '멋쟁이 토마토' 부르며 율동해요(음악, 동작)</td></tr>
<tr><td>역할 쌓기</td><td>• 소리 나는 상자를 쌓아요(쌓기)
• 마이크로 노래해요(역할)</td><td colspan="2">• 벽돌블록으로 꽃가게를 만들어요(쌓기)
• 과일을 바구니에 담아요(역할)</td><td>• 블록으로 길을 만들어요(쌓기)
• 아기 인형에게 먹여 줘요(역할)</td></tr>
<tr><td colspan="2" rowspan="2">실외 자유놀이</td><td>• 비행기 소리를 들어요</td><td colspan="2">• 공원에서 나무와 꽃냄새를 맡아 봐요</td><td>• 점토로 음식을 만들어요</td></tr>
<tr><td colspan="4">대체활동: 실내에서 자동차를 타요</td></tr>
</table>

<table>
<tr><th colspan="2" rowspan="2">날짜
영역</th><th colspan="4">활동 내용</th></tr>
<tr><th>6-1주</th><th>6-2주</th><th>6-3주</th><th>6-4주</th></tr>
<tr><td rowspan="5">일상생활</td><td>점심 및 간식</td><td colspan="2">음식 냄새를 맡아 보며 먹어요</td><td colspan="2">'더 주세요' 이야기하고 더 먹어요</td></tr>
<tr><td>기저귀 갈이/ 배변 활동</td><td colspan="2">축축해요, 뽀송뽀송해요</td><td colspan="2">기저귀를 갈며 마사지를 받아요</td></tr>
<tr><td>낮잠</td><td colspan="2">내 이불의 촉감을 느끼며 잠을 자요</td><td colspan="2">내 이불에서 뒹굴뒹굴하며 잠들어요</td></tr>
<tr><td rowspan="2">인성 교육 및 안전</td><td>자아개념
– 내 손과 발은 어디에 있을까?</td><td>기본생활습관
– '고마워'라고 말해요</td><td>자아개념
– 떼구르르 공을 굴려 봐요</td><td>대인관계
– 따르릉 따르릉 전화 왔어요</td></tr>
<tr><td>교통안전
– 안전하게 타요</td><td>소방안전
– 만지면 안 돼요 전기콘센트</td><td>약물 오·남용
– 친구의 약을 먹으면 안 돼요</td><td>건강·영양
– 손을 꼭꼭 씻어요</td></tr>
<tr><td colspan="2">귀가 및 연계활동</td><td colspan="2">누가 왔을까? 목소리를 들어요</td><td colspan="2">엄마(아빠)와 함께 신발장 속 내 신발을 찾아요</td></tr>
</table>

주간 보육 계획안	
소주제	만나고 친해져요(2)
실시기간	3월 4주(3월 26일 ~ 3월 31일)
목표	친구에게 관심을 가지고 함께하는 놀이를 경험한다.

영역 \ 날짜			월(26일)	화(27일)	수(28일)	목(29일)	금(30일)	토(31일)
등원 및 맞이하기			선생님, 친구와 인사해요					통합보육
오전실내자유놀이	신체		선생님과 마사지놀이해요(대·소) 친구와 손바닥을 맞춰요(소)					
	언어	말하기	친구 사진을 보아요(말하기, 듣기, 읽기) 우리 반 사진 위에 손가락으로 끼적여요(쓰기)					
		읽기						
		쓰기						
		듣기						
	감각 · 탐색		소리 나는 놀잇감을 눌러 보아요(감각) 모양 종이에 스티커를 붙여요					
	역할 · 쌓기		인형을 안아 주세요(역할) 자석 벽돌블록으로 놀아요(쌓기)					
실외자유놀이			어린이집 주변을 산책해요 / 대체활동: 실내에서 미끄럼틀을 타요					
일상생활	점심 및 간식		음식을 먹기 전 선생님과 손을 씻어요					
	기저귀 갈이 / 배변활동		기저귀 가는 장소를 알아요					
	낮잠		친구와 나란히 누워요					
	기본생활 및 안전		통통 촉감 북을 두드려요(자아대인관계) 성폭력 예방 – 나는 어떻게 태어났을까?					
귀가 및 가정과의 연계			즐거운 마음으로 엄마를 기다려요					
교육활동 참고			안녕하세요? 이번 주에는 ㅇㅇ반 친구들과 함께 놀이하며 우리 반 친구들에게 관심을 가져 보는 시간을 계획하였습니다. 가정에서도 영아들과 ㅇㅇ반 친구들에게 대해 이야기 나누어 보시기 바랍니다.					

일일보육계획안			
주제	놀이할 수 있어요 1	일시	7월 6일(금)
소주제	온몸으로 느껴 보아요(1)	날씨	흐림
목표	오감을 활용한 감각적인 놀이를 즐긴다.		

일과운영	계획	실행 및 평가
통합보육 · 등원 및 맞이하기 (7:30~9:20) *실내 환기	• 오전 통합보육 • 밝은 미소로 영아를 맞이하기 • 영아의 기분과 건강 상태 확인하기 – 등원하는 영아의 이름 부르며 반갑게 맞이하기 – 부모님과 함께 기분 좋게 안아 주며 헤어지기 – 선생님과 내 서랍장에 가방을 넣고 교실로 들어오기	• 오전 통합보육 실시함 • 밝은 미소로 영아를 맞이함 • 영아의 컨디션과 건강 상태 확인함 – 등원하는 영아의 이름을 부르며 반갑게 맞이함 – 부모님과 함께 인사 나누며 맞이함
오전 간식 (9:20~9:40) *책상 소독	• 간식 먹기 전에 교사의 도움을 받아 함께 손 씻기 및 기저귀 확인하기 – 기본생활 > 건강한 생활 > 몸을 깨끗이 하기/즐겁게 먹기 • 교사의 도움을 받아 함께 앉아서 먹어 볼 수 있도록 격려하기	• 손 씻은 후 오늘의 간식을 소개함 • 자리에 앉아 즐겁게 간식을 먹음 • 먼저 먹은 영아는 조용한 놀이를 즐김
오전 실내 자유놀이 (9:40~10:40) 1시간	[신체 영역] * 활동명: **촉감판 지나가 보기(대) / 다양한 종이를 구기고 찢어 보기(소)** – 신체운동 > 감각과 신체 인식하기 > 감각적 자극에 반응하기 – 신체운동 > 신체조절과 기본운동하기 > 소근육 조절하기 * 활동방법 • 여러 가지 촉감을 발바닥으로 느껴 보고 촉감판을 걸어 본다. – 1수준: 촉감판에 관심을 가진다. – 2수준: 촉감판 위를 걸으며 느낌을 느껴 본다. • 다양한 재질의 종이를 소근육을 조절하여 구겨 본다.	• 촉감판을 여러 개 붙여 넓게 만듦. 그 위를 친구와 손잡고 함께 지나감(대근육) • 종이로 만든 공을 바구니에 손, 손가락 등을 사용하여 넣음(소근육)

일과운영	계획	실행 및 평가
오전 실내 자유놀이 (9:40~10:40) 1시간	[역할·쌓기 영역] *활동명: **미끌미끌 미역으로 음식물 만들어 보기(역할)** **촉감블록으로 놀이해 보기(쌓기)** – 신체운동 > 감각과 신체 인식하기 > 감각적 자극에 반응하기 – 신체운동 > 신체조절과 기본운동하기 > 소근육 조절하기 *활동방법 • 미역을 탐색해 보고 미역을 이용하여 간단한 모방놀이를 한다(역할). • 촉감블록을 이용하여 자유롭게 놀이해 본다(쌓기).	• 촉감블록과 스펀지블록을 높게 쌓음. 어느 것을 더 많이 쌓았는지 옆에서 상호작용하며 둘의 높이를 비교해 주었음. 스펀지블록을 손으로 만져 보고 스폰지블록의 느낌을 말해 보았음 • 미역을 접시에 담아 친구에게 서로서로 먹여 주는 놀이도 관찰됨(역할)
	[감각·탐색 영역] *활동명: **손바닥 짝짝이로 소리 내어 보기(음악, 동작)** **내 입술 도장을 찍어 보기(미술)** – 예술경험 > 예술적 표현하기 > 움직임으로 반응하기 – 예술경험 > 예술적 표현하기 > 단순한 미술 경험하기 *활동방법 • 손바닥 짝짝이에 관심을 가지고 흔들어 소리를 내 본다(음악, 동작). • 립스틱을 바르고 입술 도장을 찍어 본다(미술).	• 손바닥 짝짝이를 들고 마주쳐 봄 • 립스틱 입술 도장을 찍으며 거울을 보고 즐거워함
	[언어 영역] *활동명: **내 몸의 이름 알아보기(듣기, 읽기, 말하기)** – 의사소통 > 말하기 > 표정, 몸짓, 말소리로 말하기 – 의사소통 > 듣기 > 경험과 관련된 말 듣고 알기 – 의사소통 > 읽기 > 그림책과 환경 인쇄물에 관심 가지기 *활동방법: 그림 카드를 보고, 신체 부위의 이름을 말해 본다. * 활동명: **색깔풀로 끼적이기(쓰기)** – 의사소통 > 쓰기 > 끼적이기 * 활동방법: 영아가 자유롭게 색깔풀로 끼적여 본다(쓰기).	• 그림책 속 주인공의 신체 명칭을 이야기해 보고 내 몸에 같은 곳을 찾아보았음 • 색깔풀과 사인펜으로 자유롭게 끼적여 보도록 격려해 주었음(쓰기)

일과운영	계획	실행 및 평가
정리 · 정돈 및 기저귀 갈이 · 배변활동 (10:40~10:50)	• 놀잇감 제자리에 정리하기 – 기본생활 > 건강한 생활 > 즐겁게 생활하기 • 화장실 다녀오기 및 기저귀 갈이 – 기본생활 > 건강한 생활 > 규칙적인 배설습관 갖기 ▷ 영아가 대·소변 의사표현을 하거나, 수시로 기저귀를 확인하여 교체해 줌 • 배변훈련: 쉬, 응가를 표현해 보기	• 교사와 함께 손을 잡고 집에 장난감 찾아주기 놀이를 하며 영역을 둘러봄 • 화장실 다녀옴(기저귀 갈아 주기 및 물 마시기) • 개별 안전교육이 진행되었음: 교실에서 걸어 다니기 / 놀잇감 던지지 않기
바깥놀이 30분 *실내 환기 (10:50~11:20)	* 활동명: 여름 바람 느껴 보기 – 자연탐구 > 과학적 탐구하기 > 주변 자연에 관심 가지기 – 자연탐구 > 탐구하는 태도 기르기 > 탐색 시도하기 * 활동방법: 바람 소리를 들어 보며 영아와 상호작용을 나눈다. – 대체활동: 뽁뽁이 위를 걸어 보기	• 콧물감기 증상의 영아들이 많아 실내에서 대체활동을 실시하였음. 자동차를 타거나 미끄럼틀을 신나게 타고 유희실을 이리저리 돌아다님. 붙여 놓은 뽁뽁이 위를 자동차를 타고 지나감
점심 및 조용한 놀이, 낮잠 준비 및 낮잠 낮잠 깨기 및 정리 · 정돈 (11:20~15:20) *책상 소독	• 식사 전 손 씻기 및 화장실 다녀오기·기저귀 갈이 • 음식을 먹기 전 선생님과 손 씻기 • 내가 앉고 싶은 자리에 앉아 맛있게 먹기 • 바르게 앉아 음식 스스로 먹어 보기 • 꼭꼭 씹어 먹어 보기	• 손 씻기 후 책상 자리에 앉음 • 조리사님들께 감사 인사 후 점심 먹음 • 먼저 먹은 영아는 조용한 놀이를 즐김 • 물을 자주 마실 수 있도록 함
	• 조용한 영역에서 놀이 즐기기 • 도움받아 양치질하기 • 세수하고 로션 바르기 • 조용한 음악을 들으며 눈감아 보기 • 내가 눕고 싶은 자리에 눕기 / 내 이불에서 뒹굴뒹굴 하며 자기 – 기본생활 > 건강한 생활 > 알맞게 잠자기와 휴식하기 • 얇은 이불을 덮고 잠들기 • 낮잠 깨기 및 화장실 다녀오기 / 기저귀 갈이	• 조용한 영역에서 놀이 즐김 • 도움받아 양치질하고, 입을 헹굼 • 세수하고 로션 바름 • 일찍 잠에서 깬 영아는 조용한 놀이를 할 수 있도록 배려하였음 • 편안한 옷 입고 잠듦 • 양치 시 옷이 젖은 영아는 옷을 갈아입음 • 잠들기 어려워하는 영아를 개별로 토닥여 줌
오후 간식 *실내 환기 및 책상 소독 (15:20~16:00)	• 간식 먹기 전 손 씻기 및 화장실 다녀오기 – 기본생활 > 건강한 생활 > 즐겁게 먹기	• 손 씻기 후 책상 자리에 앉음 • 조리사님들께 감사 인사 후 간식 먹음 • 먼저 간식 먹은 영아는 조용한 놀이 즐김

일과운영	계획	실행 및 평가
오후 실내 자유놀이 (16:00~17:30) 1시간 30분	* 오전 실내 자유선택활동을 반복 • 신체 영역 – 촉감판 지나가 보기(대) – 다양한 종이를 구기고 찢어 보기(소) • 역할·쌓기 영역 – 미끌미끌 미역으로 음식 만들어 보기(역할) – 촉감블록으로 놀이해 보기(쌓기) • 감각·탐색 영역 – 손바닥 짝짝이로 소리 내어 보기(음악, 동작) – 내 입술 도장을 찍어 보기(미술) • 언어 영역 – 내 몸의 이름 알아보기(읽기, 말하기, 듣기) – 색깔풀로 끼적이기(쓰기)	* 오전 놀이와 연계하여 자유롭게 선택하여 활동함 * 영아들이 오전에 하지 못했던 활동도 함께 진행하였음 • 역할·쌓기 영역 – 미끌미끌 미역으로 음식 만들어 보기(역할): 미역을 손을 만져 본 느낌이 좋은지 그릇 속에 손을 넣고 이리저리 휘젓기도 하고 계속 미역을 만지작거림. 그릇이 넘어져 물이 쏟아지기도 함. 밖으로 흘러나온 미역을 만져 보고 큰 소리로 웃음 – 촉감블록으로도 놀이함(쌓기)
귀가 및 가정연계 (통합보육) (17:30~19:30)	• 귀가 준비 후 통합보육실로 이동하기 • 오후 통합보육 실시 • 내 신발장의 신발을 찾아보기	• 귀가 준비 후 통합보육실로 이동함 • 오후 통합보육 실시함 • 신발장에서 내 신발을 찾아 신어 봄
기본생활 및 인성교육	• 자동차 나라(자아개념)	• 놀이 후 제자리에 두지 않아 잃어버린 자동차 때문에 우는 아이가 나오는 동화를 영아에게 들려줌. 주변에 정리가 안 된 놀잇감을 찾아 정리함
안전교육	〈재난대비〉 빗물 웅덩이	• 비가 많이 와서 생기는 여러 가지 위험한 상황의 그림을 보여 주고 조심하기로 함
평가	• 점심 메뉴로 나온 들깨 미역국을 먹으며 그릇 속에 놓인 미역으로 만든 것임을 이야기하자 몇몇 영아들은 "미역국"이라고 말을 따라 하며 관심을 보임. 오늘의 '미끌미끌 미역으로 음식 만들기' 활동과 연결되어 다양한 상호작용이 가능하였음 • 이번 주는 주변에서 볼 수 있는 물건들을 놀이를 통해 오감으로 느껴 보고 여러 가지 느낌을 언어로 표현해 보는 한 주였음. 다음 주에도 영아들의 언어표현이 이루어질 수 있도록 적극적인 상호작용을 진행할 계획임	

오늘의 점검사항	위생 관련 점검	대청소	칫솔 양치컵 물컵	교구장 책상	교실 바닥	휴지통	유리창	개별 침구 및 쿠션 커버	교실 내 환기 실시 여부	놀잇감 소독 및 세척	칫솔 및 양치컵	놀이 매트 소독	전기 콘센트
	점검 내용	금요일	소독기 소독	청소	청소	비움	금요일	금요일	환기	언어 영역	열탕 소독	소독	먼지 제거

○ 구분: 새로운 계획 및 추가계획, 대체활동, ◎확장활동, 지역사회연계(2개월 1회)

앞의 단계별 계획안은 만 1세반의 문서로 다양한 음악활동이 포함되어 있는 것을 볼 수 있다. 월간 계획안의 사례인 6월 한 달 동안 만 1세의 영아들은 다음과 같은 음악 관련 활동에 노출된다.

- 소리와 음악 듣기: 소리 들어 보기, 쿵쿵 소리 내며 음악 듣기, 북을 두드리기, 동물 소리 들으며 끼적이기, 종이컵 전화기 소리 듣기, 여러 가지 소리 탐색, 소리 나는 상자 쌓기, 비행기 소리 듣기
- 노래 부르기: 마이크로 노래하기
- 악기 연주: 북 두드리기, 발목·손목 딸랑이 흔들기, 과일 마라카스 흔들기
- 움직임과 춤: 〈멋쟁이 토마토〉[15] 부르면서 율동하기, 과일 마라카스 흔들며 율동하기

일일계획안 사례에서는 7월 6일 하루 동안 영아들이 촉감판 위 걸어 보기, 손바닥 짝짝이로 소리 내어 보기, 낮잠 시간에 조용한 음악을 들으며 눈 감기 등으로 교사가 계획한 음악 관련 활동을 하게 된다.

이와 같이 수업의 계획을 통해 경험하는 음악활동과 함께 일과 중에도 다양한 음악과 접할 수 있다. 등원 시간의 경쾌한 음악, 간식과 식사 시간의 배경 음악, 낮잠 시간의 자장가나 잔잔한 음악, 손 씻기 등의 활동에서 교사가 불러 주는 노래(예: 손을 씻어요) 등을 통해 음악이 있는 일과를 보내게 된다.

15) 〈멋쟁이 토마토〉 노랫말은 네이버 뮤직이나 뽀로로 유아동요에서 찾아본다. 영유아들은 '멋쟁이 토마토~♪', '뽐내는 토마토~♪' 부분을 무척 좋아한다.

2 유아반

유아반의 누리과정도 2019년 개정을 통해 수업 주제와 일과 운영 방식이 간략화되었고 수업계획안도 간략하게 작성하며 유아의 흥미와 교실상황에 따라 교사재량의 수업이 이루어진다.

유아반은 만 3, 4, 5세로 구분되며 영아반보다 구조화된 활동이 많고 흥미 영역의 수와 제시되는 교구·교재도 많다. 교사가 계획한 대·소집단 활동과 음률 영역에서 계획된 음악활동이 이루어진다. 다음은 만 5세 유아반의 수업 계획 사례이다.

<table>
<tr><td colspan="4" rowspan="2">주간 보육 계획안(만 4세)</td><td rowspan="2">결재</td><td>담 임</td><td>주임</td><td>원 장</td></tr>
<tr><td></td><td></td><td></td></tr>
<tr><td>교사의 기대</td><td colspan="7">가을이 되어 변화하는 날씨를 느끼고 아름다운 가을 풍경과 기후에 관심을 갖는다.</td></tr>
<tr><td>실시기간</td><td colspan="7">10월 1주 (2020년 10월 5일 ~ 2020년 10월 9일)</td></tr>
<tr><td>실내놀이</td><td colspan="7">– 가을 하늘을 담아요
– 살랑부는 가을 바람
– 세종대왕 한글을 만들다
– 동요 '아기염소' 노래 부르며 율동하기
– 바람은 어디에서 오는 걸까?</td></tr>
<tr><td>활동 및 안전교육</td><td colspan="7">(이야기나누기) 가을이 되면 안전교육〈소방안전〉 소화기로 불을 꺼요</td></tr>
<tr><td rowspan="2">특별활동</td><td>월(5일)</td><td>화(6일)</td><td>수(7일)</td><td>목(8일)</td><td colspan="3">금(9일)</td></tr>
<tr><td>영어</td><td>미술</td><td>영어</td><td>체육</td><td colspan="3">한글날</td></tr>
<tr><td>특성화 프로그램</td><td colspan="7">독서 프로그램(풍덩 책 놀이터), EBS 누리샘, 생태친화 놀이</td></tr>
<tr><td>바깥놀이</td><td colspan="7">찰칵찰칵! 바람을 찍어요
(대체활동: [알라차 체조] 발레 동작 해보기)</td></tr>
<tr><td>점심 및 낮잠</td><td colspan="7">먹은 자리 정리하기</td></tr>
<tr><td>기본생활습관
인성교육</td><td colspan="7">[청결] 주변을 깨끗이 정리해요</td></tr>
<tr><td>귀가 /가정 및
지역사회 연계</td><td colspan="7">공원 산책하며 가을바람 느껴보기</td></tr>
<tr><td rowspan="2">지난 주
놀이 이야기</td><td colspan="2"></td><td colspan="2"></td><td colspan="3"></td></tr>
<tr><td colspan="7">*</td></tr>
<tr><td>공지사항</td><td colspan="7">* EBS누리샘 활동을 완성하고 키즈노트 알림장에 업로드 해주시기 바랍니다.</td></tr>
</table>

만 5세 연간 교육 계획안				
기간	주제	소주제	행사 및 지역사회 협력	
			유아	부모
3월 1주 ~ 3월 4주	어린이집과 친구 특별활동 대체활동: 블록으로 어린이집 구성하기	• 새로운 환경(3/1~3/10) • 우리 반 약속 • 즐거운 하루 • 함께하는 ㅇㅇ어린이집	신입 적응프로그램 소방기초훈련 및 교통안전 방문교육 영유아 체격검사	1차 운영위원회 맞벌이 서류 추가 제출
4월 1주 ~ 4월 4주	봄과 동식물 특별활동 대체활동: 색종이 접기	• 봄 날씨와 생활 • 봄의 풍경 즐기기 • 봄의 동식물 • 자연과 더불어 사는 우리	봄소풍(유아반) 소방훈련 및 안전교육 발달검사 어린이날 행사	1학기 부모상담
5월 1주 ~ 5월 5주	나와 가족 특별활동 대체활동: 나의 가족 그리기	• 나의 몸과 마음 • 소중한 나 • 사랑하는 우리 가족 • 가족의 생활과 놀이 • 다양한 가족의 문화	부모참여수업 – 미술 현장학습(유아반) 소방훈련 및 안전교육	어버이날 개원기념일
6월 1주 ~ 6월 4주	우리 동네 특별활동 대체활동: 블록으로 우리 동네 구성하기	• 우리 동네 모습 • 우리 동네 생활 • 함께하는 우리 동네 • 우리 동네 전통과 문화	공개수업 – 체육 현장학습(유아반) 소방훈련 및 안전교육 영유아 체격검사 발달검사	2차 운영위원회
7월 1주 ~ 7월 4주	여름과 건강 특별활동 대체활동: 물놀이 경험 그리기	• 여름 날씨와 생활 • 여름 풍경 즐기기 • 더운 여름나기 • 안전하고 건강한 생활	소방훈련 및 안전교육 (재난 안전 방문교육) 동물생태체험 (라라반, 마마반)	부모교육 강연회

기간	주제	소주제	행사 및 지역사회 협력	
			유아	부모
8월 1주 ~ 8월 5주	교통수단과 안전 특별활동 대체활동: 색종이로 교통수단 접기	• 교통수단의 종류 • 고마운 교통수단 • 즐거운 교통생활 • 교통수단의 변천 과정과 구조 • 교통통신과 교통생활	졸업생 홈커밍데이 소방훈련 및 안전교육	부모 자원봉사

9월 1주 ~ 9월 5주	세계 속의 우리나라 특별활동 대체활동: 여러 나라 국기 색칠하기	• 우리나라 사람들의 생활 • 우리나라 문화와 자랑거리 • 세계 여러 나라 사람들의 생활 / 추석 • 세계 여러 나라의 문화와 교류	가을소풍(영아반, 유아반) 소방훈련 및 안전교육 영유아 체격검사 가족 참여수업 – 영어	각 반 공개수업 3차 운영위원회 맞벌이 서류 추가 제출
10월 1주 ~ 10월 5주	가을 특별활동 대체활동: 블록으로 가을 나무 구성하기	• 가을 날씨와 생활 • 가을 풍경 즐기기 • 가을 곡식과 열매 • 풍성한 가을 • 가을 나들이	현장학습(유아반) 소방훈련 및 안전교육	가족운동회
11월 1주 ~ 11월 4주	환경과 생활 특별활동 대체활동: 환경 관련 그림책 보기	• 물과 우리 생활 • 돌·흙과 우리 생활 • 바람·공기와 우리 생활 • 빛·소리와 우리 생활	제2차 평가인증 졸업여행 소방훈련 및 안전교육 발달검사 김장 담그기 체험	2학기 부모상담
12월 1주 ~ 12월 4주	겨울 특별활동 대체활동: 겨울 날씨 작은 책 만들기	• 겨울 날씨와 생활 • 겨울 풍경 즐기기 • 이웃과 함께하는 겨울 • 건강한 겨울나기	산타행사 뮤지컬 관람 소방훈련 및 안전교육 영유아 체격검사 졸업사진 촬영	4차 운영위원회 특별활동 만족도 조사
1월 1주 ~ 1월 5주	새해 / 생활도구 특별활동 대체활동: 우리가 일상생활 속에서 사용하는 물건 그림 그리기	• 새해가 되었어요 • 다양한 생활도구 • 생활도구로서의 미디어 • 나는 발명가 • 미래의 생활도구 / 설날	소방훈련 및 안전교육 발달검사	
2월 1주 ~ 2월 4주	초등학교에 가요 특별활동 대체활동: 자유롭게 그림책 보기	• 궁금한 초등학교 • 1학년이 되면 • 졸업 • 즐거웠던 ㅇㅇ어린이집	소방훈련 및 안전교육	졸업식 신입생 OT 5차 운영위원회

8월 월간 보육 계획안	
생활주제	교통수단과 안전
실시기간	8월 1주~ 5주
목표	1. 교통수단과 관련된 경험을 다양한 방법으로 표현하며 다양한 교통수단의 종류와 특성을 안다. 2. 교통수단을 필요로 하는 상황에 대해 알고, 고마운 마음을 갖는다. 3. 우리 생활에서 이용하는 교통수단의 편리함에 대해 안다. 4. 과거부터 현재까지 달라진 교통수단의 변천과정을 알고, 미래의 교통수단을 예측하고 상상해 본다. 5. 교통수단을 이용하는 올바른 방법을 알고, 교통안전규칙을 지킨다.

날짜 / 영역		활동 내용				
		1주	2주	3주	4주	5주
소주제		교통수단의 종류	고마운 교통수단	즐거운 교통생활	교통수단의 변천과 구조	교통통신과 교통생활
등원 및 맞이하기		좌우를 살피고 안전하게 등원하기	대중교통을 바르게 이용하고 등원하기	자전거 탈 때 안전용품 착용하고 등원하기	내가 타고 싶은 교통수단 생각하며 등원하기	안전한 길로 등원하기
실내 자유 선택 활동	쌓기 영역	기차역, 공항, 항구 구성하기	대중교통수단 구성하기	SRT 수서역 구성하기	미래의 교통수단 구성하기	내가 좋아하는 교통수단 구성하기
	역할 영역	공항 놀이하기	택배 놀이하기	주유소 놀이하기	주유소 놀이하기	안전점검 후 여행 가기
	언어 영역	교통수단 이름 메모리	동화) 고마운 자동차들	동화) 검피 아저씨의 드라이브	동시) 바퀴야 바퀴야 무엇 하고 있니?	동화) 바나나 마을에 음식을 보낼 수 있는 방법은 무엇일까?
	수·조작 영역	교통수단 스무고개 1〈수〉 자동차 퍼즐 맞추기〈소〉	교통수단 스무고개 2〈수〉 무거운 돌을 옮겨요〈소〉	과거, 현재, 미래의 교통수단 1〈수〉 교통수단을 움직이는 사람들 길 찾기 1〈소〉	과거, 현재, 미래의 교통수단 2〈수〉 교통수단을 움직이는 사람들 길 찾기 2〈소〉	출발! 씽씽 카레이싱〈수〉 자동차 길 퍼즐 맞추기〈소〉
	과학 영역	경사로에서 버스를 굴려요	하늘에도 길이 있어요	풍선 로켓	다양한 신교통수단 3D	교통표지판 관찰하기
	미술 영역	열기구 여행 1	열기구 여행 2	버스 액자	나무로 만든 교통수단	교통수단 스텐실
	음률 영역	교통수단의 소리 듣고 악기로 표현하기	〈비행기는 높아〉 노래에 맞춰 율동하기	〈간다 간다〉에 맞춰 노래 부르기	〈우주 자전거〉에 맞춰 리듬악기 연주하기	〈건너가는 길〉에 맞춰 깃발 체조하기

영역 \ 날짜	활동 내용				
	1주	2주	3주	4주	5주
대·소 집단 활동	이야기 나누기) 주말 지낸 이야기 안전교육) 성폭력 예방 – 이런 장난은 싫어 동요) 아름다운 세상 동화) 우리나라를 지켜 준 거북선	이야기 나누기) 주말 지낸 이야기 안전교육) 약물 오·남용 – 옛날에 먹던 약은 먹으면 안돼요 동화) 코끼리를 배달해 주세요 동요) 기차를 타고 게임) 빨간 깃발, 초록 깃발	이야기 나누기) 주말 지낸 이야기 – 광복절 안전교육) 재난대비 – 폭염 비상대응 동화) 숲에 올 땐 꼭 자전거를 타세요 홈커밍데이 게임) 빨간 깃발, 초록 깃발	이야기 나누기) 주말 지낸 이야기 시니어클럽 방문공연 〈오즈의 마법사〉 안전교육) 소방안전 – 불이 나면 숨으면 안 돼요 동요) 우주 자전거 〈피터와 늑대〉 음악 뮤지컬 관람	이야기 나누기) 주말 지낸 이야기 안전교육) 교통안전 – 밝은색 옷을 입어요 동화) 가짜 어린이 교통안전규칙 지킴이 투투 멀티동화) 붕붕왕국의 댄스댄스 명화 감상) 빈센트 반 고흐 '아를역의 풍경'
바깥 놀이 활동	종이비행기 날리기 대체활동: 바퀴처럼 구르기	횡단보도 건너기 대체활동: 림보놀이하기	기차놀이하기 대체활동: 훌라후프 기차놀이	종이비행기 날리기 대체활동: 자전거 되어 보기	교통표지판 둘러보기 대체활동: 빨간 깃발, 초록 깃발
점심 및 휴식	비누로 손을 깨끗이 씻어요	바르게 앉아서 먹어요	음식을 꼭꼭 씹어서 먹어요	음식을 골고루 먹어요	식사 예절을 서로 지켜요
기본 생활 습관	기차 마을 만들기 (마음씨앗 가꾸기: 인성 – 주도성 / 성취동기)	버스야, 고마워 (마음씨앗 가꾸기: 인성 – 대인관계 / 협력)	멀리 멀리 날아라, 우리 비행기 (마음씨앗 가꾸기: 인성 – 대인관계 / 협력)	자전거의 모험 (마음씨앗 가꾸기: 인성 – 도덕성 / 도덕적 행동)	안전한 교통규칙 알림 포스터 (마음씨앗 가꾸기: 인성 – 기본생활습관 / 개인생활습관)
안전 생활 습관	성폭력 예방 – 이런 장난은 싫어	약물 오·남용 – 옛날에 먹던 약은 먹으면 안 돼요	재난대비 – 폭염 비상대응	소방안전 – 불이 나면 숨으면 안 돼요	교통안전 – 밝은색 옷을 입어요
귀가 및 연계활동	안전하게 여름휴가 다녀와요	교통수단 그림 동화책 읽기	광복절을 알아봐요	우리 집 자동차 함께 세차해요	우리 집 안전표지판 만들기

○ 구분: 새로운 계획 및 추가계획, 대체활동, ◎확장활동, 지역사회연계(월 1회)

<table>
<tr><th colspan="8">주간 보육 계획안</th></tr>
<tr><td colspan="2">소주제</td><td colspan="6">함께하는 우리 동네</td></tr>
<tr><td colspan="2">실시기간</td><td colspan="6">6월 3주(6월 18일 ~ 6월 23일)</td></tr>
<tr><td colspan="2">목표</td><td colspan="6">우리 동네에는 다양한 직업을 가진 사람들이 있음을 알고, 서로 돕고 살아가야 함을 안다.</td></tr>
<tr><th colspan="2">날짜
영역</th><th>월(18일)</th><th>화(19일)</th><th>수(20일)</th><th>목(21일)</th><th>금(22일)</th><th>토(23일)</th></tr>
<tr><td colspan="2">등원 및 맞이하기</td><td colspan="5">이웃과 인사하고 등원하기</td><td rowspan="11">통합보육</td></tr>
<tr><td rowspan="8">실내자유선택활동</td><td>쌓기 영역
(주 3회)</td><td colspan="5">우리 동네 마트 구성하기</td></tr>
<tr><td>역할 영역
(주 3회)</td><td colspan="5">시끌벅적 마트 놀이하기</td></tr>
<tr><td>언어 영역
(매일)</td><td colspan="5">동화 『김청결 아저씨 고맙습니다』</td></tr>
<tr><td>수 · 조작 영역
(주 3회)</td><td colspan="5">우리 동네 탐험 게임〈수〉 우리 동네 병원 퍼즐〈소〉</td></tr>
<tr><td>과학 영역
(주 3회)</td><td colspan="5">미술작품으로 색 관찰하기</td></tr>
<tr><td>미술 영역
(주 3회)</td><td colspan="5">우리 동네 꾸미기 1</td></tr>
<tr><td>음률 영역
(주 3회)</td><td colspan="5">월드컵 응원 박수 만들기</td></tr>
<tr><td></td><td colspan="5"></td></tr>
<tr><td colspan="2">대 · 소집단
활동</td><td>이야기 나누기)
주말 지낸 이야기
가정연계활동)
우리 동네 인증샷</td><td>안전교육)
약물 오·남용
– 친구의 약을
먹으면 안 돼요</td><td>영유아
실종·유괴
예방교육
– 수서경찰서
방문교육</td><td>게임)
우리 동네에는
(ver. 시장에 가면)</td><td>신체)
축구 선수
되어 보기</td></tr>
<tr><td colspan="2">특별활동</td><td>영어
Lazy Jack</td><td>미술
스토리아트
우리 동네 최고</td><td></td><td>영어
Lazy Jack</td><td>체육
2인1조로
공을 던져서
받아 보기
공을 튕겨서
받아 보기</td></tr>
</table>

<table>
<tr><th>날짜
영역</th><th>월(18일)</th><th>화(19일)</th><th>수(20일)</th><th>목(21일)</th><th>금(22일)</th><th>토(23일)</th></tr>
<tr><td>바깥놀이활동
(매일)</td><td colspan="6">이웃에게 친절하게 인사하기
대체활동: 지그재그 평균대</td></tr>
<tr><td>점심 및 휴식</td><td colspan="6">감사하는 마음으로 식사하기</td></tr>
<tr><td>기본 생활 습관</td><td colspan="6">누구를 위한 자리일까요?(마음씨앗 가꾸기: 인성 – 대인관계 / 의사소통)</td></tr>
<tr><td>안전 생활 습관</td><td colspan="6">약물 오·남용 – 친구의 약을 먹으면 안 돼요</td></tr>
<tr><td>귀가 및 연계활동</td><td colspan="6">내 친구 집에 놀러가요</td></tr>
<tr><td>교육활동
참고</td><td colspan="6">살기 좋은 우리 동네는 어떻게 만들어졌을까요?
많은 사람이 한 마음으로 우리 동네를 아끼기 때문이겠지요?
우리 ㅇㅇ반 친구들도 우리 동네의 한 구성원으로서
우리 동네 곳곳에서 일하시는 분들을 생각하며 다양한 놀이를 해 보겠습니다.
* 6월 20일(수)에 '실종유괴예방안전교육'이 수서경찰서 교육팀의 방문으로 진행됩니다.
</td></tr>
</table>

만 5세 일일보육계획안			
주제	환경과 생활	일시	11월 6일(월)
소주제	돌·흙과 우리 생활	날씨	맑음
목표	다양한 돌과 흙의 특성과 변화를 이해하고, 환경보호의 필요성을 느낀다.		

일과운영	계획	실행 및 평가
통합보육 · 등원 및 맞이하기 (7:30~9:20) *실내 환기	• 오전 통합보육 • 버려진 쓰레기를 휴지통에 버리고 등원하기 • 부모님과 선생님께 바르게 인사하기 (의사소통 > 말하기 > 상황에 맞게 바른 태도로 말하기) • 유아의 컨디션과 건강 상태 확인하기 • 스스로 가방 및 외투 정리하기	지난주 바깥놀이 시간에 생태공원에 있는 쓰레기를 주웠던 경험을 바탕으로 등원하는 길에 있는 쓰레기를 스스로 휴지통에 버렸다고 말하는 유아들이 있었음
오전 간식 (9:20~9:40) *책상 소독	• 놀잇감 정리 후 깨끗하게 손 씻기 (건강·영양교육: 간식을 소개하며 건강·영양에 대한 교육을 수시로 진행하기) (기본생활 > 건강하게 생활하기 > 몸과 주변을 깨끗이 하기) • 간식 소개 및 인사하기 • 자유롭게 앉아서 즐거운 마음으로 간식 먹기 • 스스로 먹은 자리를 정리하고 간식판 정리하기	아침 식사량을 고려하여 간식을 먹고자 하는 유아들은 자유롭게 앉아서 간식을 먹어 봄. 간식을 먹지 않는 유아들은 좋아하는 책을 선택하여 읽어 봄
오전 실내 자유놀이 (9:40~10:40) 1시간	* 오늘의 활동 소개: 오늘의 날짜·날씨 소개, 하루 일과 및 놀이 소개(기본생활 > 안전하게 생활하기 > 안전하게 놀이하기) [쌓기 영역] * 활동명: 지구의 땅 구성하기 (사회관계 > 다른 사람과 더불어 생활하기 > 친구와 사이좋게 지내기) * 활동방법: 돌과 흙으로 이루어진 지구의 땅을 상상하며 다양한 블록으로 구성하고 놀이해 본다. [역할 영역] * 활동명: 지구탐험대가 되어요 2 (사회관계 > 다른 사람과 더불어 생활하기 > 친구와 사이좋게 지내기) * 활동방법: 지구탐험대의 모습으로 역할 옷을 착용하고 여러 가지 소품을 활용하여 탐험대가 되는 상상놀이를 해 본다.	한 주 동안 환경과 우리 생활의 놀이를 시작하게 되었는데, 유아의 일상생활에 대해 이야기해 보면서 자연스럽게 주제를 이끌어 낼 수 있었음. 지난주에 이어 환경보호의 필요성을 느끼기 위한 놀이를 소개하였고, 유아들도 지난주와 비교하여 질문하는 모습을 나타냄 [쌓기] 지난주 '지구의 바다'에 이어 흙, 돌 등으로 이루어진 '지구의 땅'을 돌 모양 종이블록과 다양한 블록을 이용하여 구성함. 지구의 땅에 살고 있는 사람, 동물, 식물을 생각하고 소품을 활용하는 모습을 관찰할 수 있었음

일과운영	계획	실행 및 평가
오전 실내 자유놀이 (9:40~ 10:40) 1시간	[언어 영역] * 활동명: 환경을 위한 날 / 동화 『돌고 돌아 돌이야』 / 동화 『나는 멋진 흙이에요』 (의사소통 > 말하기, 듣기, 읽기, 쓰기 > 말하기, 듣기, 읽기, 쓰기에 흥미 가지기) * 활동방법 말하기: 『환경을 위한 날』 소책자를 보고 세계에서 환경을 위한 날이 언제인지 소리 내어 말해 본다. / 친구들에게 동화책을 읽어 준다. 읽기: 『환경을 위한 날』과 동화책을 읽어 본다. 듣기: 동화를 읽는 교사나 친구의 목소리를 경청하여 듣는다. 쓰기: 보드판이나 다양한 종이 위에 쓰기 도구를 사용하여 유아가 표현하고 싶은 그림이나 글쓰기를 해 본다. [수·조작 영역] * 활동명: 땅속 생물 찾기 게임〈수〉 (자연탐구 > 수학적 탐구하기 > 규칙성 이해하기) * 활동방법: 유아 3명이서 해설자, 게임 참여자로 나눠서 땅속 생물 찾기 게임판을 가지고 놀이해 본다. * 활동명: 환경보호 포스터 퍼즐〈소〉 (신체운동·건강 > 신체 인식하기 > 신체 인식하고 조절하기 > 소근육) * 활동방법: 환경보호 포스터 사진의 조각들을 맞춰 환경보호 사진을 완성하고 유아가 생각하는 환경보호 메시지 단어를 조합하여 나열해 본다. [과학 영역] * 활동명: 공룡 화석 캐기 (자연탐구 > 과학적 탐구하기 > 생명체와 자연환경 알아보기) * 활동방법: 땅속에 있었던 공룡 화석에 대한 자료를 본 뒤, 공룡 화석을 캐 본다.	[역할] 이번 주에는 환경보호를 위한 행동의 변화를 보이기 시작함. 쓰레기가 있는 장소를 발견한다거나, 에코백에 물통을 들고 다니는 등의 놀이를 전개함. 교사는 지구탐험대가 된 유아들의 상상력에 도움을 주기 위해 자유선택활동 놀이 중에 상황을 연출해 볼 계획임 [언어] 『돌고 돌아 돌이야』 동화책에 많은 관심을 갖고, 여러 명의 유아가 읽고 친구들에게 소개하는 모습이 관찰됨. 또한, 『환경을 위한 날』 소책자에 있는 날짜를 살펴보며 환경보호의 중요성에 대해서 인식해 봄. 연필로 편지지에 편지를 쓰는 유아들이 있어, 미술 영역의 '연필로 그리기' 활동과 연결하여 이야기함 [수·조작] 땅속 생물 찾기 게임을 하면서 땅속에 어떤 동물이 살고 있는지 인지해 볼 수 있었음

일과운영	계획	실행 및 평가
오전 실내 자유놀이 (9:40~ 10:40) 1시간	[미술 영역] * 활동명: 모양 토기 만들기 (예술경험 > 예술적 표현하기 > 미술활동으로 표현하기) * 활동방법: 찰흙으로 유아가 만들고자 하는 모양 토기를 만들어 보고 흙의 쓰임새를 안다. * 활동명: 연필로 그리기 * 활동방법: 흑연으로 만들어지는 연필에 대해 알고 종이 위에 연필로 자유롭게 그려 본다. [음률 영역] * 활동명: 〈돌과 물〉 노래에 맞춰 율동하기 (예술경험 > 예술적 표현하기 > 음악으로 표현하기) * 활동방법: 〈돌과 물〉 노래를 반복 재생한다. 노래에 맞춰 신체를 움직이며 율동해 본다.	
정리 · 정돈 (10:40~ 10:50) *실내 환기	• 놀잇감을 바르게 정리하기 • 화장실 다녀오기 (기본생활 > 건강하게 생활하기 > 몸과 주변을 깨끗이 하기) • 모이는 자리에 앉기	• 놀잇감을 제자리에 정리·정돈함 • 배변 후 손을 비누로 깨끗이 씻음 • 자유롭게 물을 마심 • 모이는 자리에 앉고 대·소집단 활동을 준비함
대 · 소집단 활동 (10:50~ 11:00)	* 활동명: 이야기 나누기) 주말 지난 이야기 (의사소통 > 듣기·말하기 > 바른 태도로 듣고 말하기) * 활동방법: 주말 지난 이야기를 소개한 후 자신의 이야기를 그림으로 남겨 본다.	• 주말 지난 이야기를 자유롭게 발표함 대부분의 유아가 자신의 이야기를 표현하는 데 있어 머뭇거리지 않고 자신감 있게 발표 의사를 밝히는 모습이 인상적이었음. 간단한 소개 후, 주말 지난 이야기를 그림으로 그리며 마무리함
바깥놀이 활동 (11:00~ 12:00) 1시간 *실내 환기	* 활동명: 흙과 돌 관찰하기 (신체운동·건강 > 신체활동에 참여하기 > 바깥에서 신체활동하기) * 활동방법: 어린이집 주변에 있는 흙과 돌을 돋보기로 관찰해 보고 주변 놀이터에서 놀이해 본다. * 대체활동: 영차영차 돌탑 쌓기 (신체운동·건강 > 신체활동에 참여하기 > 자발적으로 신체활동에 참여하기)	• 우리 주변의 흙과 돌은 어디에 있고, 어떤 쓰임새를 가지고 있는지 알아봄. 돋보기로 흙과 돌을 관찰하며 각기 다른 모습의 흙과 돌에 대해 인지해 봄. 더불어 지난주 활동과 연계하여 쓰레기가 있으면 주워서 한 곳에 모았다가 쓰레기통에 버리기도 함

<table>
<tr><th>일과운영</th><th>계획</th><th>실행 및 평가</th></tr>
<tr><td rowspan="2">점심 및
조용한 놀이
및 휴식
(12:00~
15:20)
*책상 소독</td><td>• 화장실 다녀오기 및 손 씻기
(건강·영양교육: 식단을 소개하며 건강·영양에 대한 교육을 수시로 진행하기)
• 음식을 골고루 먹기
• 식사 중에 식사예절 지키기(식판의 음식을 깨끗하게 먹어요)
(기본생활 > 건강하게 생활하기 > 바르게 식생활하기)
• 스스로 식판을 정리하고 휴지로 자리를 깨끗이 닦아보기
• 식사 후 물 마시기
• 양치질 및 화장실 다녀오기
(기본생활 > 건강하게 생활하기 > 몸과 주변을 깨끗이 하기)</td><td>• 비누로 손을 깨끗이 씻음
• 숟가락과 젓가락을 바르게 사용하려고 노력함
• 식판에 있는 음식을 골고루 먹어 봄
• 식사 후, 자기 자리를 깨끗하게 정리·정돈해 봄
• 내 치약은 바구니에, 칫솔과 양치컵은 소독기에 바르게 정리해 봄</td></tr>
<tr><td>* 특별활동 '영어': THE JACKAL AND THE ALLIGATOR
• 화장실 다녀오기 및 손 씻기
• 조용한 놀이 및 휴식 시간
(기본생활 > 건강하게 생활하기 > 건강한 일상생활하기)
– 유아의 개별적인 의사를 반영하여 운영하기
– 조용한 놀이를 선택한 유아와 휴식을 선택한 유아들이 서로의 시간을 존중하며 편안하게 진행될 수 있도록 유도하기
• 조용한 놀이 및 휴식 후 자기 자리 정리하기</td><td>* 특별활동 '영어' 진행함
• 유아와 함께 오늘의 하루 일과에 대해서 간단하게 이야기를 나눔
• 유아의 하루 컨디션에 따라 스스로 선택한 '조용한 놀이 및 휴식시간'을 준비함
• 서로의 선택을 존중하고, 몸과 마음을 충전하는 편안한 시간을 가짐</td></tr>
<tr><td>오후 간식
(15:20 ~
16:00)
*실내 환기
및
책상 소독</td><td>• 화장실 다녀오기 및 손 씻기
(건강·영양교육: 간식을 소개하며 건강·영양에 대한 교육을 수시로 진행하기)
(기본생활 > 건강하게 생활하기 > 몸과 주변을 깨끗이 하기)
• 간식 소개 및 인사하기
• 자유롭게 앉아서 즐거운 마음으로 간식 먹기
• 스스로 먹은 자리를 정리하고 간식판 정리하기</td><td>• 오후 간식을 먹고자 하는 유아들은 자유롭게 앉아서 간식을 먹어 봄. 스스로 간식판을 정리하고 친구들이 다 먹을 때까지 조용한 놀이를 함</td></tr>
<tr><td>오후 실내
자유선택활동
(16:00 ~
17:30)
1시간 30분</td><td>* 오전 실내 자유선택활동과 연계하여 오후 실내 자유선택활동하기
(기본생활 > 건강하게 생활하기/안전하게 생활하기 > 건강한 일상생활하기/안전하게 놀이하기)</td><td>• 오전 실내 자유선택활동과 연계하여 유아가 자유롭게 선택하여 놀이할 수 있도록 지원함. 주로 쌓기/수·조작/언어/미술 영역에서 오후 자유선택활동이 이루어짐</td></tr>
<tr><td>귀가 및
가정연계
(통합보육)
(17:30~
19:30)</td><td>• 귀가 준비 후 통합보육실로 이동하기
• 오후 통합보육
* 생태공원을 깨끗이 만들기
(사회관계 > 다른 사람과 더불어 생활하기 > 사회적 가치를 알고 지키기)</td><td>• 통합보육실로 이동하여 블록 놀이, 책 읽기 등 활동을 하다가 양육자가 오면 귀가함</td></tr>
</table>

일과운영	계획	실행 및 평가
기본생활 및 인성교육	* 사계절 아름다운 우리 산 (마음씨앗 가꾸기: 인성 – 대인관계/협력) (사회관계 > 다른 사람과 더불어 생활하기 > 친구와 사이 좋게 지내기)	• 과학 영역에서 우리나라 산의 사계절 모습 사진을 관찰해 보고 미술 영역에서 친구들과 함께 우리나라 산의 모습을 그리고 꾸며 봄
안전교육	* 소방안전 – 앗! 뜨거, 만지면 안 돼요! (기본생활 > 안전하게 생활하기 > 비상시 적절히 대처하기)	• 언어 영역에서 소방안전에 대한 그림 자료를 보며 소방대피할 때의 주의점에 대해서 이해해 봄
평가	• 돌·흙의 특성과 변화 이해, 환경보호의 필요성을 느끼기 위해 지구의 땅 구성하기, 지구탐험대 놀이, 환경 관련 동화 듣기와 게임, 퍼즐, 찰흙으로 만들기, 노래 배우기, 바깥놀이에서 관찰하기 등 다양한 영역의 놀이를 제공하였음. 가정과의 연계를 통해 일상생활에서도 환경을 이해하고 놀이할 수 있도록 지원할 계획임	

오늘의 점검사항	위생 관련 점검	대청소	칫솔 양치컵 물컵	교구장 책상	보육실 바닥	휴지통	유리창	개별 침구 및 쿠션 커버	보육실 내 환기 실시 여부	놀잇감 소독 및 세척	교사 칫솔 및 양치컵	놀이 매트 소독
	점검 내용	금요일	소독기 소독	청소	청소	비움	금요일	금요일	환기	언어 영역	열탕 소독	소독

앞 사례의 만 5세 반에서는 음악활동이 매주 계획되고 실행된다. 교사가 계획한 활동은 다음과 같다.

먼저, 8월에 계획된 수업은 다음과 같다.

- 음률 영역의 활동: 교통수단의 소리 듣고 악기로 표현하기, 〈비행기는 높아〉 노래에 맞춰 율동하기, 〈간다 간다〉에 맞춰 노래 부르기, 〈우주 자전거〉에 맞춰 리듬악기 연주하기, 〈건너가는 길〉에 맞춰 깃발 체조하기
- 대·소집단 활동: 동요 – 〈아름다운 세상〉, 〈기차를 타고〉, 〈우주 자전거〉 / 뮤지컬 관람 – '피터와 늑대'

이러한 활동을 끌어가기 위해 교사는 다음과 같은 음악 관련 자료를 준비해야 한다.

- 악기로 표현하기를 끌어낼 수 있는 교통수단의 소리(녹음된 자료나 유튜브 활용)
- 〈비행기는 높아〉 음악과 노랫말판 / 노래에 맞춰 율동할 장소와 소품
- 〈간다 간다〉 음악과 노랫말판 / 노래에 맞춰 율동할 장소와 소품
- 〈우주 자전거〉 음악과 노랫말판 / 노래에 맞춰 율동할 장소와 소품
- 〈건너가는 길〉 음악과 노랫말판 / 노래에 맞춰 율동할 장소와 깃발 등의 소품
- 〈아름다운 세상〉 음악과 노랫말판 / 노래에 맞춰 율동할 장소와 소품
- 배경 음악[16]: 아침 등원시간 / 자유놀이 시간 / 급간식 시간 / 낮잠 시간
- 〈기차를 타고〉 음악과 노랫말판 / 노래에 맞춰 율동할 장소와 소품
- 뮤지컬 '피터와 늑대' 관람을 위한 예약 및 차량 확보 확인과 부모에게 일정 공지
- 『붕붕왕국의 댄스 댄스』 동화책
- 〈손을 씻어요〉 등 일상생활 지도에 필요한 노래 익히기
- 〈비행기〉 노래 익히기

일일 계획안 사례인 11월 6일 하루 일과 중에는 음률 영역에서 〈돌과 물〉 노래에 맞춰 율동하는 음악활동이 진행된다.

동화나 미술활동과 연계하여 음악활동을 할 수도 있다. 수업의 각 장면마다 가능한 음악교육을 위해 교사는 구체적인 지도방법을 연구해야 한다. 소리와 음악 듣기, 노래 부르기, 악기 다루기, 동작활동 등을 지도하는 방법을 모색한다. 이 책의 6~9장을 참고한다.

16) 일과 중의 배경 음악으로 새롭게 배울 노래를 들려주는 것도 좋다. 멜로디에 익숙해지면 노래를 쉽게 배울 수 있다. 지난주에 배웠던 친숙한 노래도 좋다. 다 같이 따라 부르며 즐거운 분위기를 만들 수 있다. 아침 등원시간 음악은 경쾌함, 낮잠 시간의 음악은 잔잔함 등의 특성을 고려한다.

3 인성교육[17)]

인성교육은 기본적인 인간성, 즉 자질과 태도를 배양시키는 교육이다. 사람을 사람답게 교육하고 보호한다는 측면에서 그 범위가 넓다. 영유아기관에서는 기본생활습관 형성이 중요하고 또래를 비롯한 타인과 살아가는 과정에 필요한 자질과 태도를 길러 주는 것으로 정의해 볼 수 있다. 다음 표는 어린이집의 인성교육 연간 계획안이다. 인성교육을 실시할 때도 음악이 활용될 수 있다.

인성교육 연간 계획안[18)]

월	생활주제	활동명	덕목/구성요소
3	어린이집과 친구	안전하게 놀이해요	기본생활습관/공동생활습관
		우리 반 약속 대장	기본생활습관/공동생활습관
		어린이집에 숨겨진 보물찾기	대인관계/협력
		우리 반 도우미	대인관계/협력
4	봄과 동식물	화분 도우미	도덕성/도덕적 행동
		벚꽃 꾸미기	자아개념/인지적 자아
		내가 키웠어요	주도성/성취동기
		우리가 만든 수목원	대인관계/의사소통
5	나와 가족	기분이 좋아졌어요	자아개념/정서적 자아
		자화상이 궁금해요	자아개념/신체적 자아
		가족을 도와요	도덕성/도덕성 행동
		사랑의 쿠폰	도덕성/도덕성 행동
		이름으로 삼행시를 지어요	주도성/설득력

17) 2015년 세계 최초로 「인성교육진흥법」이 제정된 우리나라는 학교에서 의무적으로 인성교육을 실시하고 있다. 이 법에서 제시한 인성덕목은 배려, 소통, 정직, 예절, 존중, 책임, 협동, 효 등이다. 이 법은 여전히 찬반 논란이 많지만 영유아기관에서도 자체 교육계획을 수립하여 실시하고 있다.

18) 인성교육 연간 계획안 작성에 김영옥·홍혜경·이현경·이규림의 『영유아 인성교육 프로그램 마음씨앗 가꾸기』(다음세대. 2014) 등의 도서를 활용하여 계획, 실행, 평가의 과정에 응용하였다.

월	생활주제	활동명	덕목/구성요소
6	우리 동네	우리 동네 산책하기	대인관계/성취동기
		이웃과 함께 산책하기	대인관계/성취동기
		누구를 위한 자리일까요?	대인관계/의사소통
		우리 동네 디오라마	대인관계/협력
7	여름과 건강	다 함께 빗방울이 되어요	도덕성/도덕적 행동
		바닷속 나라 이야기	주도성/성취동기
		꿀꿀이의 아이스크림 가게	도덕성/도덕적 판단력
		물놀이 안전구호 만들기	주도성/설득력
8	교통수단과 안전	기차마을 만들기	주도성/성취동기
		버스야, 고마워	대인관계/협력
		멀리 멀리 날아라, 우리 비행기	대인관계/협력
		자전거의 모험	도덕성/도덕적 행동
		안전한 교통규칙 알림 포스터	기본생활습관/개인생활습관
9	세계 속의 우리나라	징검다리 놓아 주기	대인관계/협력
		전통놀이 한마당	주도성/설득력
		어떤 인사말이 있나요?	대인관계/의사소통
		세계 여행을 떠나요	대인관계/협력
10	가을	가을 풍경 연주회	도덕성/도덕적 행동
		가을 동시 짓기	대인관계/조망수용
		가을 동산 협동 그림	대인관계/협력
		가을 숲 꾸미기	도덕성/도덕적 판단력
		가을 소풍 가자	대인관계/협력
11	환경과 생활	소중한 자연, 내가 지켜요	도덕성/도덕적 판단력
		사계절 아름다운 우리 산	대인관계/협력
		깨끗한 공기가 좋아요	도덕성/도덕적 행동
		태양에게 보내는 편지	대인관계/의사소통
12	겨울	겨울 그림 그리기	대인관계/조망수용
		고마워 친구야, 미안해 친구야	도덕성/도덕적 감성
		사랑이 필요한 이웃이 있어요	도덕성/도덕적 행동
		친구와 함께하는 겨울놀이	대인관계/협력

월	생활주제	활동명	덕목/구성요소
1	새해/생활도구	새해 약속 정하기	도덕성/도덕적 행동
		소중한 시계를 선물해요	대인관계/의사소통
		내 친구는 내비게이션	대인관계/조망수용
		목소리로 편지를 써요	대인관계/협력
		새해 복 많이 받으세요	대인관계/의사소통
2	초등학교에 가요	초등학교에 가요	주도성/성취동기
		'학교 가는 첫날' 동시 짓기	자아개념/인지적 자아
		감사한 마음을 전해요	기본생활습관/공동생활습관
		친구들과 함께 사진 찍기	대인관계/의사소통

매월 수업 주제에 따라 인성교육을 실시하면서 음악을 매개체로 활용할 수 있을 것이다. 월별 주제에서 인성교육으로 활용할 수 있는 노래나 음악의 목록을 추천한다. 노랫말에 포함되어 있는 덕목, 즉 기본생활습관, 공동생활습관, 대인관계, 협력, 도덕성, 자아개념, 성취동기, 의사소통, 주도성, 조망수용 등이 반영된 자질과 태도에 관해 유아의 눈높이에 맞게 이야기를 나누고 노래를 불러 본다. 이 책의 제7장에 더 많은 노래의 목록이 있으므로 활동의 목표에 따라 선택하여 활용한다.

노래 목록이 인터넷상에서 검색이 되지 않을 때는 김혜경의 『유치원 음악교육의 이론과 실제』(창지사. 1996)의 도서를 찾아보기 바란다. 대부분의 악보가 실려 있다.

〈3월: 어린이집(유치원)과 친구〉

- 원가
- 이를 닦아요
- 쿨쿨 잘 자요
- 손을 씻어요
- 용서하는 아이
- 일어날 시간이야
- 그냥 두고 나갔더니
- 정리할 시간
- 꼭꼭 약속해

〈4월: 봄과 동식물〉

- 꽃을 돌봐요
- 세 마리 꼬마 원숭이
- 산에 나무가 없으면
- 어느 날

〈5월: 나와 가족〉

- 난 할 수 있어요
- 아빠 힘내세요
- 옛날이야기
- 내 동생
- 엄마는 아빠만 좋아해

〈6월: 우리 동네〉

- 요술빵
- 우리 동네
- 경찰 아저씨

〈7월: 여름과 건강〉

- 밥이 좋아요
- 배가 아파요
- 깨끗이 깨끗이
- 냠냠
- 즐겁게 목욕해요

〈8월: 교통수단과 안전〉

- 자전거
- 고마운 자동차
- 버스놀이
- 건너가는 길

〈9월: 세계 속의 우리나라〉

- 아름다운 세상
- 우리 지구
- 작은 세상
- 아름다운 나라

〈10월: 가을〉

- 할머니 할아버지 날
- 허수아비 아저씨

〈11월: 환경과 생활〉

- 옷을 빨아 보자
- 고마워
- 버리지 마

〈12월: 겨울〉

- 괜찮아요
- 울면 안 돼
- 산타 할아버지 우리 마을에

〈1월: 새해/생활도구〉

- 에너지송
- 빛은 소중해

〈2월: 초등학교에 가요〉

- 형님반에 간다네
- 어른이 되면
- 사랑

영유아기관, 특히 어린이집의 교사는 인성교육 외에 다음의 법정교육을 이수하고 교육 및 보육계획에 활용한다.

- 응급처치(심폐소생술)
- 재난대비 안전교육
- 아동학대 예방교육
- 약물 오·남용 예방교육
- 아동 성폭력 예방교육
- 성희롱 예방교육
- 개인정보 보호교육
- 실종·유괴 예방교육
- 장애 인식 교육
- 인터넷중독 예방교육

이러한 교육에서도 음악이 활용될 수 있다.

다양한 교육방법은 다음의 홈페이지에서 자료와 동영상 등을 통해 찾아보기 바란다.

- 한국보육진흥원(www.kcpi.or.kr)
- 한국생활안전연합(www.safia.org)
- 키드키즈(www.kidkids.net)
- 알짜닷컴(www.aalzza.com)

4 장애아를 위한 활동

장애전담기관이나 장애통합기관에는 특수교사가 배치되지만, 많은 경우 소수의 장애아가 포함되어 있는 학급을 유아교육이나 보육을 전공한 교사가 끌어간다. 장애의 유형과 연령이 다양한 영유아기관에서 교사의 전문적인 전략과 관리가 필요하다. 최근에는 눈에 보이는 신체발달 부분은 정상이나 정서나 정신건강에 문제가 있는 영유아들이 발견된다. '사람'과 교류하며 뛰어놀아야 하는 영유아기에 너무 일찍 접하는 영상 속 세계, 발달이 맞지 않는 조기교육에서 오는 스트레스로 유사자폐증 진단을 받은 영유아도 있다. 자폐증은 영유아기 장애를 연구하는 사람들의 많은 관심의 대상이 되고 있으며 음악교육과 관련한 연구물들도 출판되고 있다(Scheldt, 2010).

이 책에서는 음악활동에서 장애아에게 어떤 방식의 지도법이 필요한지 살펴본다. 장애 영유아 통합교육 전략에 대한 여러 가지 지침과 자료는 유수옥·문연심·김호연·송미선·김혜경·심성경·박주희가 번역한 『영유아 교육현장 장애유아 통합교육 전략』(2006) 도서를 참고하기 바란다. 저자는 이 책의 제12장 음악과 리듬활동의 번역에 참여하였으며, 그 내용의 일부를 참고하여 소개한다.

음악과 리듬활동은 장애아에게 창의적인 분위기를 고양시키고 대집단에 참여하는 기회를 제공한다. 여러 가지 발달이 지체되어 있는 장애아에게 활동을 격려할 때 음악은 좋은 도구가 될 수 있다.

1) 음악과 리듬활동의 가치

다양한 빠르기와 리듬은 영유아가 움직일 때 자신의 신체를 좀 더 잘 인식할 기회를 제공하며 흥미를 지속시킨다. 동작이 수반되는 노래 부르기는 말하기 능력을 지원하는 기회가 된다. 수줍고 비활동적인 영유아에게 움직이고 싶은 동기를 부여하기도 하고 과잉행동을 보이는 영유아에게는 적절한 해소 기회를 줄 수 있다. 즐겁고 흥겨운 음악의 경험은 영유아의 능력에 상관없이 집단에 대한 공동체 의식을 길러 줄 수 있으며 자신이 속한 학급에 소속감을 갖게 하기도 한다.

▲ 현장학습 장소에서 다 같이 노래하고 춤추는 유아들

2) 음악을 통한 동기 유발

효과적인 음악의 사용은 비활동적인 영유아에게 동기유발의 기회가 되기도 한다. 한 가지 노래를 반복해 들려주는 과정에서 편안함과 따라 부르고 싶은 욕구를 격려해 준다. 반면에 지나치게 활동적인 영유아에게는 억압된 에너지의 방출 기회가 되므로 자유롭게 춤추고 움직이는 기회를 만들어 준다. 교실 내에서 뛰어다니고 규칙을 지키지 않아 또래들의 핀잔을 듣거나 제한을 받는 상황과 달리, 춤추고 움직이는 과정이 또래들과 갈등을 일으키지 않고 즐기는 기회가 된다. 과도하게 제멋대로 움직이지 않도록 잘 이끌어 줄 필요는 있다.

신체적인 움직임에 장애를 가진 영유아는 교사가 손을 잡고 함께 음악에 맞춰 함께 움직여 주는 활동을 통해 음악활동을 격려해 준다. 영유아가 어떤 음악을 좋아하는지 파악하거나, 좋아할 만한 음악을 자주 들려줌으로써 음악에 대한 기호를 형성시켜 준다. 휠체어에 앉아 있는 영유아는 앉아 있는 동안 박자감을 느끼고 실제로 경험하도록 손을 잡고 움직여 보거나 움직임을 도와준다.

3) 의사소통의 격려

의사소통이 지체되거나 장애가 있는 영유아에게 재미있는 손유희를 통해 노래를 따라 부르도록 유도한다. 언어발달을 촉진하기 위해 동작을 명확하게 구현하면서 주요 단어를 강조하는 노래 지도법은 언어발달에 좋은 수단이 된다. 가능하면 단순한 음악과 동작으로 구성된 노래를 택한다. 노래 〈거미가 줄을 타고 올라갑니다〉의 경우 팔이 올라가고 내려오는 동작이 반복되므로 쉽게 따라 할 수 있으며, 결과적으로는 단어를 쉽게 말할 수 있도록 유도한다. 너무 빠르지 않고 단순한 노래를 반복적으로 들려주면서 참여를 고양시킨다.

영유아들이 쉽게 배우고 좋아하는 노래를 골라 함께 부르다가 일정 부분에서 멈추는 방법으로 그 부분을 불러 보게 한다. 영유아가 노래에 익숙해졌을 때 '거미가 … 내려옵니다~♪ … 끊어집니다~♪'와 같은 방식으로 얼굴을 마주 보고 가능하면 천천히 불러 주면서 노래를 배우고 반응할 기회를 준다.

출처: 주니어네이버 » 동요 » 놀이동요.

학급의 모든 영유아와 함께 음악에 맞춰 움직이는 음악활동을 계획하고 스카프나 작은 낙하산 같은 소품을 이용해 흔들면서 박자에 맞춰 보다가 갑자기 음악을 끄고 멈추라고 말한다. 멈춰, 다시 움직이자, 다시 멈춰, 빠르게 움직이자, 천천히 움직이자 등의 동작을 통해 '빠르게와 느리게'를 이해하게 된다. 이러한 활동이 익숙해지면 마라카스나 탬버린 같이 소리 나는 악기를 들고 활동하도록 유도해 본다. 빠르고 느림에 대해 이야기를 나누면서 그 개념을 이해하도록 이끈다. 음악은 시작과 멈춤을 통제해 보는 기회를 제공하며 참여했을 때의 희열을 맛보게 한다.

4) 신체활동 증진

영유아는 다양한 속도와 리듬으로 움직일 때 자신의 신체를 인식하게 된다. 음악이 연주될 때 춤추기, 흔들기, 행진하기, 발 구르기, 손뼉치기 등을 몸으로 해 보도록 유도한다. 다양한 리듬에 따라 움직일 때 할 수 있는 동작과 할 수 없는 동작을 알게 된다. 대부분의 영유아는 신체 일부를 음악에 맞춰 움직일 수 있으며 다양한 박자에 따라 움직여 보는 경험을 통해 자신의 몸을 어떻게 움직여야 하는지 알게 된다. 청각에 문제가 있는 영유아에게는 진동이 있는 두드림 같은 방법으로 음악을 느끼게 해 준다. 시각 장애가 있는 영유아에게는 가까운 위치에서 음악소리를 듣게 해 준다.

여러 가지 리듬악기, 친숙한 인형을 들고 음악에 맞춰 움직여 보도록 한다. 같은 음악에도 다른 느낌으로 반응할 수 있다. 반복과 친숙함은 음악활동을 좋아하게 하는 원인이 된다. 이러한 활동을 전체 집단으로 하게 되면 모든 영유아가 소속감을 느낄 수 있다. 전체 집단에 음악이 규칙적으로 사용될 때 공동체 의식을 갖게 한다.

▲ 실외놀이를 나가는 산책길에서 음악에 맞춰 다 같이 춤을 추는 유아들

5 손유희의 활용

하루 일과를 끌어갈 때 교사가 활용할 수 있는 손유희를 익혀 두는 것도 좋다. 노래를 부르거나 운율이 있는 대화를 나누면서 손유희를 할 때 즐거운 상호작용이 가능해진다. 영유아의 주의집중을 위해서도 필요하다. 손유희를 익히기 위해 인터넷상의 많은 동영상, 손유희만을 소개한 도서 등을 참고한다. 영유아기관에서 오랫동안 전해져 오는 손유희 몇 가지를 소개하면 다음과 같다.[19]

19) 대부분 임미혜의 『주의집중을 위한 손유희』(창지사. 1994)에서 발췌하여 보완하고 정리한 것이다. 더 많은 학습을 원하면 이 도서를 참고해 보기 바란다.

작은 동물원

삐약삐약 병아리	☞ 오른손 밑에 왼손을 대고 입 앞에서 손가락 부분을 각기 상하로 움직인다.
음메음메 송아지	☞ 검지를 머리 위에 대고 굽혔다 폈다 한다.
따당따당 사냥꾼	☞ 검지, 장지를 펴고 오른쪽 왼쪽에서 총 쏘는 흉내를 낸다.
뒤뚱뒤뚱 물오리	☞ 양팔을 옆구리에 붙이고 손목만 바깥쪽으로 꺾어 오리처럼 뒤뚱거린다.
푸푸 개구리	☞ 양손을 가슴 앞에서 물을 헤치듯 원을 그린다.
찌게찌게찌게 가재	☞ 검지와 장지를 붙였다 뗐다 한다.
푸르르르르르 물풀	☞ 양손을 위로 올렸다 내렸다 한다.
하나 둘 셋 넷 소라	☞ 손뼉을 5번 친 뒤 만세를 부른다.

나는 작은 주전자

나는 작고 뚱뚱한 주전자	☞ 몸 전체를 둥근 모양으로 만든다.
손잡이 있고 주둥이 있죠	☞ 한 손은 엉덩이에 다른 손은 위로 뻗어 팔꿈치를 위로 구부린다.
부글부글 물이 끓으면	☞ 고개를 심하게 흔든다.
쭉 기울여 따라 주세요	☞ 팔을 뻗은 방향으로 몸을 기울인다.

코끼리와 거미줄

한 마리 코끼리가 거미줄에 걸렸네 ☞ 오른손 검지를 들어 좌우로 돌리다가 왼손의 검지에 댄다.

신나게 그네를 탔다네 ☞ 맞붙인 양손의 검지를 좌우로 흔든다.

너무 너무 재미가 좋아 좋아 랄랄라 ☞ 손뼉을 친 후 반짝거린다.

다른 친구 코끼리를 불렀네 ☞ 오른손 검지로 좌우를 가리키다가 왼손으로 끌어당긴다.

너무 많은 코끼리가 올라탔네 ☞ 양손을 차례차례 쌓아올린다.

그만 그만 툭 하고 끊어졌다네 ☞ 양손을 X자 모양으로 하고 위에서 아래로 펼친다.

CHAPTER 06

소리와 음악 듣기

1 듣기의 단계

영유아들이 자신의 환경으로부터 듣는 소리와 음악에 대한 느낌과 이해는 신체의 움직임을 통해 나타난다. 소리나 음악을 듣고 움직이는 활동은 음악 반응의 기초가 되며 유아의 음악발달을 돕는다. 모든 음악활동 중에서 듣기활동이 가장 기본이 된다.

소리가 어디에서 나는지, 어떻게 다른지, 어떻게 만들어지는지 탐색하고 싶어 하는 것은 모든 상상력의 기반이 된다. 무엇인가를 알고 싶어 하는 학습능력의 기초가 되고 음악에 관심을 갖는 음악적 경험의 첫걸음이라고 할 수 있다. 교실 내의 활동도 좋지만 현장학습을 떠난 장소에서 자연의 소리에 귀를 기울이도록 유도해 보는 것도 좋은 활동이 된다.

▲ 현장학습에서 자연의 소리를 들어 보고 느낌을 말하는 유아들

음악을 듣는 시기는 빠르면 빠를수록 좋다. 성경에 따르면, 청각은 여러 감각 중에 가장 발달이 빠르며 6개월 정도의 태아도 완벽한 청각기능을 갖추고 있다고 본다(누가복음 제1장 36절·44절). Gorden(1980)의 음악능력 발달연구를 보면 출생부터 18개월까지가 가장 중요한 시기이며 다음으로 3~5세의 시기가 중요하고 6세경에 거의 성인과 같은 수준이 된다고 한다. 음의 높낮이 판별력이나 리듬감수성 등은 영유아기부터 초등학교 저학년 시기에 급속도로 발달하여 후에 선율감, 리듬감과 연결된다.

듣기의 발달단계를 보면 불확실한 소리에 자극을 받고 이를 확인하여 음질을 구별하다가 그 이후에는 음의 형태를 이해하게 되며, 곧 자신의 소리로 표현하게 된다. 청각 지각력은 대략 9세경에 절정에 이른다. 청각적인 경험은 영유아의 음악성 발달에 결정적인 요인이 되며, 언어발달과 읽기 교육의 성공과 직결되기도 한다.

음악을 듣는 단계는 일반적으로 다음과 같이 요약할 수 있다.

- 감각으로 듣는 단계 : 음악을 감상해 본 경험이 많지 않은 취학 전 영유아와 초등학교 저학년의 단계로 놀이 위주의 수업에서 음악을 즐겁고 흥미 있게 접하는 단계
- 이해하며 듣는 단계 : 음악에 대한 흥미를 넘어서서 음악구성에 대한 기본적인 이해를 수반한 청취의 단계로 음악의 기본 구성 요소인 리듬,[20] 선율,[21] 화성,[22] 음색[23]에 대한 이해와 이들의 조직에 의해 간결하게 나타낸 음악을 청취하는 단계
- 감상의 단계 : 음악적 이해능력을 체득한 사람들의 청취 단계

---

20) rhythm: 일정한 박자나 규칙에 의한 음의 장단, 강약 따위의 흐름

21) melody: 소리의 높낮이가 길이나 리듬과 서로 어울려 이루어지는 음의 흐름

22) harmony: 높낮이가 서로 다른 여러 음이 동시에 울려서 나타나는 음의 흐름

23) timbre 혹은 tone color: 음의 높낮이가 같아도 사람이나 악기에 따라 달리 나타나는 소리의 특질이나 맵시

음악 감상의 단계를 볼 때 영유아기에 적합한 음악은 놀이가 수반되는 음악, 흥미 있는 이야기가 들어 있는 음악, 일상생활에서 쉽게 접하는 소리가 들어 있는 음악, 아름답고 경쾌하여 즐거움을 주는 음악이다.

영유아는 다양한 종류의 음악을 들었던 경험을 통하여 그들 나름대로 취향에 맞는 음악을 선별하게 된다. 좋은 음악은 스트레스를 해소시켜 주고 마음을 안정시켜 준다. 음악은 언어보다 강력하게 영향을 미치기도 한다. 영화 'Gloomy Sunday'(1999)의 주제가로 작곡된 〈죽음의 찬가〉를 듣고 그 영향으로 8주 만에 187명이 자살한 사건, 한때 일본에서 양질의 소고기를 위해 소를 사육하는 농장에서 고전음악[24)]을 들려주는 장면에서도 음악이 생명체에 미치는 영향력을 볼 수 있다. 인간이나 동물만이 아니라 식물에 영향을 미치는 사례도 있다. 고전음악을 듣고 자란 호박은 그 넝쿨이 스피커를 감싸며 자라는 반면, 록 음악[25)]을 듣고 자란 호박넝쿨은 스피커를 피해 벽을 타고 넘어가려는 성장을 보였다는 실험결과도 있다.

일상생활에서도 음악은 인간의 삶에 영향을 미친다. 음악의 리듬에 따른 청각 자극이 신진대사, 근력, 호흡, 심박 수 및 혈압과 내분비계 호르몬에 영향을 주고 근육의 반사작용을 높여 운동효과도 높인다(조선닷컴, 2018. 8. 9.).

음악적 선호의 형성에 영향을 미치는 요인에 대한 이론을 요약해 보면 다음과 같다(황인주, 2000, 재인용).

- 반복이론: 특정한 악구나 스타일에 반복적으로 노출되면 그 음악을 좋아하게 된다.
- 사회학습이론: 음악적 선호는 교사나 성인, 또래의 언어적 지지에 의해 영향을 받는다.

---

24) Classic music: 서양의 정통 작곡기법과 연주법에 의한 음악

25) Rock music: 1950년대 미국에서 발생하여 세계 각지로 퍼진 대중음악 양식으로 고전음악에 비해 리듬감이 강하다.

- 특성이론: 많은 사람이 느린 곡보다 빠른 곡, 성악곡보다 기악곡을 더 좋아하는 것으로 보아 음악의 특성이 선호도에 영향을 미친다.

이러한 이론은 영유아들의 문화에서 증명이 된다. 이 책이 만들어지고 있는 시점에 현장학습을 가는 버스 안에서 만 4세와 5세 유아들이 떼창으로 부르는 노래는 〈곰 세 마리〉나 〈머리 어깨 무릎 발〉 등의 동요가 아니다. 성인의 노래인 〈사랑을 했다〉[26]이다. 최근 초등학교 교실 내에서 금지곡이 되었다는 기사(다음 뉴스, 2018. 7. 16.)도 있지만, 저자의 어린이집 유아들은 이 노래를 부르며 너무나 행복한 표정을 보여 준다. 이 노래는 초등학생에게 인기가 많아 '초통령'이라는 별명으로 불리는, 아이돌 집단인 '아이콘'이 부른 곡이다. 영유아들이 이해하기 어려운 노랫말이지만, 노래의 여러 부분에서 반복되는 다음의 노랫말을 모두가 큰 소리로 부르는 것을 쉽게 볼 수 있다. 가정에서 형제자매의 영향으로 자주 이 곡에 노출되고 익숙해졌을 것으로 해석된다.

사랑을 했다 우리가 만나 지우지 못할 추억이 됐다
볼 만한 멜로드라마 괜찮은 결말 그거면 됐다 널 사랑했다

이처럼 영유아들은 반복해서 들어 본 음악을 좋아하고 교사와 같은 주변 성인의 지지를 통해 음악적 기호를 형성하는 경향이 있다. 아이돌의 노래나 TV 프로그램의 주제곡도 자주 접하기 때문에 쉽게 부르고 친숙함을 느낀다. 대부분의 유아가 낯설어하는 우리나라 전통음악[27]도 일상생활과 교육활동에서 자주 접하게 해 주는 노력이 필요할 것 같다. 우리나라의 전통음악은 국립국악원 홈페이지(www.gugak.go.kr)를 통해 쉽게 접할 수 있다. 홈페이지의 '연구/자료 > 악기연구 > 국악기 디지털 음원'을 찾아보기 바란다. 가야금, 대금, 아쟁, 장구, 태평소 등 50여 종

---

26) 아이콘iKON의 멤버인 비아이가 영화 '라라랜드'를 보고 영감을 받아 쓴 곡으로 과거 사랑했던 연인과의 추억을 생각하며 쓴 곡

27) 우리나라 전통음악에는 궁중음악이었던 아악, 주로 불교음악인 범패, 무속음악인 무악, 기악 독주곡인 산조, 한민족 서민의 노래였던 민요, 좌창이라고도 하는 잡가 등이 포함된다.

의 음원을 제공한다. 방탄소년단의 히트곡 〈아이돌IDOL〉을 국악버전으로 선보이면서 한국의 전통음악에 대한 폭발적인 반응을 이끌어 냈다. 적절한 듣기활동 계획을 세우고 좋은 음악을 선택하여 들려주는 가운데 영유아들이 음악에 대한 기호를 개발하도록 도와주어야 한다.

2 듣기활동의 지도방법

교사는 영유아들이 음악에 대한 기호를 개발하고 음악의 매력을 발견하도록 도와주어야 한다. Spodek과 Saracho(1994)는 음악프로그램의 거의 모든 측면에 듣기 능력의 개발이 설정되어야 할 것을 주장한다. 이러한 주장은 영유아들이 말을 하게 되는 과정에서도 적용되어야 한다고 본다. 주변 성인과 환경에서 많은 말을 듣고 알게 된 '이해 어휘'가 많은 아이들이 자신의 언어로 표출하는 '표현 어휘'도 많을 것이기 때문이다. 한국을 비롯한 많은 나라가 예능교육의 목표를 '심미감과 표현 능력'으로 보는 것도 이러한 주장과 일맥상통하는 것으로 보인다. 음악을 듣고 아름답게 느낄 수 있는 능력을 갖추는 것과 자신의 내면을 음악으로 표현하는 능력이 목표가 되는 것이다.

영유아들이 노래를 정확하게 부르는 것을 배우려 한다면 노래의 높낮이와 리듬패턴을 정확하게 재현해야 하므로 그 노래를 듣고 기억해야 한다. 영유아들이 음악에 반응하는 창의적인 움직임도 듣기활동이 우선되어야 한다.

음악을 주의 깊게 듣는 습관은 어린 시기부터 비롯되기 때문에 교실에서 행해지는 듣기활동은 영유아의 흥미를 지속시킬 수 있는 교수방법을 사용하여야 한다. 영유아의 청각기능을 향상시키기 위하여 듣기활동에는 소리를 듣고 탐색하기, 기억하기, 변별하기, 묘사하기 등 활동이 고르게 포함되어야 한다. 듣기활동의 주된 목적은 영유아들이 음악을 듣고 느낄 수 있도록 자극을 주는 데 있으므로 다양한 듣기경험을 준다. 다양한 듣기경험에 다음의 내용을 활용해 본다.

1 • 선생님의 목소리와 우리의 목소리가 다른 점 말해 보기

- 낮은 목소리와 높은 목소리 만들며 비교해 보기
- 큰 소리와 작은 소리 만들며 비교해 보기
- 말하기와 노래 부르기의 차이점 말해 보기
- 듣기 좋은 목소리와 듣고 싶지 않은 목소리에 대해 이유 말하기

2 • 주방에서 나는 소리 찾아보기

- 길게 울리는 소리와 짧게 끊기는 소리 찾아보기
- 나무 막대로 두드릴 때와 금속 막대로 두드릴 때의 차이점 말해 보기
- 비슷한 소리를 내는 물건 찾아보기

3 • 페달을 이용해 피아노의 긴소리와 짧은소리 비교하기

- 비슷한 모양의 악기 소리 비교하기(바이올린-비올라 / 가야금-거문고 / 철금-목금)
- 다양한 크기의 악기 소리 비교하기(큰북-작은북 / 심벌즈-손가락 심벌즈)
- 익숙한 곡을 빠르고 느리게 연주하고 느낌 비교하기

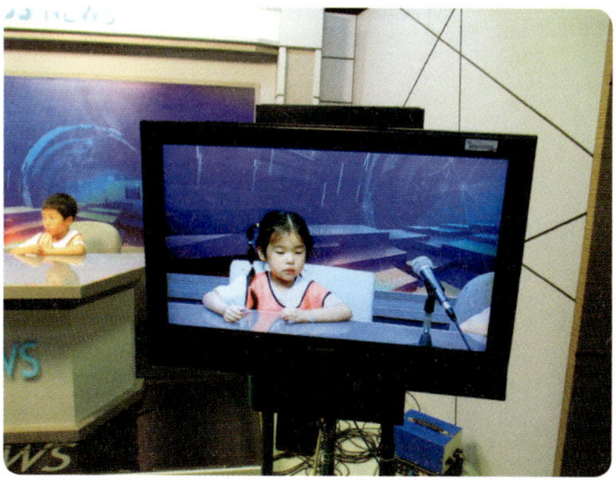

◀ 방송국 견학: 현장학습을 통해 자신의 목소리로 여러 가지 실험을 해 보는 유아들

어린 영아도 음색을 감지하고 개념화할 수 있는 본능적인 능력을 지니고 있기 때문에 낯선 음악에 흥미를 갖게 하려면 재미있거나 매우 대조적인 음색을 가진 악기나 음성으로 연주된 곡을 택하는 것이 좋다. 이러한 특색을 가진 동요의 예를 들면 〈엄마 돼지 아기 돼지〉, 〈리듬악기 노래〉, 〈나는 숲속의 음악가〉 등이 있다.

영유아들에게 들려줄 감상용 음악은 고전적인 음악이나 훌륭한 음악가의 음악만이 아니라 민속음악, 영화 음악, 종교 음악, 재즈, 동요, 다른 문화권의 음악 등 모든 종류의 음악을 포함한다.

Serafine(1986)은 음악프로그램의 목적이 단순히 '유명한' 작품을 아는 것보다는 새롭고 창의적인 곡들을 이해하고 감상하는 것이라고 말한다. 또 하나의 목적은 표준적인 고전음악 목록으로 제한하지 않고 대중음악이나 동양의 음악 등 다른 유형의 음악에 노출시키는 것이라고 하였다.

다양한 음악을 접하게 하는 방법 중 하나로 지역사회에서 방문이 가능한 곳을 찾아가서 공연을 보여 주는 것이다. 영유아기관에는 공연을 포함한 현장학습 광고물이 수시로 들어온다. 수업의 주제에 맞춰 유아들의 발달수준을 고려하여 좋은 공연을 선택하고 접하게 해 줄 수 있다.

▲ 유아를 위한 뮤지컬 홍보물 사례

효율적인 듣기학습을 위해서는 집중시간을 고려하여 너무 길지 않게 한다. 듣기 활동의 일반적 순서는 친숙한 것에서 생소한 것, 단순한 것에서 복잡한 것으로 선택한다. 음악을 즐기는 것은 음악과 친숙해진 후에 생기는 것이므로 음악을 주의 깊게 반복해서 들을 필요가 있다. 영유아들은 음악에 관해 이야기나 움직임, 그림 등으로 자신의 감정을 표현하는 경우가 많지만, 들은 곡에 대해서 항상 해석을 내리게 할 필요는 없다.

교사는 작품을 소개하기 전에 그 음악을 완전히 파악하고 있어야 한다. 음악의 분위기, 연주되는 악기, 그 음악과 밀접한 관계가 있는 내용 등을 알고 있어야 한다. 영유아들의 집중시간을 고려하여 곡의 길이가 3~4분 정도의 것을 감상시키는 것이 효과적이다. 신체반응을 함께하면 리듬감, 박자감도 동시에 기를 수 있다. 교사는 다음과 같은 방법으로 음악을 흥미 있게 들을 수 있도록 배려해 줄 수 있다.

- 영유아의 손을 잡고 음악에 맞춰 함께 움직인다.
- 음악의 박자에 맞춰 손뼉을 치고 '쾅쾅' 발을 구르고, 손가락으로 '톡톡' 두드린다.
- 음악을 들을 때 곡에 사용된 악기를 그림에서 찾아 지적한다.
- 리듬악기로 반주를 첨가시킨다.
- 상반되는 두 곡을 선택하여 비교해 보게 한다.
- 음악 요소(음의 높낮이, 빠르기, 장단 등)에 초점을 맞춰 질문한다.

3 활동 사례

배경음악을 제외한 모든 곡은 영유아들의 주의집중 시간을 고려하여 비교적 짧은 것을 선택한다. 음질이 훌륭하고 예술성 있는 연주 음악을 선택한다. 유명 악단의 연주나 공연이 담긴 양질의 뮤직 영상을 이용하여 영상과 함께 음악을 감상하는 것도 색다른 듣기활동이 될 수 있다.

듣기학습에 반드시 음악만 소재로 이용되는 것은 아니다. 여러 가지 악기의 소리, 영유아의 일상생활에서 들을 수 있는 많은 소리의 녹음, 동물 소리, 효과음 등도 듣기활동의 좋은 소재가 된다. 듣기활동의 사례를 보면 다음과 같다. 사례에서 활용된 음악은《호두까기 인형》중 〈행진곡〉, 〈피터와 늑대〉, 노래 〈멍멍멍〉, 〈작은 별〉, 〈라데츠키 행진곡〉, 〈뻐꾹 왈츠〉, 〈징글벨〉 등이다.

1)《호두까기 인형》중 〈행진곡〉[28)]

활동목표

- 음악을 듣고 생각과 느낌을 나눈다.
- 음악을 잘 듣고 규칙적으로 반복되는 음악의 주제를 찾아본다.
- 음악의 리듬에 맞춰 즐겁게 움직여 본다.

활동자료

- 스카프 8종 각 1개씩,《호두까기 인형》중 〈행진곡〉 음악

활동방법

① 음악의 제목과 작곡가를 알아보고 음악을 듣는다.

– 오늘 들려줄 음악은 차이콥스키가 작곡한《호두까기 인형》이라는 발레곡 중에서 〈행진곡〉이라고 한단다.

28) 이 곡은 여러 가지 관악기로 첫 부분을 연주하는 웅장하고 발랄한 행진곡이다.《호두까기 인형》은 여러 유형의 공연과 영상으로도 만나 볼 수 있다.

② 음악을 다시 감상하며 같은 부분이 계속해서 반복적으로 나오는지 들어 보기로 한다.

– 음악을 들으면서 비슷한 부분이 나오면 손을 흔들어 보자.

③ 다시 음악을 감상하며 스카프를 가지고 음악에 맞춰서 자유롭게 움직여 본다.

– 행진곡을 들으면서 스카프를 마음대로 움직여 보자.

④ 음악이 반복되는 부분에서는 한 가지 동작을 정해서 움직여 본다. 반복되는 부분에서는 한 손에 스카프를 들고 흔들거나 위로 던진다.

⑤ 음악에 맞춰 자유롭게 행진하다가 반복되는 부분에서는 정해 놓은 동작을 해 본다.

– 행진곡을 들으면서 스카프를 들고 걷다가 비슷한 부분이 나올 때마다 조금 전에 앉아서 한 가지 동작으로 움직였던 것처럼 스카프를 움직여 볼 거야. 어떻게 움직이기로 할까?

⑥ 음악을 들으며 스카프를 활용하여 창의적으로 움직여 본다.

– 스카프를 가지고 행진곡에 맞춰 마음대로 움직여 보자. 어떻게 움직여 볼 수 있을까?

⑦ 활동을 한 후 스카프를 모아 정리하고 느낌을 이야기해 본다.

– 행진곡에 맞춰 걷기도 하고 스카프도 움직이면서 몸을 움직여 보았는데 즐거웠니? 왜 그렇게 생각했니? 어떻게 움직일 때 즐거웠니?

《호두까기 인형》 줄거리

클라라는 크리스마스 선물로 호두까기 인형을 받는다. 밤중에 쥐들과 과자 그리고 호두까기 인형 사이에 싸움이 벌어지고 클라라는 호두까기 인형을 도와서 쥐들을 쫓아 버린다. 그러자 호두까기 인형은 왕자로 변해 클라라를 꿈의 왕국으로 안내한다.

▲ 호두까기 인형의 공연과 영상: 현장학습으로 공연을 감상하거나 기관의 행사에서 영상을 함께 보는 것도 좋은 음악활동이 될 수 있다.

2) 피터와 늑대[29)]

활동목표

- 각 인물의 특징을 표현해 주는 악기의 소리를 들어 본다.
- 음악을 들으며 이야기를 상상한다.
- 바른 태도로 음악을 감상한다.

29) 용감하고 의기에 찬 소년 피터가 그의 친구인 숲속의 작은 새와 함께 포악한 늑대를 생포한다는 내용의 〈피터와 늑대〉는 러시아 태생 작곡가인 세르게이 프로코피예프가 1936년에 작곡한 곡으로 어린아이부터 성인에 이르기까지 전 세계적으로 사랑받고 있는 음악극이다. 어린이를 위한 공연에서도 단골 메뉴가 될 만큼 잘 알려져 있다.

활동자료

- 프로코피예프Prokofiev의 〈피터와 늑대(작품 67)〉 음악과 동화 자료
- 악기의 사진 또는 그림(바이올린, 첼로, 오보에, 플루트, 클라리넷, 바순, 호른, 팀파니)

활동방법

① 음악을 듣기 전에 『피터와 늑대』 동화를 들려준다.

> **『피터와 늑대』 줄거리**
>
> 이른 아침 풀밭으로 나간 피터가 작은 새, 오리, 고양이와 놀고 있을 때 늑대가 나타나 오리를 잡아먹는다. 피터가 올가미로 늑대를 잡았을 때 늑대에게 총을 쏘는 사냥꾼들이 나타난다. 늑대를 쏘지 말고 동물원으로 데려가도록 해 달라는 피터의 부탁에 따라 피터, 늑대를 들고 따르는 사냥꾼, 피터의 할아버지가 함께 행진을 한다.

② 『피터와 늑대』가 음악가 프로코피예프에 의해 음악극으로 꾸며졌음을 이야기한다.

③ 음악극은 이야기를 말로 듣거나 그림을 보고 아는 것이 아니라 음악을 듣고 알 수 있는 것임을 이야기한다.

④ 등장인물과 악기를 융판에 붙여 가며 등장인물이 말을 하거나 움직일 때는 악기들이 대신 소리 내는 것을 알게 한다.

- 피터: 바이올린, 첼로
- 오리: 오보에
- 고양이: 클라리넷
- 작은 새: 플루트
- 할아버지: 바순
- 늑대: 호른(3대)
- 사냥꾼: 팀파니

⑤ 곡의 해설 중 악기를 소개하는 부분을 들어 본다.

⑥ 동화의 몇 가지 상황을 예로 들어 '이런 경우에는 악기가 어떻게 소리를 낼까?'에 대해 생각해 본다.

- 오리가 야산으로 산책을 나갈 때(보통으로)
- 고양이가 살금살금 다가올 때(작고 느리게)
- 오리가 도망을 갈 때(빠르고 날쌔게) 등

⑦ 곡을 감상한다. 교사가 곡의 중간 중간에 해설을 들려준다.

⑧ 음악 감상 후 느낌을 들어 본다.

⑨ 음악 감상을 할 때는 서로 조용히 할 것을 강조한다.

⑩ 동화 듣기를 음악 감상의 전 활동으로 할 수 있다.

▲ 대학로 예술마당과 마포아트센터에서 공연된 '피터와 늑대'의 포스터: 지역사회 여러 기관에서 공연으로 많이 활용되는 소재이므로 현장학습으로 활용해 보기 바란다.

3) 멍멍멍[30)]

활동목표

- 친구의 목소리를 탐색하고 구별한다.
- 노래를 부르며 즐거움을 느낀다.

활동자료

- 눈가리개

활동방법

① '멍멍멍 누구 집 강아지냐?'의 음절로 노래를 만들어 부른다.
② 원 모양으로 모여서 고개를 숙이고 엎드린다.
③ 교사가 소리를 내지 않고 손잡아 주기 등으로 한 친구에게 고개를 들고 노래를 부르도록 한다.
④ 친구의 목소리를 들은 후 고개를 숙이고 있던 전체 영유아가 노래를 부른 친구의 이름을 맞힌다.
⑤ 노래에 익숙해지면 동물과 소리를 변형할 수 있다(예: 고양이-야옹 야옹 야옹).
⑥ 친구의 목소리를 어떻게 알아맞힐 수 있는지 이야기를 나눈다.

4) 〈작은 별〉 다양하게 듣기

활동목표

- 우리에게 익숙한 노래를 전 세계에서 부르고 있는 것을 안다.
- 노래를 통해 여러 나라의 언어에 관심을 갖는다.

---

30) '멍멍멍 누구 집 강아지냐?'라고 묻고 'ㅇㅇ(이)네 집 강아지다 멍멍멍'으로 답하는 노래이다. 익숙한 멜로디 혹은 자유로운 멜로디에 노랫말을 붙여 불러도 좋다.

활동자료

- 우리말, 영어 등 여러 언어[31]로 된 〈작은 별〉 노래와 연주

활동방법

① 〈작은 별〉을 노래와 연주로 각각 들어 본다.
② 노래와 연주의 느낌을 이야기해 본다.
③ 작은 종과 같은 악기를 주고 노래하면서 흔들어 본다.
④ 노래만 부를 때와 악기 연주를 함께 할 때의 느낌을 이야기해 본다.
⑤ 이 곡을 작곡하여 전 세계 사람이 자기 나라 말로 부를 수 있도록 해 준 모차르트에 관해 이야기해 준다.
- "모차르트는 음악가인 아버지가 많은 것을 가르쳐서 피아노도 잘 치고 음악의 작곡도 잘했어요. 글씨도 몰랐던 어린 시절부터 음악 만들기를 좋아했어요. 우리도 음악을 만들어 볼까요?"

〈작은 별〉의 원제목은 〈아, 말씀드릴게요 어머니(작은 별): 주제에 의한 12개의 변주곡 C major KV-265〉이다. 이 곡에는 여러 가지 노랫말이 만들어졌는데 대표적으로 영어 노랫말을 살펴보면 다음과 같다.

〈작은 별〉 노랫말

Twinkle twinkle, little star
반짝 반짝, 작은 별
How I wonder what you are
나는 네가 참 궁금해
Up above the world so high
온 땅 위 저 높은 곳에서
Like a diamond in the sky
하늘의 보석처럼 말이야
Twinkle twinkle, little star
반짝 반짝, 작은 별
How I wonder what you are
나는 네가 참 궁금해

31) 윤석중이 노랫말을 만든 〈작은 별〉 노래는 모차르트의 곡으로 세계 여러 나라에서 부르고 있다. 해외 여러 나라의 영유아기관을 방문했을 때 그곳의 유아들과 이 노래를 함께 부르면서 곧 친숙해졌던 기억이 있다.

5) 라데츠키 행진곡[32)]

활동목표

- 음악을 들으면서 느낌과 생각을 신체로 표현할 수 있다.
- 음악을 들으면서 느낀 생각과 감정을 서로 나눌 수 있다.
- 경쾌하고 빠른 행진곡의 느낌을 느껴 본다.

활동자료

- 다양한 지휘자 모습의 사진, 〈라데츠키 행진곡〉 동영상

활동방법

① 작곡가와 음악이 만들어진 배경에 대해서 이야기를 나눈다.

- 이 음악은 '요한 슈트라우스 1세'라는 작곡가가 만든 〈라데츠키 행진곡〉이야.
- 라데츠키라는 훌륭한 장군과 군사들에게 용기를 주기 위해 만든 작품이란다.

② 음악을 듣고 나서 이야기를 나누어 본다.

- 음악을 들으니 어떤 느낌이 드니?
- 음악에 맞춰 박수를 치면서 들으면 어떨까?

③ 지휘자의 사진을 보면서 음악을 듣고 이야기를 나눈다.

(음악의 빠르기나 분위기에 따라 다른 지휘자의 지휘 모습을 살펴본다.)

- 지휘자가 어떻게 하고 있니? 왜 이렇게 팔을 크게 벌렸을까?

④ 음악을 들으며 제자리에서 원하는 대로 지휘해 본다.

- 음악이 시작되기 전에는 어떤 모습으로 지휘를 준비할까?

---

32) 〈라데츠키 행진곡〉은 요한 슈트라우스 1세의 대표적인 곡으로 오스트리아 사람들에게 힘과 용기를 주는 행진곡이다. 라데츠키는 이탈리아를 정복하여 오스트리아의 국위를 드높인 장군이다. 이 곡은 1848년 오스트리아 혁명에서 학생과 노동자의 공격을 받아 무너진 정부군의 사기를 고무하기 위해 작곡되어 라데츠키 장군의 이름을 붙인 것이다. 오스트리아 군대가 무너지는 광경을 보고만 있을 수 없었던 요한 슈트라우스는 스스로 군대를 이끌고 제1선에 나아가 이 행진곡을 연주했고, 오스트리아군은 순식간에 용기를 발휘하여 승리했다고 한다.

- 음악 소리가 힘차고 경쾌할 때는 어떤 모습으로 지휘를 할까?
- 음악 소리가 작아질 때는 어떤 동작을 하면 좋을까?
- 지휘자가 부드럽게 연주하기를 바랄 때는 어떤 동작으로 연주자에게 알릴까?
- 음악에 따라 지휘자의 표정은 어떻게 달라질까?
- 음악 소리를 잘 듣고 손짓을 크게 하니까 음악 소리가 더 커지는 것 같구나.
- 음악 소리가 점점 작아지니까 지휘자의 몸도 움츠러드는구나.

⑤ 〈라데츠키 행진곡〉 외에 다른 음악을 들으면서 곡의 분위기와 특징에 맞게 지휘하는 동작을 해 본다.

⑥ 신년 음악회에 자주 연주되는 곡이므로 새해의 활동으로 계획하여도 좋다.

⑦ 영유아가 음악을 즐기고 자발적으로 탐색하며 듣도록 자유롭고 편한 분위기를 만들어 준다.

⑧ 교사는 음악의 느낌에 따라 창의적으로 지휘하는 영유아의 동작을 격려한다.

6) 뻐꾹 왈츠[33)]

활동목표

- 음악의 아름다움을 느끼며 즐겁게 감상한다.
- 반복되는 부분을 찾아보고, 여러 가지 방법으로 표현해 본다.
- 뻐꾸기의 특성에 대해 관심을 가진다.

---

33) 〈뻐꾹 왈츠〉의 작곡가 요한 엠마누엘 요나손은 1886년 스웨덴에서 태어나 1956년 세상을 떠났다. 요나손은 1900년경부터 스베아 공병대의 군악대에서 트럼펫 연주자로 활동했고 1918~1930년까지는 스톡홀름의 한 영화관에서 피아노를 연주하기도 했다. 요나손은 많은 작품을 남겼는데 주로 행진곡, 왈츠 등 경쾌한 곡이 많다. 그중에서 〈뻐꾹 왈츠〉가 세계적으로 가장 널리 알려졌다. 이 곡은 A-B-A 형식으로 3/4박자의 왈츠이다. 뻐꾹새의 울음소리를 모방한 주부(A)와 은은하고 부드러운 선율 부분인 중간부(B)를 거쳐 다시 주부(A)가 반복되는 3부 형식으로 꾸며져 있다.

활동자료

- 뻐꾸기 그림, 뻐꾸기 울음소리, 〈뻐꾹 왈츠〉 음악

활동방법

① 〈뻐꾹 왈츠〉 음악을 듣고 음악에 대한 느낌을 자유롭게 이야기 나눈다.
  - 이 음악을 듣고 어떤 동물이 생각났니?
  - 음악의 어떤 부분에서 그 동물이 생각났니?
  - 이 음악의 제목은 무엇일 것 같니?

② 〈뻐꾹 왈츠〉 음악에서 묘사된 소리와 녹음된 뻐꾸기의 실제 소리를 듣고 비교해 본다.
  - 음악 속의 뻐꾸기 소리와 뻐꾸기의 실제 소리는 어떤 차이가 있니?
  - 어떤 소리가 더 아름답게 들리니?

③ 다시 한번 〈뻐꾹 왈츠〉 음악을 들으면서 반복되는 뻐꾸기 소리 부분에서는 다양하게 표현해 본다.
  - 뻐꾸기 소리가 나올 때 움직여 볼 건데 어떤 방법으로 움직여 볼까?
    (손을 든다 / 몸을 흔든다 / 발을 구른다)

④ 〈뻐꾹 왈츠〉 음악을 들으며 창의적인 신체표현을 해본다.

⑤ 리듬악기 패턴을 만들어 〈뻐꾹 왈츠〉 음악에 맞춰 리듬악기를 연주해 본다.

7) 〈징글벨〉 비교

활동목표

- 음악의 아름다움을 느끼며 즐겁게 감상한다.
- 연주하는 악기에 따라 음악의 느낌이 다름을 안다.
- 전통악기의 독특한 음률을 감상하고 즐길 수 있다.

활동자료

- 악기 사진 자료(국악기, 서양악기 각각 3장), 악기 소리 음원, 〈징글벨〉 음악 (국악 연주와 클래식 연주)

활동방법

① 서로 다른 느낌의 〈징글벨〉 음악을 들어 보고 이야기 나눈다.
- 이 음악을 들어 본 적이 있니? 제목이 무엇일까?
- 음악을 들으니 어떤 느낌이 드니?
- 두 음악이 주는 느낌이 서로 어떻게 다른지 이야기해 보자.

② 각 음악에서 들을 수 있는 소리와 악기에 대해 이야기해 본다.
- 음악 속에 어떤 소리가 들렸니?
- 어떤 악기로 소리를 낸 것일까?

③ 악기 사진 자료를 제시하고 악기의 소리를 들어 보면서 이야기 나눈다.
- 이 악기의 이름이 무엇일까?
- 어떻게 연주하는 것일까?
- 어떤 소리가 나는지 들어 보자.

④ 소개한 국악기와 서양악기 중에서 비슷한 느낌을 주는 악기를 생각해 보고 연결해 본다.
- 서로 비슷한 느낌의 소리를 내는 악기는 어떤 것일까?
- 서양의 클라리넷과 비슷한 느낌을 주는 국악기는 무엇일까?

⑤ 동·서양의 악기가 같이 연주된 크로스오버 음악[34](예: 국악으로 연주된 크리

---

34) Cross-over Music: 크로스오버라는 말의 정의는 '교차' 또는 '융합'으로, 이러한 용어가 널리 쓰이게 된 것은 퓨전재즈 등 음악장르에서부터이다. 퓨전음악이란 어떤 장르에 이질적인 다른 장르의 요소가 합해져서 만들어진 음악이다. 원래는 미국에서 어떤 곡이 몇 종류의 차트에 동시에 등장하는 현상을 의미하였는데, 이를 계기로 널리 쓰이게 되었다고 한다. 크로스오버 뮤직은 '재즈와 타 장르와의 혼합'이라고 정의할 수 있다. 예를 들면, 재즈와 국악과의 혼합이라든지, 재즈와 록의 혼합 등을 들을 수 있다. 우리나라 사물놀이패와 외국의 재즈집단이 협연한 경우가 그 사례이다.

스마스 캐럴, 재즈앙상블 Saltacello[35]의 '현악으로 연주된 우리 민요' 등)을 감상하고 느낌이 어떤지 이야기 나누어 본다.

* 소리 찾기에 대한 더 많은 활동은 Abigail Flesch의 『Exploring the Science of Sounds: 100 Musical Activities for Young Children』(2017)을 참고해 본다. 이 책에는 STEAM[36]에 맞춘 소리 찾기 활동 100가지가 소개되어 있다.

4 듣기활동의 음악

듣기활동에서 주로 고전음악이 활용되지만, 활동목표에 따라 다양한 장르의 음악을 활용할 수 있다.

호주에서 발행된 「Music Play」(1979)에서는 영유아를 위한 감상용 음악을 제시하고 있다. 시간이 흘러도 영원히 아름다운 음악으로 구성되어 있다. 수록된 목록 중 국내에 출반된 곡(괄호 안은 작곡가)은 다음과 같다.

- 스페인 광시곡(샤브리에)
- 로데오 발레곡(코플란드)
- 《페르 귄트》 모음곡(그리그)
- 《그랜드캐니언》 모음곡 중 〈추적〉(그로페)
- 놀람 교향곡 3악장(하이든)
- 헨젤과 그레텔(훔퍼딩크)

35) SaltaCello: 작곡가 겸 피아니스트 페터 쉰들러가 1995년 결성한 독일 출신의 5인조 재즈앙상블이다. 살타첼로는 '도약하다'라는 뜻의 이탈리아어 'saltare(살타레)'와 악기 이름인 'violoncello(첼로)'를 조합한 말이다.

36) 과학(Science), 기술(Technology), 공학(Engineering), 예술(Arts), 수학(Mathematics)의 합성어로 융합인재교육으로 해석하기도 한다. 우리나라 각 교육청에서 그 의미와 학교적용에 대해 찾아볼 수 있다.

- 오페라 《하리 야노스》 모음곡 중 〈빈의 음악 시계〉(코다이)
- 전람회의 그림(무소르그스키. 라벨이 편곡한 버전도 있음)
- 고전교향곡 제3악장 가보트(프로코피예프)
- 피터와 늑대(프로코피예프)
- 《키제 중위》 모음곡 중 〈키제의 탄생〉, 〈키제의 결혼〉, 〈트로이카〉(프로코피예프)
- 동물의 사육제(생상스)
- 《황금시대》 모음곡 중 〈폴카〉(쇼스타코비치)
- 《호두까기 인형》 모음곡(차이콥스키)
- 현을 위한 세레나데 C장조 제2악장 왈츠(차이콥스키)
- 사계(비발디)

김성균은 영유아에게 맞는 감상곡을 다음과 같이 제시하였다(김순미, 1991, 재인용).

- 미뉴에트(보케리니)
- 타이스의 명상곡(마스네)
- 《아를르의 여인》 중에서 〈아디지에토〉, 〈하바네라〉(비제)
- 피치카토 폴카(요한 슈트라우스)
- 아름답고 푸른 도나우(요한 슈트라우스)
- 천둥과 번개(요한 슈트라우스)
- 빈 숲속의 이야기(요한 슈트라우스)
- 사냥꾼의 합창(슈베르트)
- 빗방울 전주곡(쇼팽)
- 즉흥 환상곡(쇼팽)
- 추억(드러들라)

- 은파(와이먼)
- 아이네 클라이네 나하트 무지크Eine kleine Nachtmusik(모차르트)
- 시계교향곡 101번 2악장(하이든)
- 로망스(베토벤)
- 어린이의 정경(슈만)
- 잠자는 숲속의 미녀(차이콥스키)
- 호두까기 인형(차이콥스키)
- 백조의 호수(차이콥스키)
- 어린이의 장난(비제)
- 동물의 사육제(생상스)
- 어미 거위(라벨)
- 어린이의 영역(드뷔시)
- 증기 기관차(프로코피예프)
- 크시코스의 우편마차(네케)
- 페르시아의 시장(케텔비)
- 시계점에서(오르스)
- 유모레스크(드보르자크)
- 뻐꾹 왈츠(요나손)
- 엘리제를 위하여(베토벤)
- 할렐루야(헨델)
- 휘파람 부는 사람과 개(프리오르)

앞의 목록 외에 영유아기관에서 들을 수 있는 음악과 소리로 다음의 목록을 추천한다. 대부분의 곡이 제목만으로 검색 가능하므로 작곡가 등의 정보 설명을 생략하고 목록만 정리한다.

- 듣기활동 추천 음악: 어린이 폴카, 여러 가지 자장가, 장난감 행진곡, 빗방울 전주곡, 라데츠키 행진곡, 헝가리 무곡, 꿀벌의 비행, 사계, 여러 버전의 아리랑, 난타, 봄의 왈츠, 야상곡, 아기 코끼리의 걸음마, 인어공주, 전원교향곡
- 듣기 자료: 일상생활 소리 모음, 자연의 소리 모음, 리듬악기 소리 모음, 해금이나 바이올린 등 현악기 연주곡, 플루트나 트럼펫 등의 관악기 연주, 다양한 실로폰 연주곡, 꽹과리나 소고 등 전통악기 연주곡, 심청가, 응원가, 다양한 캐럴, 세계 여러 나라 민속음악, 다양한 탈춤 동영상, 음악을 내용으로 담고 있는 동화(영아반은 누르면 소리가 나는 놀잇감이 융합된 책)

▲ 음악을 들으며 꽃을 심는 만 3세 유아들

CHAPTER 07

노래 부르기

1 노래 부르기의 발달

인간은 출생 후 목소리를 내기 시작하면서 점차 5가지 발달단계를 거쳐 노래를 부를 줄 알게 된다. 이러한 단계들은 언어발달과 밀접한 관계를 맺는다.

갓 태어난 아기는 배가 고플 때, 아플 때, 만족감을 표현할 때 각기 다른 소리를 만들며 제한된 발성을 한다.

영아[37]는 주위의 다른 사람들이 내는 소리와 자신이 내는 소리를 주의 깊게 듣는다. 그러면서 이러한 것들을 모방하기도 하고 변화시키기도 하면서 새로운 발성을 개발하기도 한다. 영아는 의미 있는 말을 하기 훨씬 전부터 소리의 형태와 억양을 흉내 낸다. 음악적으로 옹알이를 하기도 한다.

노래의 곡조와 리듬과 음높이를 대략적으로 표현하기 시작한다.

노래를 대략적으로 표현해 보면서 점점 노래를 정확하게 부를 수 있는 능력을 얻는다.

좀 더 넓은 음높이 범위와 어려운 리듬과 노랫말을 복잡한 곡조로 부를 수 있게 된다.

앞의 단계를 거치고 5세가 되면서 유아의 음악에 대한 반응력은 눈에 띄게 증가하게 된다.

Davidson, McKerno와 Gardner(1981)는 아동의 노래학습을 2세의 단어 단계, 짤막한 말 단계, 있는 그대로의 멜로디 형태 단계, 어른과 같은 노래 단계의 4단계로 구분하였다(Serafine, 1986, 재인용).

37) 현재 우리나라에서는 영아반은 만 0, 1, 2세로 유아반은 만 3, 4, 5세로 편성되므로 만 2세까지는 영아로 정리하였다.

2 노래의 선택

음악교육에서 활용되는 노래는 영유아의 음악적 특성에 적합하게 활용되어야 할 것이다. 영유아기관에서 부르는 노래, 주로 동요를 활용한 통합적 음악교육 프로그램에 대한 연구(김미경·권정윤. 「동요를 활용한 통합적 유아음악교육 프로그램 개발 및 적용」. 한국유아교육학회 2018년 추계정기학술대회 자료집) 등에서는 유아의 발달에 적합한 동요가 유아교육의 본질에 입각한 음악적 태도, 음악 적성, 정서지능 발달에 긍정적인 영향을 준다는 것을 확인시켜 주고 있다. 15주 동안 주 2회, 유치원의 일과 중에 대·소집단 활동을 30분 내외로 적용해 보는 실험연구이다. 만 4세 유아들이 동요를 부르면서 느낀 감정을 신체, 악기, 노래극, 그림 등으로 표현하며 타인의 예술적 표현을 감상할 수 있는 음악프로그램을 통해 음악적 태도, 음악 적성, 정서지능이 향상되었다는 결과를 보여 주고 있다.

Zoe Greenhalgh(2018)는 영유아의 음악성 발달에 노래와 음악의 박자, 리듬, 형식, 구조, 멜로디, 내용이 매우 중요하며 여러 가지 학습을 위해서 노래와 음악을 접하는 기회를 많이 줘야 한다고 강조한다.

영유아에게 적합한 노래를 내용, 조성, 형식, 박자와 리듬, 음역의 면에서 살펴보면 다음과 같다.

1) 노래의 내용

영유아에게 적합한 노래는 문학적 가치가 있는 것으로 내용이 영구적인 진리가 되어야 하고 영유아의 생활에 옮겨 놓을 수 있어야 한다. 영유아는 생활 속에서 이해하지 못하는 말을 자신의 이해 범위로 변형시키기도 한다. 섬 지역에 사는 유아들의 놀이에서도 그 변형 사례를 찾아볼 수 있었다. 서너 명의 남아가 전쟁놀이를 하면서 외쳤다. "꼬막 마라. 너는 완전히 오이 됐다~!" 이 문장은 놀이 상황으로 보아 '꼼짝 마라. 너는 완전히 포위됐다'로 해석할 수 있다.

저자의 어린이집 만 4세 유아는 어린이집에서 배우는 노래를 자신이 아는 범위 내에서 개사해 다음과 같이 불렀다.

8월에도 추석에는 즐거운 명절 / 밤 먹고 대추 먹고 송편도 먹고 ~♪
→ 8월에도 추석에는 즐거움 먼저 / 밥 먹고 배추 먹고 송편도 먹고 ~♪

명절, 밤, 대추에 대한 이해가 없기 때문으로 해석된다. 송편은 그 즈음에 '송편 만들기' 활동을 통해 체득했을 것이다. 영유아의 발달단계에 따라 밤, 대추는 구체물로 보여 줘야 하고, 명절에 대한 이야기 나누기를 통한 이해단계가 필요하다. 영유아의 교육에서 구체적 경험의 중요성을 다시 한번 실감하였다.

노랫말은 노래의 성격과 내용에 결정적인 영향을 미치므로, 영유아에게 적합한 노래는 곡 자체도 중요하지만 노랫말에 많은 비중을 두고 선택하여야 한다.

2) 노래의 조성

조성은 일반적으로 으뜸음[38]에 의하여 질서와 통일을 갖게 된 여러 음의 체계적 현상이다. 유치원과 초등학교 저학년 연령까지는 조표가 없는 다장조의 노래가 많이 사용되며, 고학년이 됨에 따라 약간씩 복잡하게 된다. 대체로 장조가 밝고 건강한 느낌을 준다. 여러 음이 조화를 이루는 합창이나 합주는 영유아에게 적합한 활동이 아니므로, 장조의 곡을 단음으로 부를 것을 권한다.

노래를 배우고 부르는 과정도 즐거운 놀이가 되어야 한다. Zoe Greenhalgh(2018)는 영유아들과 노래를 부를 때는 반주 없이, 창의적인 동작을 이끌어 내면서 즐거운 활동으로 끌어갈 것을 권하고 있다.

---

38) keynote: 음계에서 바탕을 이루는 첫째 음

3) 노래의 형식

노래에서는 선율이 모여 음악적인 사상을 표현하며 이러한 음악적인 사상을 '작은악절(phrases)'이라고 한다. 한 악절은 1개 이상의 선율을 가지게 되며 이러한 악절이 1개 이상의 다양한 방법으로 진행될 때 음악의 형식(form)이 된다. 음악의 형식에서 사용되는 용어는 동기(1마디), 작은 악구(2마디), 악구(4마디), 악절(8마디), 2중 악절(16마디) 등이다. 이와 같이 작은 형식이 차례로 종합되어 더 큰 형식을 만들게 되는데 영유아에게 적합한 악곡의 형식은 '한도막형식(8마디)'이나 '작은 세도막형식(12마디)'이다.

4) 노래의 박자와 리듬

박자와 리듬에 대한 반응은 멜로디에 대한 반응보다 빠르며 2~4세경에도 상당히 자연스럽게 나타난다. 박자는 사용된 박 수의 기본적인 단위를 말하며, 리듬은 사용된 길고 짧은 음가의 형태를 표시한다. 일반적으로 영유아가 구분할 수 있는 박자는 4분음표 1박자를 기준하여 𝅗𝅥(2분음표), ♩(4분음표), ♪(8분음표), 𝅗𝅥.(점 2분음표) 등이다.

영유아는 행진곡 같은 음악을 들을 때 점 8분음과 16분음의 연결( 등)을 좋아하지만, 노래로 표현하는 것은 힘들다. 듣기는 좋아하나(skip이나 march 등에서) 정확한 표현은 얻기 힘들며 𝅝(온음부 4박자)의 표현도 영유아의 호흡으로는 무리이다. 또한, 당김음[39]이나 셋잇단음표[40]를 사용한 곡이나 너무 빠른 템포로 연결된 곡도 어렵다.

영유아가 잘 반응하는 박자는 $\frac{4}{4}$박자이다. 복잡한 리듬의 곡이나 호흡에 무리가 가는 노래는 피하는 것이 좋다.

5) 노래의 음역[41]

영유아들은 음역이 너무 넓지 않은 것을 좋아한다. Revesz(2007)의 조사에 의한 음역을 보면 3~5세에는 , 6세에는 , 7~8세에는  라고 보고되었다. 국내의 연구로는 연세대학교 '어린이생활지도연구원'(2004)에서 3~8세 영유아 120명을 대상으로 한 연구결과 3~6세에는 , 7~8세에는 의 음역의 범위에서 발성이 가능하다고 보고되었다(김혜경, 2008, 재인용). 노래의 선택은 영유아의 음역을 고려하여 영유아의 성대에 무리가 가지 않도록 해야 한다.

39) syncopation: 센박이 여린박으로, 여린박이 센박으로 되어 위치가 바뀌는 음

40) triplet: 본래 둘로 나누어야 할 것을 셋으로 나눈 음표

41) range: 목소리나 악기가 낼 수 있는 소리의 범위

3 새 노래 가르치기

새로운 노래를 쉽게 가르치기 위해서는 일과 중에 자연스럽게 들려주는 과정이 필요하다. 등원시간, 자유놀이 시간 등에 익숙하게 듣고 난 후 쉽고 빠르게 배울 수 있다. 새 노래를 집단으로 배우는 활동은 만 3세 이전의 영아반에서는 무리이다. 만 3세 이상의 대·소집단 활동에서 교사가 유의해야 할 점은 다음과 같다.

① 새 노래를 가르치기 전에 정확하게 노래 부를 수 있도록 그에 대한 준비를 해야 한다.
노랫말을 완전히 외우고 노래 부를 때 어떤 표정이나 손의 움직임을 사용해서 감정이 풍부하게 표현되도록 할 것인지 연구해 보고 연습한다. 리듬이 힘든 곳을 연구하여 손 박자와 같은 행동으로 리듬감을 느끼도록 연습한다.

② 새 노래를 가르칠 때는 동기를 부여할 필요가 있다.
유아의 나이나 사전경험에 관계된 이야기 또는 개념에 관해 토의하면서 노래에 관계된 여러 가지 자료, 동화나 동시를 보여 주거나 들려준다. 새로운 노래를 가르치는 자료들은 여러 업체의 교수 지료 패키지에 포함된 것이 많다. 유아교육 관련 업체들은 사이버 자료실을 통해 수업 자료를 제공한다.

◂ '키드키즈'의 클립 자료실에서 출력하여 사용하는 노랫말판

③ 유아와 얼굴을 마주 본 자세에서 교사가 먼저 노래 전체를 불러 주고 노래 속에 무슨 이야기가 들어 있는가를 유아들에게 이야기해 보게 한다.

유아들에게 노래를 가르치는 데는 '전체노래방법(whole-song method)'을 사용하는 것이 무난하다. 전체노래방법은 노래 전체를 여러 번 들려주는 것을 말한다. '부분노래방법(phrase-by-phrase method)'은 교사나 부모가 먼저 노래를 끝까지 한 번 불러 준 다음, 한 번에 한 소절씩 따라 부르게 하고 어려운 절을 반복해서 부르는 방법이다. 2가지를 합한 결합방법에서는 먼저 전체노래방법을 사용하여 쉬운 절을 함께 부른 후, 어려운 부분은 따로따로 배운다. 유아들을 위한 대부분의 노래는 비교적 짧기 때문에 전체노래방법이나 결합방법으로 가르치는 것이 좋다.

④ 새 노래를 가르칠 때는 교사의 육성이 효과적이다.

영유아가 사람의 목소리, 특히 여성의 목소리를 모방할 때 음의 높낮이를 가장 정확하게 표현하기 때문이다. 또한, 노래를 가르쳐 주는 과정에서는 지나친 피아노 반주로 멜로디나 노래의 내용을 파악하기 힘들게 하기보다는 단순한 리듬악기를 사용하거나 멜로디만 쳐 주는 것이 좋다.

⑤ 노래를 배우는 유아의 적극성을 장려한다.

교사가 노래를 부를 때 유아에게 작은 소리나 콧노래 등으로 따라 해 보게 하고, 노래를 알고 있는 유아가 나와서 불러 보게 한다. 노래가 질의응답식이거나 노래의 대부분이 구분되는 노래, 의성어 등은 각 역할을 나누어서 부를 수 있다.

⑥ 한번 앉은 자세에서 너무 오래 부르는 것을 피하고 한 번에 완전히 가르치려고 5번 이상 반복해서는 안 된다.

유아들은 3~6번 정도 노래를 들은 후에 노래를 부를 수 있게 된다. 그러므로 한 번 가르친 노래는 영유아와 친숙해지도록 계속해서 며칠 동안 반복해서 불러 본다.

⑦ 노래를 반복해서 부를 때 영유아들이 싫증 나지 않도록 하기 위해서 다음과

같은 방법으로 격려할 수 있다.

- 노래 속에 있는 내용을 극화한다.
- 곡조를 휘파람으로 불러 본다.
- 교사가 노래할 때 영유아는 소리 내지 말고 입만 벌려 노래한다.
- 노랫말의 일부를 다른 말로 대치하여 새 노랫말을 만들어 본다.
- 가능하다면, 우쿨렐레, 오카리나, 기타 같은 악기로 연주해서 들려준다.
- 교사와 유아 혹은 영유아와 다른 영유아가 한 절씩 교대로 부른다.
- 유아 혼자 노래하게 한다.

교사가 어떠한 교수법을 사용하느냐에 앞서 무엇보다도 중요한 것은 '노래 부른다'는 그 자체가 교사나 영유아 모두에게 재미있어야 한다는 것이다.

4 영유아기관의 노래 목록

영유아기관에서의 노래는 표준보육과정과 누리과정의 개정 주기와 상관없이 수업의 주제에 맞춰 영유아와 함께 부르고 싶은 노래, 전래 동요 등을 찾아 영아반과 유아반의 목록으로 구성한다.

교사가 많은 노래를 알고 있을 때 교실의 분위기를 활기차게 만들 수 있다. 영유아를 위한 노래는 영상과 음반, 인터넷상에서의 듣기를 통해 반주 없이 잘 부를 수 있을 때까지 연습하기 바란다. 우리나라의 동요 음반들은 각 곡목에 표준보육과정과 누리과정의 해당 연령까지 표기되어 있어서 활용이 수월하다. 대부분 인터넷 검색으로 찾아볼 수 있는 곡이므로 작곡가 등의 상세 정보 없이 목록만 수록하였다. 많은 곡의 악보는 김혜경의 『유치원 음악교육의 이론과 실제』(창지사. 1996)의 책에 실려 있다.

연령이 어릴수록 짧고 쉬운 노래가 좋다. 모든 연령에서 좋아하고 쉽게 부르는 노래는 중복하여 수록한다. 〈장난감 기차〉 노래를 활용할 때 영아반에서는 기차에 과자와 사탕을 싣고 '우리 애기'에게 가는 부분을 강조하여 가족을 주제로 불러 줄 수 있으며 유아반에서는 교통수단을 주제로 불러 볼 수 있다. 수업을 끌어가는 교사의 강조점에 따라 노랫말을 활용한다. 〈어느 날〉 노래를 활용할 때 영아반에서는 바깥놀이에서 발견할 수 있는 개미에 대해 이야기를 나누면서 노래를 불러 주고, 유아반에서는 바깥놀이에서 개미를 밟거나 다치지 않게 안전에 유의하는 측면에 초점을 두고 노래를 함께 부를 수 있다.

영아반과 유아반에서 진행할 수 있는 월별 수업 주제에 따라 교사가 가르쳐 주고 함께 즐길 수 있는 노래는 다음과 같다.

1) 영아반의 노래

〈3월: 새로운 것이 낯설어요 / 어린이집이 좋아요〉

- 생일축하 노래, 섬 집 아이, 자장 노래, 냠냠얌, 손을 씻어요, 치우는 시간, 누구일까요?, 선생님 안녕

〈4월: 우리 반 / 봄나들이〉

- 꼭꼭 약속해, 사과 같은 내 얼굴, 나비야, 올챙이와 개구리, 엄지야 엄지야, 기차놀이

〈5월: 만져 보아요 / 내 몸을 살펴보아요〉

- 깜빡과 빤짝, 닮은 곳이 있대요, 요기 여기, 사과 같은 내 얼굴, 곤지곤지 좸좸, 머리 어깨 무릎 발, 내 몸, 엄지가 춤춰, 흔들흔들 짝짝, 뱅글뱅글 돌아서, 주먹 쥐고

〈6월: 나는 느껴요 / 혼자서도 잘해요〉

- 같은 소리 찾기, 비행기, 악기, 짤랑짤랑, 누구일까요?, 나는 할 수 있어요, 치카치카 이를 닦자

〈7월: 물놀이 / 재미있는 여름〉

- 비야 비야, 싱글벙글, 춤추는 빗방울, 나처럼 해 봐라, 과일의 노래

〈8월: 나는 가족이 있어요 / 놀잇감은 재미있어요〉

- 엄마 돼지 아기 돼지, 곰 세 마리, 송아지, 통통통, 장난감 기차, 여우야 여우야, 당신은 누구십니까?, 리듬악기의 노래

〈9월: 동물놀이해요 / 좋아하는 놀이가 있어요〉

- 작은 동물원, 리듬악기 놀이, 멍멍멍, 고래의 노래, 상어 가족, 코끼리 아저씨, 동물 흉내, 산토끼, 정글 숲, 강아지, 고양이, 달팽이집을 집시다, 그대로 멈춰라

〈10월: 알록달록 가을이에요 / 바깥놀이는 재미있어요〉

- 정글 숲, 도토리, 허수아비 아저씨, 나는 콩, 밖으로 나가 놀자, 잠자리 꽁꽁, 어느 날, 기차놀이

〈11월: 여러 가지 색과 모양이 있어요 / 움직이는 것은 재미있어요〉

- 간다 간다, 더 빠른 것 더 느린 것, 모양놀이, 숫자놀이, 악어 떼, 산토끼, 우리 모두 다 같이, 시계, 자전거, 피아노 속에는 누가 있을까?

〈12월: 나는 할 수 있어요 / 겨울이에요〉

- 나처럼 해봐라, 괜찮아요, 머리 어깨 무릎 발, 나는 기쁘다, 짧고 경쾌한 캐럴, 아침 바람 찬바람에, 꼬마 눈사람

〈1월: 나는 친구가 있어요 / 함께 놀아요〉

- 둘이 살짝 손잡고, 사이좋게 놀자, 친구하고

〈2월: 형, 언니가 되어요/ 선생님이 좋아요〉

- 건너가는 길, 옆에 옆에, 친구, 두껍아 두껍아

2) 유아반의 노래

만 3, 4, 5세로 편성되는 유아반은 유사한 수업 주제로 각 교실의 수업이 진행되는데 연령이 올라갈수록 학습의 범위와 계열이 확대된다.

〈3월: 어린이집(유치원)과 친구〉

- 나는 유치원에 갑니다, 꼬마야 꼬마야, 집에 갈 시간, 손을 씻어요, 장난감을 두고 나갔더니, 둘이 살짝, 피아노 속에는 누가 있을까?, 그대로 멈춰라, 당신은 누구십니까? 생일축하 노래, 반갑다, 꼭꼭 약속해, 모두 다 홉홉홉 뛰어라, 흔들흔들 짝짝, 원가

〈4월: 봄과 동식물〉

- 봄이 왔죠, 봄비, 씨앗, 나무 타령, 나리나리 개나리, 나물 노래, 멋쟁이 토마토, 밖으로 나가 놀자, 공룡, 세 마리 꼬마 원숭이, 코끼리와 거미줄, 숲속의 음악가, 정글 숲, 작은 동물원, 동물 흉내, 다섯 작은 꾀꼬리, 산중호걸, 바둑이 방울, 여우야 여우야, 어린 송아지, 아기 염소, 참외밭에 삽살개

〈5월: 나와 가족〉

- 내가 좋아하는 사람, 아직 자니?, 사랑, 누구일까요?, 닮은 곳이 있대요, 곰 세 마리, 어린이날, 엄마 아빠, 여섯 마리 오리, 새들의 결혼식, 즐거운 나의 집, 오리가 여섯, 우리 집, 꽃밭에서, 할아버지 할머니 날

〈6월: 우리 동네〉

- 숫자 풀이(잘잘잘), 우리 동네, 빵가게 아저씨, 우리 마을, 달팽이집, 기와 밟기, 병원놀이, 그런 집 보았니?, 어디까지 왔니?, 우리 집에 왜 왔니?, 숲속 작은 집, 누가 누가 더 푸른가?

〈7월: 여름과 건강〉

- 비가 오는 날, 잠자리 꽁꽁, 올챙이와 개구리, 수박 잔치, 고기를 잡으러, 즐거운 여름, 참 재미있었지, 물놀이, 얼음과자, 우산, 우유송(콜라송), 배가 아파요, 싹싹 닦아라, 수박, 요술빵, 파리, 머리 어깨 무릎 발, 즐겁게 춤을 추다가, 나처럼 해 봐라, 호키포키

〈8월: 교통수단과 안전〉

- 간다 간다, 건너가는 길, 나뭇잎 배, 비행기, 장난감 기차, 로켓, 자전거, 통통배, 꾹 참았네, 스마일, 나는 기쁘다, 어느 날

〈9월: 우리나라〉

- 그네, 아리랑, 군밤타령, 꿩꿩 장서방, 이거리 저거리 각거리, 여우야 여우야, 우리 집에 왜 왔니?, 달, 남생아 놀아라, 송편, 무궁화, 무궁화 꽃이 피었습니다, 아름다운 나라, 태극기

〈10월: 가을〉

- 가을은 무슨 색, 밀과 보리가 자라네, 도토리, 허수아비, 나는 콩, 가을바람, 소풍, 달달 무슨 달, 하늘, 노을

〈11월: 환경과 생활〉

- 작은 별, 고요한 밤 흰 쥐가, 아기 새의 눈물, 앞으로, 옹달샘, 재미있는 그림자, 조금 더 다가가서, 햇볕은 쨍쨍, 돌과 물, 메아리, 푸른 하늘 은하수, 하늘에서 살지요, 주전자, 작은 조각종이

〈12월: 겨울〉

- 고요한 밤 거룩한 밤, 창밖을 보라, 아침 바람 찬바람에, 하얀 나라, 꼬마 눈사람, 고드름, 겨울바람, 겨울나무, 하얀 눈

〈1월: 새해 / 생활도구〉

- 강강술래, 대문 열기, 설날, 옹헤야, 새 달력, 앞니 빠진 중강새, 두꺼비, 작은 주전자, 바둑이 방울, 시계, 텔레비전, 똑같아요, 어린 음악대

〈2월: 형님반(초등학교)에 가요〉

- 애국가, 졸업 노래, 형님반에 간다네, 두껍아 두껍아, 내 손으로 척척, 우리들의 악기 연주, 꼬마야 꼬마야

CHAPTER 08

악기 다루기

1 악기 다루기 활동의 교수방법

영유아에게는 소리가 나는 모든 것이 악기가 될 수 있다. 교사는 영유아들에게 가능한 한 많은 악기를 경험할 기회를 제공해야 하며 악기의 사용을 통해서 음악의 풍부함을 시험해 보고 발견하도록 도와주어야 한다. 어린 영아에게는 소리 듣기, 소리 만들기 등도 좋은 악기 다루기 활동이 된다.

소리 만들기 활동에서는 쉽게 구할 수 있는 물체들이 좋은 악기가 될 수 있다.

▲ 세곡나비어린이집 만 5세반 유아들의 재활용품으로 만든 악기 연주

집 안에서 찾아낸 여러 가지 물체를 함께 매달아서 치거나 흔들어서 신기한 소리가 나게 한다. 작은 나무토막이나 병뚜껑, 작은 숟가락, 열쇠 또는 주방기구들을 사용할 수 있다. 이러한 물체들을 내줄 때 금속재료는 녹슬거나 끝이 날카로운 것을 주지 않도록 하여 안전에 유의한다. 어린이집 평가인증지표에서는 영아반에서

지름 3.5cm 이하인 너무 작은 크기의 물건은 위험하다고 설명한다.

여닫는 뚜껑이 있는 것이 좋으며 처음에는 2개의 통으로 시작한다. 한 통에는 플라스틱 퍼즐조각 같은 가벼운 물건을 넣고 다른 통에는 돌멩이 등 무거운 물건을 넣는다. 각각 재빨리 흔들어 영아의 주의를 집중시킬 수 있으며, 그 속에 무엇이 들어 있는지 보고 싶어 하면 통 뚜껑을 열어서 보여 준다. 2개의 통을 동시에 흔들어 보거나 빠르게 혹은 느리게 흔들어서 변화를 주고 리듬과 소리의 다양함을 경험하게 한다. 이러한 물건들로 만든 악기를 사용할 때는 작은 물건이 영유아의 입, 코, 귀로 들어가지 않도록, 쉽게 열 수 없도록 잘 닫아 두는 등 안전에 유의한다.

MMCP(Manhattanville Music Curriculum Program)에서는 유아들이 실로폰 등을 이용하여 10초 이내의 멜로디를 만든다. 유아들은 대조의 개념 — 크게와 작게, 빠르게와 느리게 — 에 관한 토론을 거친 후 소집단이나 개인별로 음악작품을 만들도록 유도된다. 유아가 만들어 낸 작품은 목소리로 다시 표현되기도 하며 녹음을 하면서 토론할 수도 있다(Serafine, 1986).

악기 다루기 활동을 위해 다양한 종류의 악기를 준비하여 음악 영역을 설치함으로써 영유아들이 자유롭게 소리를 실험하고 탐색하도록 도와준다. NAEYC의 음악 영역에 대한 지침을 우리나라 교실에 적용해 볼 수 있다(김혜경, 1996).

- 음악과 함께 마라카스와 같은 리듬악기를 준비해서 자유롭게 활용하게 한다.
- 스페인 리듬과 같은 즐거움을 위해 긴 스커트 등의 복장을 준비하여 입힌다.
- 스피커 근처에 오트밀 통으로 만든 북을 놓는다.
- 영유아들에게 음감벨을 준다.
- 익숙한 리듬을 연주하게 한다.
- 음악을 듣고 움직이도록 격려한다.
- 마라카스, 탬버린, 벨, 트라이앵글, 캐스터네츠, 실로폰, 심벌즈, 샌드블록, 드럼, 막대 등 다양한 자료를 준비해 준다.

현대 영유아교육에서는 개인차, 능력, 자발성 등을 존중하는 교육이 중시되고 있기 때문에 집단의 획일적인 연습은 바람직하지 못하다. 피아노, 바이올린, 플루트 같은 악기의 학습은 6살 이후에 실시하는 것이 바람직하며 형식적인 리듬합주도 피해야 한다. 영유아들을 위한 수업에서 악기를 중심으로 한 활동을 이끌어 낼 때 고려할 제안점은 다음과 같다.

- 영유아에게는 소리가 나는 모든 것이 악기가 될 수 있으므로 자신이 직접 다양한 소리를 만들어 보는 것을 좋아한다.
- 영유아가 스스로 악기 소리를 창조하고 실험해 보도록 충분한 시간과 공간을 준다. 이 실험은 모든 음악적 경험의 한 부분이 되어야 한다.
- 음의 높낮이와 형태를 연주한 후 그것을 노래해 보도록 하거나 교사와 함께 노래한다.
- 피아노의 페달을 사용하여 소리를 만들어 보게 하거나 뚜껑을 열어 보여 주면서 소리의 과학성에 대해 관심을 갖게 한다.

영유아는 소근육 발달이 한정되어 있기 때문에 간단한 멜로디 악기나 리듬악기 다루기를 중심으로 하고, 다루기 힘든 악기는 연주보다는 소리 변별과 같은 탐색 활동으로 이끌어 가는 것이 좋다.

- 노래의 높낮이를 지도하기 위하여 멜로디 악기를 사용하여 낮은음과 높은음을 찾아보거나 음의 강약을 지도하기 위해 큰 소리와 작은 소리를 만들어 본다.
- 음 혹은 음의 형식이 반복되는 곡, 멜로디가 계단식으로 움직이는 곡들을 멜로디 악기로 연주하는 것을 보여 준다. 〈피아노 속에는 누가 있을까?〉(조성녀 작사·작곡) 같은 곡의 '도레미파솔라시도 노래 아가씨~♪' 부분, 프랑스 민요인 〈Are you sleeping?〉 같은 곡의 'brother John~♪' 부분이 계단식 멜로디의 예가 된다.

- 〈강아지〉[42] 노래의 '멍멍멍' 부분이나 〈아직 자니?〉[43]의 '딩딩동' 같이 친숙한 노래에서 반복되는 음을 연주하는 것을 보여 주고 영유아가 해 보도록 한다.

영유아기관은 주제에 따라 수업이 이루어지므로 악기 다루기 활동에도 주제를 반영하는 노력이 필요하다. '봄' 단원을 진행할 때 악기에 꽃이나 꽃 그림을 부착한다든지, 미술 영역에서 악기 만들기를 할 때 악기의 모양을 주제와 관련된 것으로 꾸미도록 유도해 볼 수 있다. 숨은그림찾기의 자료를 음악 관련 그림 중심으로 펴낸 책도 있다. 악기 모양을 찾아 꾸며 보는 활동도 악기에 관심을 갖게 하기 때문이다(『Highlights for children』. 2018. 등의 도서 참고).

악기활동을 위한 동기유발을 위해 악기 연주 공연을 보여 주는 방법도 좋다. 지역사회 내의 공연장, 문화센터, 종교단체 등의 프로그램을 찾아보면 영유아를 위한 공연이 많다. 여러 가지 여건상 단체관람이 어렵다면 지역 내 대학의 음악 관련 학과의 악기 연주 공간, 연습실을 견학해 보아도 좋다. 근처에 교회가 있다면 성가대와 합주단이 연습하는 장면을 직접 참관해 보아도 좋은 경험이 된다.

▲ 지역사회기관(예: 국립국악원, 역삼동 엘지아트센터)의 영유아를 위한 공연

42) '우리 집 강아지는 복슬 강아지 학교 갔다 돌아오면 멍멍멍 꼬리치며 반갑다고 멍멍멍'의 반복되는 부분이 해당된다.

43) 〈Are you sleeping?〉을 우리말로 부른 노래이다. 〈아직 자니?〉의 제목으로 네이버뮤직 혹은 뽀로로 영어동요 사이트에서 찾아 들을 수 있다.

2 영유아 악기의 종류

리듬악기나 간단한 멜로디 악기가 여러 종류로 개발되어 시판되고 있어서 영유아를 위한 교육용 악기를 다양하게 선택할 수 있다. 우리나라의 영유아교구를 판매하는 회사들은 다양한 악기를 수입하여 판매하고 있다.

대표적인 판매처인 보육사, 썬차일드, 키즈엠을 중심으로 영유아기관에 보급되는 악기와 음률교구를 살펴보면 다음과 같다.

▲ 보육사의 악기 세트

출처: 보육사 2019 CATALOG; 썬차일드 2019 CATALOG; 키즈엠 2019 CATALOG.

보육사에서는 LAKESHORE, WESCO, IQ PLUS MUSIC사의 제품을 주로 수입하여 판매하고 있으며, 썬차일드, 키즈엠의 악기도 그 유형이 유사하다. 각 업체의 홈페이지에서 실물 사진을 볼 수 있다.

더 전문적인 악기 탐색을 위해 다음의 2가지 방법을 활용한다.

- 많은 영유아기관에서 음악특별활동으로 접하는 '오르프 악기'를 검색한다.
- 국립국악원 홈페이지(www.gugak.go.kr)에서 '연구/자료 > 사진 자료실 > 한국의 악기'를 검색한다.

교사가 악기에 대한 지식이 풍부하면 영유아와의 활동에서 좀 더 전문적인 접근이 가능해진다. 다음의 악기들은 전문적인 연주용보다는 소리에 관심을 가지고 탐색해 보는 과정에서 교사가 설명해 주는 방식으로 활용한다.

1 바이올린

16세기 발명된 악기로 4개의 현을 가진 현악기이다. 정면에서 볼 때 왼쪽이 저음, 오른쪽이 고음의 현이며, 높은 소리의 현 순으로 E선, A선, D선, G선이라고 부른다. 현악기 중 가장 높은 소리를 낸다. 말총에 송진을 바른 활로 연주하며 앞판과 옆판은 소나무와 전나무를, 뒤판은 단풍나무로 만든다. 밝고 화려한 소리를 낸다.

2 첼로

(cello)는 비올론첼로(violoncello)를 줄인 말로서 서양 고전음악에 쓰이는 현악기 가운데 하나이다. 첼로는 악기의 형태와 연주방식 측면에서 원칙적으로 바이올린의 악기계통에 속한다. 첼로는 크기면에서 콘트라베이스 다음으로 큰 현악기이며, 악기를 바닥에 받칠 수 있는 받침대가 있는 것이 특징이다. 첼로를 연주할 때는 악기를 무릎 사이에 거의 수직으로 세우고 받침 못으로 바닥에 고정시킨다. 공명통(몸체)의 뒤판이 연주자를 향하게 되므로 바이올린과 비교할 때 높은음과 낮은음의 방향이 바뀌어 가장 낮은 현이 오른쪽에 오게 된다. 첼로의 4줄은 높은음에서 낮은음으로 갈수록 현저하게 굵어져서 아래의 가장 낮은 선에서는 매우 풍부하고

부드러운 저음을 낼 수 있다.

일반적인 첼로의 전체 길이는 120cm로 바이올린의 2배쯤 된다. 몸통의 길이만 73~76cm 정도 된다. 활은 바이올린이나 비올라의 활보다 약간 더 짧고(71cm) 더 굵으며 탄력성이 적은 편이다.

콘트라베이스라고도 한다. 바이올린 계열에서 가장 낮은 음역을 지녔으며 모든 악기 중에서도 최저 음역용의 악기에 속한다. 오케스트라에서 힘과 무게를 주고 화성의 기초를 제공하는 아주 중요한 악기이다. 바이올린을 크게 한 것과 같은 모양으로 길이는 2m 전후이고 활은 표백한 말총을 사용한다. 보통 연주자는 수직으로 세운 악기를 안은 듯한 자세로 서서 연주한다.

첼로와 같은 낮은음자리표를 사용하지만, 그 낮은음자리표 내의 같은 음을 두 악기가 소리 낼 경우 더블베이스는 첼로보다 한 옥타브 낮은 소리를 낸다. 따라서 2배 낮은 베이스 음, 즉 더블베이스가 된다.

플루트는 처음에는 나무로 제작되었지만, 너무 얇아 금방 부러져 금속으로 만들게 되었다. 플루트는 바닥과 평행하게 연주자의 오른편에서 연주된다. 연주자는 이 악기의 왼편에 있는 끝부분에 바람을 불어 넣는다. 혀를 움직이고 바람을 불어 넣는 방법을 달리함으로써 아주 다른 높이의 음으로 조절이 가능하다. 여러 구멍을 일정한 규칙에 따라 key와 lever를 열고 닫음으로써 관 내의 진동파장를 바꾸어 여러 다른 소리를 만들어 내게 된다. 파장이 길면 높은 소리가 나게 되고, 파장이 짧으면 낮은 소리가 난다.

피콜로는 플루트 크기의 반 정도인 약 30cm의 길이이다. 플루트가 세 부분으로 되어 조합되어 사용되는 데 반해 피콜로는 두 부분으로 되어 있다.

피콜로라는 이름은 이탈리아어 'flauto piccolo'에서 유래되었는데, 작은 플루트라는 의미이다. 몸통의 길이가 짧기 때문에 피콜로는 날카로운 음조를 지니고 있으며 모든 오케스트라 악기 중에서 가장 높은음을 내게 된다. 피콜로는 가장 가벼운 소리가 나는 악기 중의 하나이다.

3 활동 사례

1) 주방 음악회

활동목표

- 주변의 물체를 활용하여 소리를 만들어 보고 과정을 즐긴다.

활동자료

- 그림동화, 컵, 냄비, 빨래판, 젓가락, 숟가락, 종이

활동방법

① 음악회에 가 본 적이 있는지 물어보고 경험한 것에 대해 이야기 나눈다.
② 동화를 들려준다.
③ 컵, 냄비, 빨래판, 젓가락, 숟가락이 어떤 소리를 냈는지 묻고 소리를 만들 수 있는 영유아가 나와서 해 본다.
④ 종이가 어떻게 하면 다른 악기들과 음악회를 함께 할 수 있을지 묻는다.
⑤ 종이를 나누어 주고 어떤 소리를 낼 수 있는지 의논한다.
⑥ 컵, 냄비, 빨래판, 젓가락, 숟가락, 종이의 역할을 정하여 영유아들이 쉽게 할 수 있는 노래에 맞춰 합주한다.

『주방 음악회』 줄거리

어느 날 피아노, 바이올린, 북, 탬버린, 트라이앵글, 캐스터네츠, 피리가 음악회를 열었습니다.
피아노는 딩동댕, 북은 둥둥둥, 피리는 삘릴리….
서로 자기의 아름다운 소리를 한껏 뽐냈답니다.

구경을 하던 컵, 냄비, 빨래판, 젓가락, 숟가락, 종이는 모두 모두 예쁜 소리를 내는 악기들이 부러웠습니다.

악기들의 음악회가 끝나자 구경을 하던 냄비, 컵 등은 "우리도 음악회를 열 수 없을까?" 하고 궁리를 했습니다.
젓가락과 숟가락이 손뼉을 치며 이야기했습니다.
"저 악기들처럼 예쁜 소리는 낼 수 없을지 모르지만, 우리가 모두 힘을 합하면 훌륭한 음악회를 열 수 있을 거야."
"그래 그래, 좋은 생각이야. 우리가 힘을 합하면 음악회를 열 수 있을 거야."

"내 속에 물을 담고 두드리면 예쁜 소리가 날 거야."
컵이 이렇게 말하자 냄비도 질세라 소리쳤습니다.
"나도 신나는 소리를 낼 수 있어. 내 뚜껑과 몸이 부딪치면 신나는 소리가 날 거야."
빨래판도 말했습니다.
"나도 숟가락이 내 몸을 긁으면 재미있는 소리를 낼 수 있어."
"우리 모두 한 번 해 보자."
모두 신나게 노래를 부르며 춤을 추지만 종이는 구석에서 시무룩하게 앉아 있었습니다.
모두 춤추며 노래하다가 구석에 앉아 있는 종이를 돌아보며 물었습니다.
"너희는 무슨 소리를 낼 수 있니?"
종이들은 조그맣게 대답했습니다.
"우리는 잘 모르겠어. 우리는 우리가 어떤 소리를 낼 수 있는지 생각해 보지 않았거든."
"그럼, 너희들은 음악회에 낄 수 없어. 저리 가!"
모두 이렇게 말했지만, 젓가락과 숟가락이 손을 저으며 말했습니다.
"그러지 마, 우리도 이렇게 소리 낼 수 있다고 생각하지 못했잖아. 잘 생각해 보면 종이도 소리 낼 수 있는 방법이 있을 거야."

2) 쌀로 실험하는 북소리

활동목표

- 북을 강하게 때려서 큰 소리를 낸다.
- 북소리는 때리는 힘과 관계가 있다는 것을 안다.

활동자료

- 북과 채, 몇 알의 쌀이나 적절한 곡식의 종류

활동방법

① 교사가 북 위에 쌀을 올려놓고 채로 두드려서, 두드리는 힘으로 쌀이 움직이거나 튀는 것을 보게 한다.

② 영유아에게 쌀 몇 알을 주고 북의 한가운데로 모아 두게 한다. 북 위를 쳐서 쌀의 움직임을 보게 한다.

③ 쌀이 북 위에서 떨어지지 않게 얼마나 많은 시간을 두드릴 수 있는지 게임을 할 수 있다.

토의

- 네가 북 위를 세게 쳤을 때 쌀이 어떻게 되었니?
  (쌀의 움직임이 때리는 힘에 의한 것임을 알게 한다.)
- 네가 북을 세게 쳐서 쌀이 높이 올라가면 소리도 커질까? (커진다.)

3) 높은 소리와 낮은 소리

활동목표

- 높은 소리와 낮은 소리에 관심을 갖는다.

활동자료

- 멜로디 악기: 실로폰, 피아노, 공명벨, 계단벨 등

활동방법

① 높은 소리에 관심을 갖도록 영유아의 이름에 높낮이를 주면서 부른다. '솔-미-도'와 같이 가능하면 5음 이내에서 시도한다.

② 영유아의 이름이 불린 음(도-미-솔 음으로 김-윤-수)을 들려주고 각각 다른 높낮이는 목소리뿐만 아니라 악기로 묘사될 수 있다는 것을 알게 해 준다.

③ 교사가 준비한 카드를 보면서 교실 내의 멜로디 악기로 소리를 만든다.

④ 피아노와 같이 건반이 많은 경우 영유아들이 찾기 쉽도록 몇 음의 건반에 스티커 등을 붙여 줄 수 있다.

토의

- 어떻게 이름을 부를 때 재미있었니?
- 친구의 이름을 노래처럼 불러 볼까?
- 우리가 만들었던 이름 노래를 악기로 연주해 볼까?

4) 소리 차이 알기

활동목표

- 여러 악기의 소리를 듣고, 소리의 차이를 느껴 본다.
- 악기의 줄·관의 길이와 음높이의 관계를 알아본다.
- 높고 낮은 음을 몸으로 표현해 본다.

활동자료

- 현악기 및 관악기 사진 자료, 악기 소리, 피아노(키보드), 기타(우쿨렐레 또는 바이올린)

활동방법

① 음높이에 대한 이해를 돕기 위해 친숙한 악기인 피아노로 기본음계를 듣는다.
- 피아노 소리를 들으며 함께 소리를 내 보자.
- 소리가 점점 어떻게 변하니?

② 기타를 탐색한다.
- 이 악기는 어떻게 소리를 낼까?
- 줄을 튕겨 소리를 내는데 줄마다 소리가 다르단다. 어떻게 다른지 들어 보자.
- 같은 줄에서도 서로 다른 소리를 낼 수 있단다. 왜 다른 소리가 날까?
- 줄을 잡는 위치가 달라서 다른 소리가 난단다.
- 줄을 길게 잡으면 낮은 소리가 나고 줄을 짧게 잡으면 더 높은 소리가 난단다.

③ 높은 소리와 낮은 소리를 몸으로 표현한다.
- 높은 또는 낮은 소리를 몸으로 표현한다면 어떻게 할 수 있을까?
- 다르게 나타낼 수도 있을까?
- (악기로 음을 점점 높게 연주하며) 소리가 점점 높아지는구나. 어떻게 움직여 볼까?

④ 악기 사진을 보며 현악기(바이올린, 첼로, 콘트라베이스)와 관악기(플루트, 피콜로) 소리를 감상한다.
- 무슨 악기일까? 어떻게 연주할까? 어떤 소리가 나는지 들어 보자.
- (현악기 사진을 차례로 보여 주며) 악기가 점점 커질수록 점점 더 낮은 소리가 나는구나. 왜 그럴까? 이 악기의 소리도 몸으로 표현해 보자.

5) 어떤 소리가 날까?

활동목표

- 악기마다 음색과 연주법이 다름을 안다.
- 노래를 부르며 박자에 맞춰 박수를 쳐 본다.

활동자료

- 리듬악기: 코끼리 코, 우드블록, 탬버린, 트라이앵글, 방울 악기, 캐스터네츠

활동방법

① 소리 탐색: 소리가 들려요

- 우리 몸에서 나는 소리를 찾아본다.
  - 우리 몸에서 소리가 나는 부분은 어디일까?
  - 목에 손을 대고 이야기를 하면 어떤 느낌이 들까?
- 교실에서 나는 소리를 찾아본다.
  - 눈을 감고 어떤 소리가 들리는지 들어 보자.

② 악기 탐색

- 악기를 탐색한다.
  - 교실에서 소리를 내는 물건은 무엇이 있니?
  - 우드블록에서는 어떤 소리가 날까?

③ 노래 부르기: 악기 연주

- '악기 연주' 노래를 부르며 박자치기를 한다.
  - 노래를 부르다 악기 이름을 이야기하면 박자에 맞춰 박수를 쳐 보자.

④ 악기 연주

- 노래를 부르며 자유롭게 악기 연주를 한다.
- 자유선택활동 시간에 자유롭게 악기를 탐색한다.

6) 철이의 모험

활동목표

- 소리를 듣고 어울리는 탈것을 표현한다.
- 동화를 듣고 몸으로 표현한다.

활동자료

- 동화 자료(자동차, 기차, 비행기, 뱃고동, 킥보드[44] 소리를 포함)

『철이의 모험』 줄거리

방에서 혼자 놀며 심심해 하던 철이 앞에 로봇이 나타나 철이가 원하는 모든 것이 되게 해 준다. 자동차, 기차, 비행기, 배 등으로 변신할 수 있게 되어 기차역, 하늘, 바다 등을 다니다가 킥보드가 되어 집으로 돌아와 다시 철이의 모습이 된다.

활동방법

① 동화 『철이의 모험』

- 동화를 듣는다.
- 동화를 회상한다.
  - 동화에 누가 나왔니?
  - 로봇이 철이를 무엇으로 변신시켜 주었니?
  - 자동차는 어떻게 생겼지?
  - 자동차가 달리는 모습을 어떻게 표현하면 좋을까?

② 소리 탐색: 무슨 소리일까요?

- 동화에 나오는 소리를 들으며 이야기 나눈다.
  - 이 소리는 무엇을 표현한 것일까?

44) 긴 손잡이가 있고 보드 바닥에 2~4개의 작은 바퀴가 달려 있어서 양손으로 손잡이를 잡고 한 발로 바닥을 밀면서 타는 어린이용 승용완구

– 탈것 중에서 무엇과 어울리는 것 같니?

③ 신체활동: 탈것 되어 보기

- 소리를 들으며 탈것을 표현한다.
  – 소리가 빨라질 때 자동차가 어떻게 달리면 좋겠니?

▲ 탈것을 즐기는 유아들

참고

- 교실 전체를 무대로 도로, 철로, 하늘, 바다를 정하여 모두 함께 이동하며 표현해 볼 수도 있다.

7) 더 큰 소리 더 작은 소리로

활동목표

- 신체 여러 부분을 이용해 큰 소리와 작은 소리를 내어 본다.
- 셈여림에 따라 노래를 부르며 즐거움을 느낀다.
- 악기를 이용하여 큰 소리와 작은 소리를 내어 본다.

활동자료

- 노래 〈더 큰 소리 더 작은 소리로〉(김성균 작사·작곡)
- 피아노, 〈더 큰 소리 더 작은 소리로〉 악보, 여러 가지 타악기

활동방법

① 신체로 소리 만들기

- 노래를 들어 본 후 부르며 손뼉을 쳐 본다.
  - 노래에 어떤 소리가 나오니?
  - 큰 소리/작은 소리 부분은 어떻게 해 주면 좋을까?
- 신체의 여러 부분을 이용해서 큰 소리와 작은 소리를 내어 본다.
  - 어떤 방법으로 큰 소리와 작은 소리를 낼 수 있을까?
  - 손뼉을 쳐 보자. / 발을 굴러 보자.
  - 또 어떤 방법이 있을까?

② 악기 연주

- 악기로 큰 소리와 작은 소리를 내어 본다.
  큰 소리/작은 소리를 내어 보자.
  - 노래를 부르며 악기로 큰 소리와 작은 소리를 내어 본다.
- 악기로 연주해 본 소감을 이야기해 본다.
  - 악기로 큰 소리와 작은 소리를 내어 보니 몸으로 소리를 낼 때와 어떻게 달랐니?
- 다른 노래를 부르며 교사의 신호에 따라 큰/작은 소리로 노래해 본다.

8) 악기 신호에 맞춰 움직여요

활동방법

- 기본적인 이동 동작 기술을 익힌다.
- 악기 소리와 박자에 맞춰 몸을 움직인다.

활동자료

- 멈춤 신호로 사용할 리듬악기(큰북이나 탬버린, 트라이앵글, 소고)

활동방법

① 악기 탐색

- 악기를 탐색한 후 이야기를 나눈다.
  - 이 악기는 어떻게 연주하는 걸까?
  - 악기에서 어떤 소리가 나는지 들어 보자.
- 악기 소리에 따라 약속을 정한다.
  - 몸을 움직이는 방법에는 어떤 것이 있을까? (뛰기, 걷기, 높이뛰기, 기어가기)
  - 악기 소리에 따라 몸을 어떻게 움직일지 약속을 정해 보자.
    (약속의 예: 트라이앵글 소리가 나면 얼음이 되어 움직이지 않는다.)
- 탬버린을 흔들면 높이 뛰며 이동한다.
- 큰북의 박자에 맞춰 걷는다.

② 신체활동: 악기 신호에 맞춰 움직여요

- 악기 소리를 들으며 신호에 따라 약속대로 몸을 움직인다.
  - 탬버린을 흔들면 어떻게 움직이기로 했지?
  - 큰북 소리에 맞춰 걸어 보자. / 소고 소리에 맞춰 뛰어 보자.
- 음악 소리에 맞춰 걷다가 악기 소리가 멈추면 따라 선다.

- 리듬에 맞춰 움직이는 활동에 익숙해지면 행진곡에 맞춰 다양한 걸음걸이로 움직여 볼 수 있다.
- 바닥에 색 테이프로 길을 만들어 주고 방향을 알려 주면 질서 있게 활동을 진행할 수 있다.

▲ 친구들이 움직일 수 있도록 소고 소리를 내 주는 유아들

9) 악기 놀이

활동목표

- 다양한 악기를 경험하고 소리를 탐색한다.
- 소리를 내는 여러 가지 방법을 찾아 악기를 연주한다.
- 자신의 작품으로 연주하면서 성취감을 느낀다.

활동자료

- 여러 가지 악기, 다양한 재활용품, 고무줄, 만들기 재료

활동방법

① 악기 탐색

- 여러 가지 악기를 탐색하고 울림통을 찾는다.
  - 어떤 방법으로 소리 내는 악기일까?
  - 소리가 울리는 공간은 어디 있을까?
  - 악기마다 울림통이 어디 있는지 찾아보자.

② 조형활동: 악기 만들기

- 만들고 싶은 악기를 정하고 악기 설계도를 그린다.
  - 설계도 속 악기의 울림통은 어디 있니?
- 악기에 필요한 재료를 찾아 악기를 만든다.

③ 악기 연주

- 친숙한 노래에 따라 자신이 만든 악기로 박자를 맞춰 본다.
- 악기를 연주하며 즐겁게 노래한다.

CHAPTER 09

동작활동

1 동작의 발달단계

동작, 즉 움직이기에 대한 즐거움은 출생 이전부터 나타난다. 동작은 영유아의 음악 탐색에 많은 도움을 주며 음악 학습과 창작이 통합된 것으로 볼 수 있다. 영유아를 위한 동작활동은 획일적인 율동이나 교사를 따라 하는 동작이 아니라, 자신의 신체에 대해 즐겁고 다양하게 움직여 보는 가운데 주로 기본동작의 탐색과 경험을 통해 즐겁고 신나는 놀이가 되어야 한다. 이러한 놀이는 신체에 대한 자신감과 조절력을 기르는 동시에 다양한 측면에서 중요한 의의를 갖는다.

Spodek과 Saracho(1994)는 동작교육의 중요성을 다음과 같이 정리하였다.

- 영유아들에게 동작은 삶을 의미한다. 그들은 자신의 동작 속에서 모든 움직이는 것들을 '삶'으로 생각한다.
- 동작은 환경의 발견을 의미한다. 동작은 영유아들이 그들의 방향을 획득하고 유지하는 데 도움이 된다. 그것은 시간, 공간, 방향, 개념을 개발하는 데 중요한 요인이다.
- 동작은 자유(신체적 억압으로부터의 자유와 독창적인 신체표현을 통해서 자신을 확대시키는 자유)를 의미한다.
- 영유아들에게 동작은 접촉과 의사소통을 확립시킬 수 있는 방법이다.
- 영유아들에게 있어서 동작의 의미는 완전한 즐거움과 감각적 기쁨이다.

신체표현에 필요한 운동능력의 발달도 일정한 발달단계를 거치고 있음을 여러 학자가 기술하고 있는데 그중에서 Gallahue(1989)의 단계를 살펴보면 다음과 같다.

- 첫 번째 단계인 반사운동 단계(reflexive movement phase)

대략 태내에서부터 출생 후 1년까지이다. 첫 부분은 정보-암호화 단계(information-encoding)로 이루어진다. 이 단계에서 영유아는 반사작용을 통해서 정보, 영양, 보호를 받는다. 두 번째 부분인 정보-해독화 단계(information-decoding)에서는 골격의 움직임(skeletal movement)을 자발적으로 통제할 수 있으며, 감각적 자극으로부터 얻는 정보를 분류한다.

- 두 번째 단계인 기초동작 단계(rudimentary movement phase)

출생부터 2년까지이며 앞 단계와 중복된다. 첫 부분인 반사억제 단계(reflex inhibition stage)에서는 반사작용이 영유아의 자발적인 행동으로 교체된다. 동작은 세련되지 못해 보인다. 약 1년이 지나면 통제 전(precontrol)의 단계가 시작된다. 영유아는 자신의 동작에 대하여 보다 큰 정확도와 통제력을 보여 준다. 평형을 유지하고 사물을 조작하고 자신의 상황을 극복하는 것을 배운다.

- 세 번째 단계인 기본동작 단계(fundamental movement phase)

2세에서 7세까지의 기간이다. 이 단계의 초기에는 이동 동작(locomotion), 안정(stability), 조작적 운동(manipulation)을 포함하는 영유아 자신의 동작능력을 탐구하고 시험해 본다. 박자에 맞춰 손뼉치며 움직이거나 행진곡 등을 따라 걷기 등의 움직임을 좋아한다. 이 단계에서 점차 통제와 조정이 개발되어 동작 유형의 통합이 자발적으로 이루어진다.

- 네 번째 단계인 스포츠 관련 단계(sports-related phase)

7세에서 17세 이상까지 계속된다. 이 단계에서 기본적인 이동력, 조작, 안정 기술이 다듬어지고 결합하여 세련되어지면서 게임, 스포츠, 춤, 다른 놀이활동에도 적용된다. 운동근육 발달의 초기 단계들은 기본적으로 성숙, 기회, 동기 부여, 교육에 영향을 받는다.

신체표현 활동은 영유아가 동작의 구조를 이해하고 자신의 신체적 기술과 협응을 개선시키도록 도와준다. 동작을 다른 공간, 다른 속도(빠르기), 다른 수준, 다른 사람들, 다양한 힘과 강도(세기), 여러 유형의 사물에 적응시키는 것을 배운다. 이러한 목표를 달성하기 위하여 영유아교육에서의 춤, 체조, 게임 등이 도입된다.

▲ 음악에 맞춰 동작활동을 하는 만 5세 유아들

2 동작의 유형

초등학교 저학년 이전에 영유아가 경험해야 할 동작의 종류에 관하여 학자들은 다음과 같은 유형을 제시한다(이연섭, 1995; Gallahue, 1989; Gerhardt, 1973; Gilliom, 1970; Ludowise, Pancrazy, & Dauer, 1981; Rowen, 1982; Spodek & Saracho, 1986, 1994).

- Spodek & Saracho(1986, 1994): 동작활동은 발달적 운동(developmental exercises), 곡예(stunts), 구르기(tumbling), 크고 작은 기구 위에서의 실행을 포함해야 한다. 취학 전 단계에서는 비형식적으로 제공한다. 뛰기, 도약하기, 걷기, 기어 다니기, 대근육 활동을 위하여 실내와 실외 모두 적당한 공간이 필요하다. 평균대, 계단, 줄, 링, 로프, 자전거, 한 발 스케이트, 수레 등은 이 시기의 대근육 발달에

도움을 준다.

• Gallahue(1989): 동작교육 및 신체표현 프로그램은 일반적으로 동작의 유형을 개발하고 다듬는 것에 역점을 둔다. 동작교육의 교과과정은 3가지의 범주 — 안정(stability), 이동(locomotion), 조작(manipulation) — 에 초점을 두어야 한다. 안정의 영역에서 프로그램은 영유아들이 정적이고 동적인 조화, 즉 움직일 때와 가만히 서 있을 때의 조화뿐만 아니라 축(axial)의 동작을 개발시킬 수 있도록 도움이 되어야 한다. 이동 영역에서 프로그램은 걷기, 뛰기, 도약하기, 미끄러지기, 오르기와 같은 활동에 초점을 두어야 한다. 조작 영역에서는 잡기, 착지 순간에 잡기, 던지기, 차기와 관련된 활동을 포함시켜야 한다.

• Ludowise, Pancrazy, & Dauer(1981): 취학 전의 신체 프로그램은 영유아들에게 자신의 몸을 효율적으로 다루도록 해 주는 대근육 활동의 경험에 중심을 두어야 한다. 공과 콩주머니(beanballs)와 같은 놀잇감을 다룸으로써 조작적 능력을 배워야 하고 영유아들에게 미끄러져 내려가기, 뛰어 내려가기, 출구 통과하기, 도약하기 등을 가능하게 하는 상자, 나무판 등의 마룻바닥 기구를 사용하는 것에 역점을 두어야 한다.

• Gilliom(1970): 영유아들이 동작활동을 통하여 배워야 할 것은 동작의 요소인 시간·공간·힘, 인체의 동작을 지배하는 신체의 동작법칙(laws of motion), 신체가 다양한 동작의 조작을 통하여 만들어 낼 수 있는 방대한 동작들이다.

• Gerhardt(1973): 위상기하학, 지리학, 시간·공간·무게의 측정법 등의 개념은 실제 동작을 통해서 접해야 한다. 그러한 동작의 활용은 영유아들이 만들어 낸 운동근육 패턴이 인지적 도식에 통합될 수 있는 체계적인 방법임을 암시해 준다.

• Rowen(1982): 언어, 과학, 사회, 수 개념 등은 동작을 활용하여 배울 수 있다.

• 이연섭(1995): 영유아가 경험해야 할 동작활동의 예는 신체 각 부위에 대한 이

해를 발달시키는 활동, 표시된 지점에서 갔다가 다시 돌아오기, 공간의 가치와 용도 발견하기, 석고상 게임(멈춤놀이), 음악을 듣고 그 리듬과 느낌 표현해 보기, 음반을 이용한 동작활동, 선이나 색깔로 표현하면서 리드미컬한 동작 경험하기, 도구를 사용해서 동작 확장하기, 간단한 극화를 위한 동작 등이 있다. 동작활동에서 중요한 것은 영유아들이 자신을 표현할 때 개별 영유아의 생각이 존중되어야 한다는 것이다.

위와 같은 여러 정의의 유형 외에 우리나라 현장에서는 영유아들의 기본동작을 비이동 동작, 이동 동작, 조작적 동작의 3가지로 나누고 있다.

- 비이동 동작(Non-locomotor movement)

신체의 축이 공간의 이동 없이 표현하는 동작으로 앉기, 뻗기, 돌리기, 비틀기, 떨기, 구부리기, 흔들기 등이 있으며, 이러한 비이동 동작은 2세의 영아에게도 대부분 적용하여 활동할 수 있다. 영아들의 비이동 동작으로 이루어지는 율동을 재미있게 이끌기 위해서는 손목방울(지름 3.5cm 이상)과 같이 몸에 부착하는 소품을 활용한다. 신체의 유연성과 융통성을 길러 준다.

- 이동 동작(Locomotor movement)

공간의 이동을 수반하며 일어나는 동작으로 걷기, 뛰기, 달리기, 기어가기, 오르기, 말 뛰기, 미끄러지기, 앙감질, 도약하기 등이며 비이동 동작에 비해 어려움을 느끼는 동작이다. 영유아에게 리듬감을 심어 주고 창의적 동작을 이끌어 내는 데 효과적이다.

- 조작적 동작(Manipulative movement)

도구를 다루는 동작에 해당하며 던지기, 받기, 쳐올리기, 차기, 휘돌리기, 당기기, 때리기 등이 해당되는데 물체의 조작을 통해 공간 속에서 움직이는 물체 탐색이 이루어진다. 영유아들에게 적용하는 조작적 동작의 도구는 위험하지 않아야 한다. 이동 동작과 비이동 동작이 이루어진 후에 발달되므로 취학 전에 자연스럽게 행해져야 초등학교 시기의 운동능력 발달에 도움을 준다.

3 동작활동 지도방법

영유아들이 음악을 듣고 동작으로 표현해 보는 지도방법에 대한 학자들의 연구를 요약해 보면 다음과 같다.

영유아가 움직이기 전에 조용히 듣고 생각하는 기회를 제공하고 절대로 한 번만 듣고 즉시 동작하지 않도록 한다. 음악이 길면 중요한 부분만 사용해서 움직인다. 음악을 함께 들으면서 빨라지는 부분, 큰 소리가 나는 부분, 반복되는 부분, 멈추는 부분 등을 찾아본다. 영유아의 상상력을 자극하기 위해 언어나 그림을 사용한다.

어린 영유아일수록 자신의 동작을 쉽게 조절할 수 없고 넘어지거나 비틀거릴 수 있다. 동작을 시작할 때 영유아들의 능력을 이해해야 하며 신체 부위별로 어떻게 움직일 수 있고 어떻게 움직여야 하는지 함께 탐색해야 할 필요가 있다. 높고 낮은 행동, 빠르고 느린 행동 등 대조되는 요소를 적용하면 시도하기가 쉽다. 다른 영역의 영유아교육 원리와 마찬가지로 동작활동의 종류를 단순한 것에서 복잡한 것으로 계획하고 개인차를 인정하며 다양한 시도를 격려한다.

다른 영유아와 부딪히지 않도록 충분히 넓은 공간이 필요하다. 그러나 너무 넓은 공간은 오히려 산만함을 초래할 수 있으므로 영유아 상호 간에 팔을 벌려서 닿지 않을 정도의 거리를 유지한다.

평행봉 등과 같은 장비를 사용해야 하는 경우에는 안전규칙을 반복해서 알려 주고 교사가 시범을 보여 줄 수 있다. 장비나 도구를 사용하는 조작적 동작활동은 영유아가 자신의 능력을 탐색해 보고 성공적인 느낌을 경험할 수 있도록 능력에 맞는 동작활동을 계획한다. 남과 다른 독특한 생각으로 새롭게 시도하는 영유아들의 움직임이나 표현에 대해 계속 칭찬하면서 격려한다.

▲ 리듬막대, 소품을 활용하여 동작활동을 즐기는 유아들

동작을 상상하게 하거나 창의성을 발휘하도록 적합한 언어로 자극을 준다. 창의적 사고의 확장을 위해 발산적 사고[45]를 도와주는 질문을 많이 한다. 영유아들의 표현을 증진시키기 위해 리듬막대, 리본테이프, 스카프 등 음악의 분위기에 맞는 소품을 제시해 주고 격려할 수 있다. 소심한 영유아를 위해서는 가면을 쓰고 움직여 보도록 한다.

45) 인지나 기억된 정보, 관습으로부터 벗어나 다양한 생각과 해결책을 생성하는 사고. 확산적 사고라고도 한다.

4 활동 사례

1) 손뼉치기

활동목표

- 교사에 의해 만들어진 리듬에 맞춰 손뼉을 칠 수 있다.

활동방법

① 영유아는 교사가 손뼉치는 소리를 듣고 교사처럼 해 본다.
② 간단한 리듬을 고안하여 영유아들에게 들려준 후 그대로 따라 하게 한다.
③ 손뼉치기가 익숙해지면 무릎 치기, 손가락 튕기기 등으로 변형할 수 있다.
④ 활동 중에 다음과 같은 내용으로 토의해 본다.
 – 네가 할 수 있었던 것은 무엇이니? (선생님의 소리를 보고 듣고 모방하였다.)
 – 어떤 리듬이 재미있니? (영유아들의 반응이 다양할 것이다.)

2) 빠르고 느린 북소리

활동목표

- 북으로 연주되는 박자에 따라 움직임으로써 음악의 속도나 빠르기에 대한 개념을 형성한다.

활동자료

- 큰북과 막대

활동방법

① 충분한 공간을 확보한 후 북소리에 맞춰 걸어 보게 한다.
② 점점 빨라지고 느려지는 박자를 포함한 다양한 방식으로 북을 연주한다.

③ 영유아들의 반응을 격려한다.

④ 활동에 익숙해지면 다음과 같은 상호작용으로 놀이를 확장해 본다.

– 누가 선생님처럼 북을 쳐 줄 수 있겠니?

– 점점 빨라지는 소리를 낼 수 있니?

– 점점 느려지는 소리를 낼 수 있니?

– 빠른 북소리를 몸으로 표현할 수 있니?

– 느린 북소리를 몸으로 표현할 수 있니?

3) 말 못 하는 선생님

활동목표

- 악기 소리의 음색을 구별하고 동작활동을 만들어 본다.

활동자료

- 리듬악기: 캐스터네츠, 탬버린, 트라이앵글, 리듬막대, 북
- 『말 못 하는 선생님』 이야기

활동방법

① 다음의 이야기를 들려준 후 각 악기 소리를 내보며 교사와 영유아가 악기 소리에 해당하는 동작을 약속한다.

> **『말 못 하는 선생님』 줄거리**
>
> 어느 날 갑자기 말을 못 하게 된 선생님을 위해 아이들이 말 대신에 여러 가지 악기 소리로 신호를 정해서 그 소리를 듣고 선생님의 생각을 이해하며 살아간다.
>
> • 소리의 예: 캐스터네츠 – 자리에 앉자. 탬버린 - 오른쪽으로 걷자.
> 트라이앵글 - 왼쪽으로 걷자. 리듬막대 - 양손을 위로 들고 흔들자.
> 북 - 조용히 하자.

② 학급의 모든 유아가 한꺼번에 움직이기에는 혼잡하므로 두 집단으로 나누어 한 집단은 동작을 하고 다른 집단은 앉아서 말로 알아맞혀 보게 한다.

③ 리듬악기의 소리를 교대로 들려주면서 악기 소리에 맞춰 움직여 보게 한다. 악기 소리를 미리 녹음하여 들려줄 수 있다.

④ 활동 중에 다음과 같은 상호작용으로 놀이를 확장한다.
- 악기 소리에 맞춰 동작을 기억할 수 있니?
- 우리도 악기 소리에 대해 비밀신호를 만들어 약속할까? (교실에서 찾을 수 있는 리듬악기를 모아 악기별로 신호를 정한 뒤 신호에 따라 몸으로 표현한다.)

4) 자석놀이

활동목표

- 자석이 되어 보는 동작활동을 통해 자석의 특성을 안다.

활동자료

- 탬버린

활동방법

① 자석에 관련된 몇 가지 활동을 해본다.
- 자석에 붙는 물건과 붙지 않는 물건을 찾아본다.
- 모래 속에 숨겨진 물건을 자석을 통해 찾아본다.
- 클립, 머리핀 등을 계속 붙여 나간다.

② 자석 역할을 맡을 영유아를 정하고 탬버린을 준다.

③ 다른 영유아들은 물건 역할을 한다.

④ 물건이 될 영유아들은 바닥에 눕힌다.

⑤ 자석이 된 영유아가 탬버린을 크게 흔들면 물건이 된 영유아들은 자석에게 점점 끌려가 붙는 것을 표현한다. 자석에 가서 붙을 때는 팔, 다리, 엉덩이, 팔꿈치 등을 이용하여 붙는다.

⑥ 자석이 된 영유아가 탬버린의 윗부분을 느린 박자로 두드리면 자석에 붙었던 영유아들은 하나씩 자석에서 떨어진다.

⑦ 자석이 되는 영유아의 수를 여러 명으로 하여 어떤 자석이 가장 강한지 자석에 붙어 있는 영유아의 수로 결정한다.

5) 나는 비행기

활동목표

- 비행기의 움직임에 관심을 갖고 창의적으로 표현한다.

활동자료

- 모형비행기나 그림 자료

활동방법

① 날아다니는 비행기를 본 적이 있는지 묻는다.

② 영유아들의 경험을 직접 몸으로 표현해 보자고 제안한다.

③ 엎드려 누운 자세에서 교사의 출발 신호에 따라 자유롭게 날아다닌다.

④ 엔진 소리를 입으로 내면서 날아다니다가 착륙 신호에 따라 멈춘다.

⑤ 교사는 다음과 같은 말로 영유아들의 표현을 자극시킬 수 있다.

- 나는 행복한 비행기입니다.
- 이제 나는 날아가려고 합니다.
- 하늘을 향해 날아오릅니다.
- 아주 천천히 날아오릅니다.
- 조금씩 빨리 날아갑니다.

— 아주 빠르게 날아갑니다.

— 나는 왼쪽 날개를 접습니다.

— 나는 오른쪽 날개도 접습니다.

— 나는 다시 날아갑니다.

— 저 멀리 보이지 않는 곳으로 사라집니다.

⑥ 출발 및 착륙 신호를 영유아들이 할 수도 있다.

6) 나는 벌이에요

활동목표

- 벌의 움직임에 관심을 갖고 창의적으로 표현한다.

활동자료

- 벌을 나타내는 머리띠, 스카프

활동방법

① 미술활동 시간에 벌의 머리띠를 만든다.

② 벌 머리띠를 착용하고 스카프를 날개처럼 두른다.

③ 벌의 움직임을 본 경험에 대해 이야기 나눈다.

— 벌은 어떻게 생겼니?

— 날갯짓은 어떻게 하니?

— 꽃에 앉을 때는 어떻게 하니?

— 벌의 소리는?

④ 교사의 묘사에 따라 영유아 자신의 생각대로 표현한다(창의적인 신체표현을 위해 〈꿀벌의 비행〉 같은 음악을 사용할 수 있다).

— 나는 벌이야.

— 작은 날개가 있단다.

— 꽃을 찾아 날아간다.

— 꽃 냄새를 맡는다.

— 향긋하고 좋은 냄새야.

— 달콤한 것을 많이 먹어서 배가 불러.

— 몸 전체를 흔들 거야.

— 날갯짓도 해야지.

— 이젠 졸려.

— 꽃 위에서 좀 자 볼까.

7) 곰 사냥놀이

활동목표

- 노래를 부르며 몸으로 표현하는 극놀이를 경험해 본다.
- 꽹과리 소리에 맞춰 몸을 움직여 본다.

활동자료

- 동화 『곰 사냥을 떠나자』(마이클 로젠, 1994, 시공주니어)

▲ 동화책을 읽고 곰 사냥을 떠나는 놀이를 즐기는 유아들

활동방법

① 극놀이: 곰 사냥을 떠나자

- 동화 『곰 사냥을 떠나자』를 감상한다.

> **『곰 사냥을 떠나자』 줄거리**
>
> 곰 사냥을 신나게 떠난 가족이 직접 곰을 보니 무섭고 겁이 나서 도망쳐와 이불 속에 숨는다는 이야기로 동작을 따라 할 수 있는 리듬감 넘치는 문장이 많다.

  – 주인공은 곰 사냥을 떠나기 위해 어떤 곳을 지나갔니?
- 동화의 내용을 극놀이로 해 본다.
  – 우리도 주인공처럼 곰 사냥을 떠나 보자.
  – 숲(들판, 강, 동굴, 집, …)은 어느 곳으로 정하면 좋을까?

② 노래 〈곰 잡으러 간단다〉

- 노래를 감상해 본다.
  – 동화의 내용에 나왔던 곰의 모습은 어땠니?
  – 우리가 감상했던 동화를 생각하면서 노래를 들어 보자.
- 노래를 불러 본다.

③ 신체활동: 곰 사냥놀이

- 꽹과리 소리에 맞춰 발을 움직여 본다.
  – 장단에 맞춰 걸어 보자.
  – 꽹과리 소리가 점점 빨라지면 발걸음은 어떻게 되어야 할까?
- 곰 사냥놀이를 해 본다.
  – 잠을 자고 있는 곰을 깨우지 않게 장단에 맞춰 살금살금 걸어 보자.
  – 점점 빨리 다가가서 꽹과리 소리가 멈추면 "곰이다!" 하면서 도망쳐 보자.
- 극놀이 시 영유아의 활동 공간이 충분하도록 적절한 크기의 장소를 준비한다.
- 꽹과리 대신 다른 악기(큰북, 핸드드럼)를 사용할 수도 있다.

8) 거북이와 물고기가 되어 보세요

활동목표

- 음악을 감상하며 동물의 움직임과 연관 지어 본다.
- 음악에 맞춰 동물의 움직임을 몸으로 표현한다.
- 거북이와 물고기의 생김새와 특징을 이해하고 표현한다.

활동자료

- 생상스[46]의 《동물의 사육제》 중 〈거북이〉, 〈수족관〉 음악

활동방법

① 음악 감상: 생상스의 《동물의 사육제》 중 〈거북이〉, 〈수족관〉

- 음악을 감상하며 이야기를 나눈다.
  - 이 음악은 동물 중에서 어떤 동물을 보며 만든 노래야.
  - 어떤 동물이 생각났니?
  - 왜 그 동물이 생각났니?
  - 음악이 빨라지는 것은 거북이(물고기)가 무엇을 하고 있는 표현일까?

② 관찰

- 수조 속 거북이와 물고기를 관찰한다.
  - 거북이(물고기)는 어떻게 헤엄을 치니?
  - 먹이는 어떻게 먹을까?

③ 신체활동: 거북이와 물고기

- 음악을 들으며 몸으로 동물을 표현해 본다.
  - 거북이는 어떻게 헤엄쳤니?

46) Camille Saint Saens(1835~1921): 고전적이고 단정한 음악의 프랑스 작곡가

— 바위를 올라갈 때는 어떻게 걸어갔지?

— 음악을 들으며 거북이를 표현해 보자.

* 수조를 감상할 여건이 안 되면 사진이나 동영상 자료를 준비한다.
(먹이를 먹는 모습, 헤엄치는 모습, 도망가는 모습 등)

9) 어린이 폴카[47)]

활동목표

- 리듬에 맞춰 율동적으로 몸을 움직인다.
- 친구와 함께 협력하여 즐겁게 춤을 춰 본다.
- 세계 여러 나라의 춤과 음악에 대해 관심을 가진다.

활동자료

- 민속춤 사진 1장, '어린이 폴카' 활동순서 사진 자료 8장, 〈어린이 폴카〉 음악

활동방법

① 〈어린이 폴카〉를 듣고 음악의 느낌에 대해 이야기 나눈다.

— 음악을 들으니 어떤 느낌이 드니?

— 이 음악은 언제 들으면 좋을 것 같니?

② 〈어린이 폴카〉 음악을 들으면서 빠르게 뛰어오르는 동작의 특성을 안다.

③ '어린이 폴카' 율동방법을 알아보고 제자리에서 움직여 본다.

— 활동순서 사진 자료를 보면서 각 율동방법을 알아본다.

— 음악을 들으면서 제자리에서 율동방법처럼 움직여 본다.

④ 영유아 1명과 교사가 짝이 되어서 율동시범을 한다.

47) polka: 보헤미아에서 유래된 활발한 구애 춤으로 세 번의 빠른 스텝과 한 번의 뛰어오르는 동작이 특징이며, 2/4박자의 음악에 맞춰 춘다.

⑤ 원하는 영유아 2명이 나와서 율동을 한다.

⑥ 6명 혹은 8명의 영유아가 율동을 하고 나머지 영유아는 관람한 후 역할을 바꾸어 본다.

⑦ 활동에 대한 평가를 한다.

- 어떤 점이 즐거웠니? / 힘들었던 점은 무엇이니?
- 더 즐겁게 움직이려면 어떻게 하면 좋을까?

⑧ 다음과 같은 방법으로 확장활동을 할 수 있다.

- 〈어린이 폴카〉 음악을 들으면서 그 느낌을 그림으로 표현해 본다.
- 〈어린이 폴카〉 음악에 적합한 다른 율동방법을 만들어 율동해 본다.
- 우리나라의 전통음악에 맞춰 춤을 춰 보고, '어린이 폴카'와 비교해 이야기해 본다.
- 세계 여러 나라의 특징적인 춤이나 우리나라의 전통춤을 소개하는 동영상 자료를 감상할 수 있다.
- 〈어린이 폴카〉 반주가 녹음된 시디를 준비하지만 영유아가 처음 동작을 익히는 과정에서는 피아노 같은 악기로 직접 천천히 반주하여 영유아의 속도에 따라 각 동작을 익히도록 배려하면 쉽게 배울 수 있다.

CHAPTER 10

음악 특별활동

1 특별활동의 선택기준과 추이

우리나라 국가수준 영유아기관에서는 표준보육과정과 누리과정을 중심으로 끌어가는 담임교사의 수업 외에 특별활동이라는 범주의 여러 프로그램이 진행되기도 한다. 각 지자체에서 정해 주는 일정 비용의 범위 내에서 부모의 동의과정을 거쳐 오후에 진행된다. 각 기관에 따라 다양하게 선택되는 프로그램의 유형, 비용과 업체의 정보는 어린이집·유치원 통합정보공시 사이트(www.childinfo.go.kr)를 통해 찾아볼 수 있다.

투명한 보육정보를 위한 어린이집정보공개포털

요약	기본 현황	영유아 및 교직원	교육·보육과정
예·결산 등 회계	영양 및 환경 위생	안전교육·안전점검	평가인증
			오후 6시 종일반

특별활동

구분	활동영역	프로그램명	업체명	주당 운영횟수 (회)	1회 운영시간 (분)	프로그램 단가(원)
3세	언어	영어	동심	2	30분	21000원
3세	문화/예술	미술	하늘그린교육연구소	1	30분	19000원
3세	체육	체육	크는나무스포츠	1	30분	8000원
4세	언어	영어	동심	2	30분	21000원
4세	문화/예술	미술	하늘그린교육연구소	1	30분	19000원
4세	체육	체육	크는나무스포츠	1	30분	8000원
5세	언어	영어	동심	2	30분	21000원
5세	문화/예술	미술	하늘그린교육연구소	1	30분	20000원
5세	체육	체육	크는나무스포츠	1	30분	8000원

▲ 정보공시 사이트에 공개된 연령별 특별활동 알림 내용 예시

출처: 어린이집·유치원 통합정보공시 사이트(www.childinfo.go.kr) » 검색으로 찾기 » '시도/시군구/어린이집명' 검색 » 교육·보육과정 » 특별활동.

어린이집의 경우 특별활동의 선택은 부모의 요구를 중시하는 수요자 중심 성격이 강하다. 특별활동 과목과 업체의 선정에 부모의 수요조사, 만족도 조사, 어린이집운영위원회의의 동의받기 등의 절차가 있어서 기관 자체의 철학보다는 부모 의견 반영이 더 큰 비중을 차지하는 기관이 많다. 기관과 부모가 교육의 방향에 대해 충분히 논의하고 영유아에게 가장 최선의 프로그램을 선택해야 할 것이다. 특별활동을 선택할 때는 활동의 유형이 놀이 중심인지, 해당 연령의 발달에 적합한지를 꼭 확인하고 논의해야 한다.

많은 기관에서 음악과 관련된 특별활동을 실시하고 있다. 2019년 1월 기준 서울특별시 강남구를 사례로 볼 때 54개 국공립기관 중 41개소, 즉 76%의 기관에서 음악특별활동을 실시하고 있다. 이들 기관이 정보공시 사이트에 올려놓은 내용을 정리해 보면 다음과 같다.

연번	프로그램명	업체명
1	국악	국악놀이연구소
2	아기탐험	혜윤
3	음악	우주교육
4	음악	노이뮤직
5	오르프뮤직	혜윤
6	오르프	DK 대교
7	오르프	노이뮤직
8	음악활동	뮤직토리
9	악기탐험	혜윤
10	합창	대교
11	성악 / 우쿨렐레	혜윤
12	음악	노이뮤직

연번	프로그램명	업체명
13	음률	혜윤
14	우쿨렐레	제니버니
15	음악	혜윤에듀케이션
16	음악	두리킨더
17	음률	혜윤
18	뮤지컬	6센스
19	오카리나	아이통교육
20	오르프	혜윤
21	국악놀이	국악놀이연구소
22	오르프	한스교육
23	국악	정엔터테인먼트
24	첼로	칠드런빌리지
25	오르프	대교오르프
26	오르프	오르프엔젤뮤직
27	국악	정엔터테인먼트
28	우쿨렐레	혜윤
29	사물놀이	한국아동국악교육
30	음률	두리킨더
31	음악	노이뮤직
32	음악	노이뮤직
33	음악	키즈옥타곤
34	오르프	노이뮤직
35	헬로뮤직투게더	HTM서울
36	음악	꿈앤트리
37	음률	꿈앤트리

연번	프로그램명	업체명
38	음악	뮤직토리
39	EQ음악	키즈옥타곤
40	음률	두리킨더
41	음악	한스교육

출처: 어린이집·유치원 통합정보공시 사이트(www.childinfo.go.kr)에서 강남구의 국공립기관을 모두 개별 검색하여 정리함.

프로그램명은 음악, 음률, 음악활동 등으로 표기되어 있고 오르프, 악기, 국악 등 좀 더 구체적인 내용의 프로그램명도 있다. 같은 업체에서 실시하고 있는 음악 특별활동의 내용이 다양하다. 강남구 기관에서는, 불과 10여 년 전에 우리나라에서 유행하던 아마데우스, 킨더뮤직, 코다이, 달크로즈, 스즈키 등의 음악교육방법으로 진행되는 활동을 찾아볼 수 없었다. 수업내용은 각 업체 홈페이지를 통해 자세히 보고, 발달의 적합성이나 유아기에 적합한 음악교육인지 살펴보는 것도 필요할 것 같다. 모든 기관이 주 1회 30분 이내의 시간으로 진행하고 유아 1인당 비용은 1만 원 내외였다. 서울시의 특별활동에 관한 지침에 따라 '3과목 이내, 1회 수업 30분 이내, 유아 1인당 모든 과목 비용 월 5만 원 이내'의 사항을 준수하고 있는 것으로 분석된다.

화성[48]을 이해하기 어려운 유아기에 특별활동으로 실시하는 합창, 아직 소근육이 발달되지 않은 유아가 체격보다 너무 큰 악기를 배우는 첼로 교습은 취학 전 기관의 특별활동으로 바람직하지 않은 것으로 판단된다. 초등학교 시기의 학습으로 적합한 여러 활동을, 조기교육이라는 관점으로 도입하는 것은 발달에 나쁜 영향으로 작용할 수 있다. 아주 어린 시기에 필기구를 잡고 악보를 그릴 때 자세가 틀어질 수 있고, 억지로 악기 연주를 하면서 성장하는 경우 척추측만증이나 주의 산만, 학습에 대한 흥미 잃기 등의 부작용이 있다.

48) harmony: 여러 음의 어울림

특별활동으로 선택된 음악프로그램은 해당 업체에 소속된 강사의 수업으로 진행되지만, 담임교사는 자신의 학습에서 통합교육의 형태로 음악활동을 끌어간다. 수업의 방식에서 참고가 될 수 있는 프로그램을 선별하여 다음 절에 소개한다.

2 음악교육 방법론

과거에는 특별활동에 대한 부모들의 요구가 수용되지 않던 기관이 많았고 적절한 프로그램도 개발되지 않아 음악활동도 단지 담임교사의 지도방법에 따라 소극적으로 실시되어 왔으나, 현재 우리나라에서는 종일반으로 운영되는 많은 어린이집과 유치원에서 특별활동 프로그램들을 도입하여 실시하고 있다.

영유아교육 혹은 조기교육에 대한 관심과 함께 유아기 음악교육 분야에서도 많은 프로그램이 개발되고 있다. 최근까지도 대학의 수업에서는 코다이Kodály, 오르프Orff, 몬테소리Montessori, 스즈키Suzuki, 달크로즈Dalcroze 등의 방법론을 중심으로 다루어 왔다. 이상의 방법론 등은 필자가 1996년도에 출판한 창지사의 『유치원 음악교육의 이론과 실제』의 제6장을 찾아보면 자세하게 기술되어 있다. 실제 유아교육 현장에서는 고전적인 방법론보다 훨씬 다양하고 전문화된 음악교육 프로그램들이 개발되어 실시되고 있다. 앞 절에서 살펴본 특별활동 실태가 그 사실을 증명해 준다. 이전에 각광받던 프로그램의 장점을 살리고 업체별 특성을 담은 것으로 판단된다.

본 절에서는 유아를 대상으로 하는 음악교육 프로그램들을 찾아 음악의 관심 분야, 연령, 교육과정의 내용 등을 고려하여 기관의 실정에 맞게 선택할 수 있도록 간략하게 소개한다. 특별활동 선택을 위한 정보임과 동시에 '유아 교사'가 자신의 학급에서 음악활동을 이끌어 나가는 데 방법론상의 참고가 될 것이라 믿는다.

1) 유아의 감수성 계발 프로그램(오디, Audie)

사람의 음악 능력의 발달이 신생아기부터 미취학 아동기 동안의 환경에 절대적으로 의존한다는 사실을 밝혀내고 음악 소질에 관한 연구와 음악학습 이론, 유아음악교육 분야에서 탁월한 업적을 이룬 E. Gorden 박사팀이 개발한 미국 템플대학교 음악유치원의 프로그램을 도입하여 우리나라의 현장에 맞게 제공한다. 미국 템플대학교의 음악교육학과 박사과정 출신인 노주희 소장의 한국오디에이션교육연구소에서 훈련받은 강사들이 지도하며, 유아교육기관에 출장수업의 형식으로 진행된다.

- 엄마가 하는 것처럼 교사가 직접 육성으로 노래 불러 주기
- 교사 2명이 함께 가사 없는 노래 불러 주기
- 교사의 노래를 들으며 율동하고 음악적 게임 하기
- 노래를 들으며 스카프, 모래주머니, 낙하산으로 놀이하기
- 음악을 들으며 자유롭게 연속적으로 동작하기

2) 몬테소리의 음악교육법

몬테소리Maria Montessori, 1870-1952는 음악교육에 있어서 유아의 솔선성(initiative)을 중시하고 자기표현과 의사소통을 그 목적으로 하였다. 음악교육의 내용으로 리듬과 음률의 연습, 음악적 표현, 악보의 읽기와 쓰기를 다루었고 소리에 대한 교육과 탐색의 중요성, 악기 연주의 기회 강조, 선 따라 걷기 등을 통한 리듬에 맞춰 움직이기 등이 포함되어 있다. 이러한 영역들의 음악적 요소는 듣기, 악기 다루기, 노래 부르기, 리듬에 맞춰 움직이기 학습이 포함된 유아음악교육의 기본적인 프로그램으로 간주된다.

- 듣기 학습: 유아의 듣기 기술을 발전시키기 위해서는 침묵을 인식하게 하는 것이 출발점이라고 하였으며 점차 벨이나 북과 같은 것을 사용하여 소리와 소음을 소개하면서 둘 사이를 구별할 수 있도록 한다.
- 악기 다루기를 위한 학습: 음감벨(series of 13 bells)을 사용하여 음계의 바른 순서를 알게 하고 소리만 듣고도 음을 식별하게 한다.
- 노래 부르기: 음감벨에 맞춘 목소리 연습과 피아노 음악에 맞춰 줄을 따라 걸으면서 '유아 스스로 부르는 간단한 노래'를 부른다.
- 리듬에 맞춰 움직이기: 유아가 마루에 그려진 선을 따라 걷는 것에서부터 시작되며 바른 몸가짐, 균형, 안정, 동작의 자유를 목적으로 한다.

3) 킨더뮤직 프로그램(Kindermusic Program)

1960년대 독일의 조기 음악교육에 대한 관심으로 시작된 프로그램을 미국의 유아교육 전공자와 음악교육 전공자들이 함께 번역하여 발전시킨 프로그램이다.

다양한 연령대를 위한 각각의 프로그램(Kindermusic Village-생후부터 18개월; Kindermusic Beginning-18개월부터 만 3세; Kindermusic Growing-만 3세 반부터 만 4세 반; Kindermusic Young Child-만 4세 반부터 만 7세; Music Box-만 3세 반부터 만 5세)이 계획되어 있다. 프로그램의 철학적 기반은 흥미와 즐거움, 유아의 정서적·신체적 발달 도모, 연령의 적합성 고려, 결과보다는 과정 중시, 유아의 동기유발과 음악에 대한 사랑, 경험을 통한 학습 등으로 요약되며 박자·리듬·멜로디에 관한 기초 형성, 음색 및 음성 발달, 음악에 대한 청음력 발달, 율동을 통한 폭넓은 어휘력 향상, 악기 연주 및 합주, 읽기와 쓰기, 음악적 경험을 통한 음악 용어 및 개념 이해 등을 교육목표로 삼는다.

4) 코다이 교수법

졸탄 코다이Zoltan Kodály, 1882-1967는 음악을 이용하여 문맹퇴치운동을 실행하였던 헝가리의 작곡가이다. 모든 음악교육의 궁극적 목적은 심미적인 민감성의 발달이라고 믿고 음악을 알고 쓰는 기본적인 음악 기술의 훈련과 함께 어릴 때부터 미적 경험을 추구할 것을 주장하였다. 코다이 교수법은 독보, 기보, 청음 훈련, 리듬 운동, 가창 감상을 포함한다.

- 노래 부르기: 코다이 자신이 수집한 5음계로 구성된 헝가리 민요를 교재로 사용하여 '코다이 계명 창법(sol-fa teaching)'과 '손기호(hand signals)'를 사용하였다.
- 듣기: 짧고 특별한 음악적 개념을 담고 있는 곡을 선택하여 듣는다.
- 귀 훈련: 내청(inner hearing)이라 불리는 능력을 발달시키기 위하여 짧은 노래를 읽거나 칠판에 그려진 악보를 지우고 큰 소리로 노래를 부른다.
- 즉흥연주: 실로폰, 리코더 등의 악기를 통해 절대음의 이름을 배운다. 피아노는 음악적 기초 지식이 획득될 때까지 미뤄야 한다고 주장한다.

5) 달크로즈 교수법

에밀 자크-달크로즈Emile Jaques-Dalcroze, 1865-1950에 의해 시작된 프로그램이다. 음악을 구성하는 가장 근본적인 요소를 리듬으로 보고 리듬감을 향상시키기 위한 방법으로 유리드믹스[49]를 고안하였고 유리드믹스는 솔페즈(solfege), 즉흥연주(improvisation)와 연계되어 교육이 이루어진다. 달크로즈 교육에서는 음악의 기본적 요소 — 빠르기, 박자, 리듬, 강약, 음색, 화성, 악곡 형식 — 를 자연스럽게 습득하게 되고 음악성, 창의력, 표현력, 집중력, 사회성을 연마하게 된다고 한다.

49) eurhythmics: 아름다운 움직임을 의미함

- 유리드믹스: 리듬에서 느껴지는 이미지나 아이디어를 몸짓으로 표현해 낼 수 있도록 명확한 리듬의 표현을 위한 빠르기, 소리의 장단, 음색 등에 유아들이 민감하게 반응할 수 있게 유도한다.
- 솔페즈: 악전, 시창, 청음 교육의 통합적인 교육이며 리듬감의 계발을 우선적으로 교육하고 율동과 즉흥연주가 수업의 방법으로 사용된다.
- 즉흥연주: 일정한 패턴을 주어 즉흥적으로 전개시키고 음악성을 기르는 훈련을 하는데 이러한 즉흥연주가 피아노뿐만이 아니라 다양한 악기, 몸동작을 통해서도 일어나도록 권장한다.

6) 오르프 교수법

독일의 작곡가 칼 오르프Carl Orff, 1895-1982가 달크로즈의 유리드믹스의 영향을 받아 발전시킨 오르프 교수법은 리듬에 맞춰 걷기, 기기, 손뼉치기 같은 자연스러운 몸 동작을 해 보고 빠르기와 강약 등의 개념을 익히게 한다. 오르프 악기는 주로 타악기이며 어린이 신체 크기에 적합하고 어린이가 다루기 쉽게 고안되어 있다. 실로폰, 리코더, 기타, 철금, 리듬 타악기들로 구성되어 있다. 우리나라에는 오르프의 이론과 방향을 응용한 음악특별활동 업체나 연구소가 많다.

- 말하기: 어린이들은 글을 깨우치기 전에 먼저 말을 배우게 되며 일상적인 언어에 내재되어 있는 리듬은 중요한 리듬교육의 재료가 된다. 언어게임, 동요, 동시, 놀이할 때 부르는 노래를 통해 음악적 요소를 탐구한다(예: 꼭꼭 숨어라~ 머리카락 보인다~♪). 말하기 활동 시 신체 타악기(손뼉치기, 발 구르기)나 선율 타악기(오르프 악기 중 메탈로폰 같은 악기), 무선율 타악기(우드블록, 봉고, 팀파니 등)의 반주를 붙이기도 한다.
- 노래하기: 노래 지도는 '솔'과 '미'의 노래 부르기로 시작한다. 두 음정을 익힌 다음에 '라'가 추가되고 차례로 '레'와 '도'가 사용된다. 5음계를 충분히 익힌

후 '파'와 '시'가 포함된 7음계가 사용된다.

- 슐베르크[50]: 오르프 교수법이 정리되어 있는 5권의 책에 들어 있는 내용으로 말하기, 노래 부르기, 신체표현, 악기 연주 등의 학습매체를 사용한 즉흥연주, 독주, 중주, 합주, 합창 등 다양한 형태의 연주방법이 들어 있다.

7) 스즈키 교수법

독일에서 공부한 일본의 바이올리니스트 스즈키 신이치鈴木鎭一, 1898-1998는 '모국어'라는 개념에 기초를 두고, 유아들에게 적절한 음악적 환경을 제시하면 음악적 능력도 자연스럽게 발전될 것이라고 보았다.

- 1946년 스즈키가 개발한 '재능교육 프로그램'은 어머니와 유아가 함께 하는 것이다.
- 재능은 생후의 교육방법에 따라 신장될 수 있는 것이므로, 그 잠재된 능력이 발휘되도록 유아기부터 도움을 주어야 한다는 철학을 갖고 있다.
- 재능교육은 동기유발, 청음교육, 암기식 교육, 어머니의 조력을 강조한다.

스즈키 교수법의 기조는 다음과 같다.

- 조기교육: 스즈키 방법은 일본 민속심리학자들의 믿음, 즉 유아는 취학 전에 예술에서 형식훈련을 시작해야 한다는 것에 바탕을 두고 유아들의 동기를 자극하는 데 민속심리학의 전통을 빌려 왔다. 처음에는 교육을 받고 있는 다른 유아들의 모습을 어머니와 함께 관찰하고 집에 가서 그 음악을 듣는다. 어머니와 교사가 유아의 동기가 고조에 달했다고 생각할 때 첫 수업이 시작된다.
- 집단학습: 수업은 집단으로 이루어지고 먼저 온 사람이 수업을 받는 동안 다른 사람들은 관찰을 한다. 편안하고 우호적인 분위기의 집단학습 형태가 더

50) Schulwerk. 학교수업을 의미함

즐겁고, 교육적으로 효과적이라고 한다.

- 반복훈련: 스즈키는 정상적인 유아에게 가정환경, 적당한 훈련, 연습만 주어지면 연주회 수준의 곡을 연주할 수 있는 능력이 개발된다고 주장한다. 연주능력은 선천적으로 오는 것은 아니라 올바른 방법으로 반복해서 연습하여 얻을 수 있는 것으로 본다.
- 영적인 훈련: 스즈키 방법은 감수성의 특징을 배양하고 다른 사람에게 봉사하는 것이라고 한다. 음악훈련의 영적 본질을 나타내기 위해 '음악의 길'이라는 용어를 사용한다.

음악적 훈련을 통해 마음과 정신이 빛나는 고귀한 인간을 기르는 것이 중요하다고 본다. 높은 예술과 음악적 감각을 얻기 위해서는 순수한 마음이 필수불가결하다고 단언한다.

8) 음악치료

영유아기관에서 실시되는 특별활동 외에 최근에 음악을 통한 놀이치료 기법들이 발전되고 장애를 가진 영유아를 위한 프로그램이 운영되고 있다. 음악치료에 관한 놀이실이 운영되고 있는 이화여자대학교 음악치료연구실의 사례를 살펴본다.

음악치료의 궁극적인 목표는 음악활동을 통하여 인간의 다양한 발달 영역에서의 기능(functional skills)을 향상시키고 바람직한 행동 변화를 유도하며 자아실현을 도와주는 데에 있다. 음악을 통한 심미적 경험은 인간의 발달 과정에 필수적이며 음악은 이러한 경험을 촉진시키는 역할을 한다. 따라서 음악활동은 개인이 선택하거나 창안하는 것 모두 나름대로 의미가 있다.

음악치료는 음악 안에서 자기표현을 통해 긍정적인 자아상을 확립하고 과제수행 과정에서 성취감을 경험함으로써 자신감을 얻는 데에서 시작한다. 즉 다양한 음악을 체계적으로 활용할 때 변화가 유도되고 설정된 치료 목표가 달성될 수 있다.

결국 음악치료에서 중요시하는 것은 사람이 만드는 '음악'보다는 음악을 만드는 '사람과 그 과정'이라고 할 수 있다.

발달장애, 정서장애 등이 있는 장애영유아 및 정서, 분리불안, 학교생활에서 어려움을 겪는 일반아동(자폐, 애착장애, 정신지체, 뇌성마비, 학습장애, 감각장애)이다.

- 사회·정서 영역: 음악활동을 통해 유아의 부적절한 문제행동을 감소시켜 긍정적인 대인관계를 형성할 수 있는 기술을 길러 주며 언어적·비언어적 의사소통을 유도해 내고 적절한 자기표현을 할 수 있도록 돕는다.
- 감각운동 영역: 음악활동을 통해 시각, 청각, 그리고 촉각적 자극을 경험하게 해주고 감각운동 기능의 통합능력을 기르도록 돕는다.
- 인지영역: 음악활동을 통해 집중력과 사고력을 향상시켜 문제해결 능력과 학습능력의 증진을 도모한다.
- 언어 영역: 음악활동을 통해 호흡과 발성을 조절하고 언어표현 능력을 강화시켜 준다.

발달장애, 정서장애 및 적응상에 어려움을 겪고 있는 아동을 위한 음악치료를 실시하고 있다. 음악치료 과정을 통해 아동의 언어 영역, 사회·정서 영역, 인지 및 감각운동 영역의 발달을 도모하고 있다.

서울서부Wee센터와 연계하여 정서 및 행동에 문제를 보이거나 대인관계에 어려움이 있는 아동 및 청소년을 대상으로 하는 프로그램이다. 음악활동을 통한 자기 탐색 및 표현의 기회를 제공하며 긍정적인 교우관계, 자존감 향상, 감정 조절 능력 향상 등을 목표로 하는 음악치료 프로그램이 이루어진다. 프로그램의 목표는 3가지로 설정되어 있다.

- 타인과의 협동 능력 향상을 위한 음악치료
- 자신의 생각, 의견, 감정 표현 등 자기표현 능력 향상을 위한 음악치료
- 충동 또는 공격성 등 감정 조절 능력 향상을 위한 음악치료

이와 같이 대학의 연구 외에 음악치료를 특별활동으로 접근하는 업체도 생겨나고 있으며 음악특별활동을 미술 등 여러 교과와 융합한 성격의 프로그램도 생겨나고 있다.

▲ 음악치료를 특별활동에 도입한 사례의 홍보물

▲ 음악과 미술을 융합한 특별활동 사례

CHAPTER 11

행사와 현장학습의 음악

영유아기관의 음악교육은 영유아들이 음악을 듣고 느낄 수 있도록 자극을 주는 것이 중요하므로 다양한 경험이 필요하다. 수업 주제와 관련하여 음악 공연이나 행사에 참여할 수 있다. 영유아기관의 행사는 영유아의 생활경험을 풍부하게 하고 공동체 의식으로 소속감을 갖게 하며 통합적인 학습의 기회가 되기도 한다. 행사와 현장학습도 수업의 일환이므로 교사는 영유아에게 적합한 프로그램을 제공하기 위해 해당 연령의 발달과 적용방법을 연구해야 한다. 최근에는 특별한 행사일을 중심으로 노래와 악보, 컷[51]을 담아 활용할 수 있는 내용의 도서도 출판되고 있다(Lana Rudkovsky(2017)의 도서 등을 참고한다).

다음의 연간 일정은 어린이집의 사례이다. 각 계절, 주제, 국가지침에 따라 행해지는 일정과 함께 행사와 현장학습도 포함되어 있다. 영유아기관의 수업은 통합교육의 형태로 제공된다는 측면을 고려하여 각 일정에서 음악을 활용하는 방법에 대해 토의하고 모색해 보는 것도 좋겠다.

월	영유아	부모	교사
3월	신입 적응프로그램 소방기초훈련	1차 운영위원회 맞벌이 서류 추가제출	승급자 확인 / 소방기초훈련 / 신입교직원 오리엔테이션 / 전 직원 범죄조회
4월	봄소풍(유아반) 비상대피훈련 및 안전교육 발달평가 영유아 체격검사	1학기 부모상담 구충제 복용 안내	교직원 건강검진 교사교육 (부모와의 상호작용)
5월	어린이날 행사 부모참여수업 – 미술 현장학습(유아반) 비상대피훈련 및 안전교육	개원기념일	스승의 날 교직원 MT

51) cut: 내용의 이해를 돕기 위해 끼워 넣는 작은 그림

월	영유아	부모	교사
6월	영어 특별활동 참관수업 현장학습(유아반) 비상대피훈련 및 안전교육 영유아 체격검사 / 발달평가	2차 운영위원회	교사교육
7월	비상대피훈련 및 안전교육 여름캠프 공기질 측정	부모 자원봉사활동	승급자 확인 교사교육(보육과정 운영) 소방교육(소화기 사용법) 교직원 휴가기간
8월	졸업생 홈커밍데이 비상대피훈련 및 안전교육	어린이집 만족도 평가	교사교육(개인정보 보호교육) 교직원 휴가기간 교직원 상반기 평가
9월	비상대피훈련 및 안전교육 영유아 체격검사 / 발달평가 가족운동회 마마반 졸업사진 촬영(9/18) 우쿨렐레 연주놀이 시작	가족운동회 3차 운영위원회	교직원 건강검진
10월	가을소풍(영아반, 유아반) 현장학습(유아반) 비상대피훈련 및 안전교육	추석맞이 송편 만들기	
11월	비상대피훈련 및 안전교육 발달검사 졸업여행(11/21)	2학기 부모상담	교사교육 (부모와의 상호작용)
12월	송년 행사 & 뮤지컬 관람 비상대피훈련 및 안전교육 영유아 체격검사 / 발달평가 김장 담그기 체험	4차 운영위원회 특별활동 만족도 조사	교직원 하반기 평가 및 송년회 종무식
1월	비상대피훈련 및 안전교육 발달검사	설맞이 민속놀이	교직원 휴가기간 시무식
2월	비상대피훈련 및 안전교육	졸업식 신입생 OT 5차 운영위원회	신학기 준비 교사교육(신학기 환경구성을 위한 협의안 제출)

1 행사

행사는 영유아에게 음악 감상, 악기 이름 알기, 다 같이 노래 부르기, 음악에 맞춰 동작하기 등 다양한 음악활동의 기회가 된다. 획일적인 동작을 반복 연습하고 무대에 서기보다는 편안하고 즐거운 무대에서 자연스러운 동작으로 음악활동을 접하게 지도할 것을 권한다. 유아들과 행사에 대해 함께 토의하고 여러 음악활동에 사용할 소품을 유아들이 직접 만들어서 진행하면 여러 가지 교육적 가치를 부여할 수 있는 활동이 된다. 소수의 유아가 주인공이 되는 것보다는 모두가 즐기는 음악활동으로 계획, 실행, 평가하는 과정이 바람직하다.

▲ 자신이 만든 마이크를 들고 동생반 앞에서 자유롭게 춤추고 노래를 불러 주는 유아들

▲ 자신이 만든 모자를 쓰고 노래하는 유아들

1) 오리엔테이션

영유아기관의 오리엔테이션은 주로 신학기에 입학하는 영유아의 부모를 대상으로 실시된다. 기관 운영에 대한 이해와 협조를 구하고 교직원과 부모의 자연스러운 만남이 되는 오리엔테이션을 위해 음악을 활용해 볼 수 있다. 행사 시작 전 부모들이 도착하는 시간에 편안한 음악과 함께 전년도 기관의 행사나 영유아의 활동모습을 담은 사진이나 영상을 보여 준다. 다음 사례에 있는 행사의 세부적인 사항을 보면서 그 분위기에 맞는 음악을 찾아본다.

20◇◇학년도 부모 오리엔테이션

★ 목표

- 부모 오리엔테이션을 통해 전반적인 어린이집 운영에 대한 정보를 안내하고, 신입 부모들의 이해와 협조를 이끌 수 있다.
- 신입 부모와 교직원의 자연스러운 만남과 정보 공유의 시간을 통해 어린이집에 대한 신뢰감을 높일 수 있다.

★ 개요

- 주제: 20◇◇학년도 신입 부모 오리엔테이션
- 일시: 20◇◇년 2월 21일(수), 오후 5시 30분 ~ 오후 7시 00분(1시간 30분)
- 장소: 유희실(강당) 및 각 반 교실
- 참여대상: 신입 영유아 부모

▷ 행사 내용

<table>
<tr><th colspan="2">구분</th><th>시간</th><th>내용</th><th>준비물</th><th>담당</th></tr>
<tr><td colspan="2">오리엔테이션 진행 전</td><td>16:30~
17:30
(1시간)</td><td>⊙ 기본 세팅(모든 준비상황 완료)
● 클래식 음악으로 차분한 환영 분위기 조성
• 자체제작 PPT(활동사진) 상영해 놓기
• 학부모 맞이 및 인사 나누기
(참석 명단표 확인하기)
• 행사 장소 안내하기 및 OT 자료북 배부</td><td rowspan="2">음악: 〈사랑의 인사〉 등이 들어 있는 시디

자체제작 PPT
빔프로젝터
노트북
마이크
앰프
간식
OT 자료북
참석명단표
특별활동 브로슈어
운영위원회 신청서</td><td rowspan="2">전체 교직원
(안내)

김ㅇㅇ
(사회)

원장
(OT 진행)</td></tr>
<tr><td rowspan="2">오리엔테이션</td><td>전체 모임</td><td>17:30~
18:30
(1시간)</td><td>• OT 진행하기
– 전반적인 어린이집 운영 안내(OT 자료북)
– 입소 신청 및 동의서 관련 안내
– 20◇◇년 운영위원회 신청 안내
– 전체 교직원 소개 및 인사
– 협조사항 안내

• 질의응답 시간 갖기</td></tr>
<tr><td>반별 모임</td><td>18:30~
18:50
(20분)</td><td>• 부모와 담임교사 인사 나누기

• 반 운영 안내하기(적응프로그램, 준비물, 교육프로그램 등)

• 질의응답 시간 갖기</td><td>적응프로그램 안내자료 및 가방, 수첩
(신입 원아)</td><td>각 반
담임교사</td></tr>
<tr><td colspan="2">마무리</td><td>18:50~</td><td>• 인사 나누며 헤어지기</td><td></td><td>전체</td></tr>
</table>

▷ 행사일정표

날짜	일정	내용 및 방법	담당교사	장소
2월 6일 (화)	오리엔테이션 리허설	13:00~13:30 • 오리엔테이션 전체 세팅 준비(음료 및 간식 제외) 13:00~14:00 • 오리엔테이션 리허설 14:00~15:00 • 리허설 후 수정 및 보완 작업	전체 교직원	나비 플라자
2월 7일 (수)	오리엔테이션 전	10:00~11:00 • 모든 화장실 새 비누 및 종이타월 확인(김ㅇㅇ) 15:30~16:30 • 각 교실 청소 및 환기(김ㅇㅇ, 이ㅇㅇ, 유ㅇㅇ, 김ㅇㅇ, 이ㅇㅇ) • 반별 모임용 자료 및 준비(적응프로그램, 가방, 수첩 등) 비치(김ㅇㅇ, 이ㅇㅇ, 유ㅇㅇ, 김ㅇㅇ, 이ㅇㅇ) 16:30~18:00 • 라라반에서 통합보육(방ㅇㅇ, 김ㅇㅇ, 정ㅇㅇ) • 음료, 간식, 각티슈 2개 준비 및 유희실 세팅(김ㅇㅇ, 유ㅇㅇ) • 원장님 책상 세팅: 책상 1개, 의자 1개, 각티슈, 차(김ㅇㅇ) • 자체제작 PPT 설치(이ㅇㅇ) • 오리엔테이션용 플랜카드 상태 점검 및 보완(안ㅇㅇ) • 빔프로젝터, 마이크, 앰프, 컴퓨터, 카메라 최종 점검(이ㅇㅇ) • 16:30~17:00 전체 교직원 용모 점검		화장실 각 교실 유희실 복도 나비 플라자
	오리엔테이션 (전체 모임)	17:00~17:30 • 부모 맞이 – 현관 안내(유ㅇㅇ, 안ㅇㅇ) – 참석 여부 확인 및 자리 안내(김ㅇㅇ) – OT 자료북, 부모칼럼, 음료수 제공(김ㅇㅇ, 이ㅇㅇ) • 전체 진행 상황 확인(김ㅇㅇ, 이ㅇㅇ) 17:30~18:30 • 오리엔테이션 사회(김ㅇㅇ) • 사진촬영(이ㅇㅇ) • 오리엔테이션 진행(원장님) – 전반적인 운영 안내 – 입소 신청 및 동의서 안내 – 전체 교직원 소개 및 인사 – 질의응답 시간		유희실

날짜	일정	내용 및 방법	담당교사	장소
2월 7일 (수)	오리엔테이션 (반별 모임)	18:30~19:00 • 신입부모 각 반 이동 안내(김ㅇㅇ) – 각 반: 부모에게 반 운영 안내 및 질의응답 시간 갖기 ※18:50을 초과하지 않도록 시간 분배하여 진행 – 나비플라자 및 유희실 정리 (방ㅇㅇ, 김ㅇㅇ, 유ㅇㅇ, 정ㅇㅇ)	각 반 담임 교사	각 반 보육실
	마무리	18:50~ • 부모와 인사 나누며 헤어지기	전체 교직원	

▲ 신입 원아 부모대상 오리엔테이션

오리엔테이션이라는 첫 만남의 어색함을 풀기 위해 부모를 위한 율동, 익숙한 노래에 맞는 손유희 등을 활용하기도 한다.

▲ 부모를 위한 프로그램

2) 어린이날

어린이날은 영유아가 주인공인 만큼 최대한 존중받으며 즐길 수 있도록 밝고 경쾌한 음악으로 분위기를 만든다. 다음의 행사는 개원기념일과 어린이날 행사를 함께 진행한 사례이다.

어린이집 개원기념일 및 어린이날 행사

★ 목표

- ㅇㅇ어린이집 개원 1주년을 기념한다.
- 어린이날의 의미를 알고 어린이집에서 처음 맞이하는 어린이날 행사에 참여하여 즐거운 시간을 갖는다.

★ 개요

- 주제: 개원기념일 및 어린이날 행사
- 일시: 20◇◇년 5월 3일(목), 오전 9시 00분 ~ 오전 12시 30분(3시간 30분)
- 장소: 본 어린이집
- 참여대상: 전체 영유아 및 교직원

▷ 행사내용

<table>
<tr><th colspan="2">구분</th><th>시간</th><th>내용</th><th>준비물</th><th>담당</th></tr>
<tr><td colspan="2">행사 전</td><td>7:30~
9:00
(60분)</td><td>• 배너 2개(개원기념일, 어린이날) 현관 밖에 설치(오전 당직자) – 배너는 행사 일주일 전부터 설치
• 신나는 동요 재생(오전 당직자)
• 실외 대형풍선아치 설치(체육 지원, 4/29 오전 공기트램블린 지원)</td><td rowspan="3">〈어린이날〉 노래가 포함된 시디

배너 2개
풍선
간식(음료, 과자류)
카메라
케이크
책상
페이스
페인팅용 세트</td><td></td></tr>
<tr><td rowspan="3">행사</td><td>반별 모임</td><td>9:00~ 10:00
(1시간)
각 반 교실</td><td>• 페이스페인팅(각 교실)
• 우리 어린이집 꾸미기(공동 작품)
– 준비물: 천, 매직, 스티커 등 꾸미기 재료</td><td>각 반 교사</td></tr>
<tr><td rowspan="2">전체 모임 & 반별 활동</td><td colspan="2" rowspan="2">⊙ 우리들의 파티(개원기념일 + 어린이날)
• 원장님 축사
• 케이크 커팅식
• 단체사진 찍기
• 10:30~11:15(1시간 15분) 각 반 축하활동
– 나나반: 왕관 만들기
– 다다반: 촉감놀이(물미역 놀이)
– 라라반: 쿠킹놀이(카나페)
– 마마반: 뮤직(난타) & 포토존
– 다 같이: 낙하산 놀이
• 파티 즐기기(점심 포함)
• 케이준 치킨 샐러드, 씬피자 준비(이ㅇㅇ, 정ㅇㅇ)
• 11:50~12:30(40분) EBS 공연팀 '방귀대장 뿡뿡이' 인성 뮤지컬 관람</td><td>전체 교직원</td></tr>
<tr><td>유희실</td><td>각 반 교사</td></tr>
</table>

▲ 어린이날 행사의 모습

3) 여름 캠프

영유아기관의 행사는 그 취지에 따라 적합한 장소를 대여하거나 방문하여 실시하기도 한다. 기관을 떠나 신나게 놀이하는 행사인 만큼 즐겁고 경쾌한 노래와 음악을 활용할 수 있다. 이동하는 교통편 내에서도 여름, 물놀이와 관련된 음악을 들려주고 분위기를 만들어 준다. 캠프장을 운영하는 곳에서는 하루 종일 신나는 동요, 행진곡 등의 음악을 전체 공간에서 들을 수 있다.

행사명	여름캠프
일시 및 장소	20◇◇년 7월 22일(수) → 출발 시간: 9시 30분 → 도착 시간: 오후 5시(어린이집) → ☆☆캠프장
참여 대상	참여 유아 예상 인원: 다다반(15명), 라라반(20명), 마마반(20명) 인솔교사: 담임교사 3명, 보조교사(방ㅇㅇ), 누리교사(신ㅇㅇ), 원장님, 부모 자원봉사자 5명
준비물	차량(45인승) 2대, 원아 명단, 이름표, 구급약품, 카메라, 휴지, 물수건, 쓰레기봉투, 봉투, 여벌 옷, 안전조끼, 비상연락망, 어린이집 흰 티, 어린이집 모자, 수영복
업무	프로그램별 인솔

행사 일정

시간	일정	비고
9:00~9:20	• 각 반에서 오전 간식 먹기	
9:20~9:30	• 각 반 인원 점검 및 화장실 다녀오기	
9:30~10:30	• ☆☆캠프장으로 출발 및 도착 (약 45분, 도로 교통 상황에 따라 다를 수 있음) – '여름' 노래 들으면서 이동	• 버스①: 다다반, 부모 자원봉사자, 원장님 • 버스②: 라라반, 마마반, 방ㅇㅇ, 신ㅇㅇ
10:30~11:00	• 입소 원서 작성 및 숙소 배정	
11:00~12:00	• 점심	
12:00~16:00	• 조별 활동 (아래 표 참조)	• A → B → C → D 순서로 활동 진행 • 간식 시간은 진행팀과 협의
16:00~16:30	• 샤워 후 퇴소	
16:30~	• 화장실 다녀오기 • 어린이집으로 이동(도로 교통 상황에 따라 다를 수 있음)	• 버스①: 다다반, 부모 자원봉사자, 원장님 • 버스②: 라라반, 마마반, 방ㅇㅇ, 신ㅇㅇ

A(60분)	B(60분)	C(60분)	D(60분)
물놀이(수영장)	튜브 썰매	바나나 보트	미꾸라지 잡기
		뗏목 타기	모래놀이

예상 비용

내용	부모	어린이집
차량 3대	275,000원 ×2대 = 550,000원	–
체험비	18,000원	–
식사비	–	2,000원 (유아 1인당)
소계	10,000원 (차량비) + 18,000원 (체험비)	2,000원 ×55명
총계	28,000원	110,000원
총계	275,000원×2대 = 550,000원 ÷55명(유아 수) = 10,000원 + 체험비 18,000원 = 28,000원	

▲ 물놀이를 즐기는 유아들

4) 가족 행사(운동회 혹은 가족 한마당)

영유아의 가족이 참여하는 운동회는 팀별로 단합되는 과정에서 공동체 의식을 함양하기 좋은 행사이다. 최근에는 미세먼지 및 초미세먼지, 우천 등의 염려를 덜기 위해 실내 장소에서 행사를 실시하는 기관이 늘고 있다. 가족운동회에서는 시작 전 준비운동, 경기 진행시간, 마무리 활동에 모두 신나는 음악을 활용한다. 다음 사례에서는 모두가 다 같이 부르는 노래로 〈상어 가족〉, 〈고래의 노래〉 등이 활용되었다. 두 곡의 후반부에 반복되는 부분을 모두 즐긴다. 특히 〈상어 가족〉은 2019년 1월 빌보드차트[52]에 진입할 만큼 많은 사람이 좋아하는 노래다.

52) billboard chart: 미국 빌보드 매거진에서 매주 유행하는 대중음악의 순위를 집계하여 잡지에 게재하는 순위표

가족 운동회 행사

★ 목표

- 모든 영유아의 가족이 한자리에 모여 가족 간의 유대관계를 긍정적으로 증진시키고 ㅇㅇ어린이집 영유아로서의 자부심을 느끼고 친목을 도모한다.

★ 개요

- 주제: 가족 운동회
- 일시: 20◇◇년 9월 14일(금), 오전 9시 30분~오후 12시(2시간 30분)
- 장소: 율현공원 내 둥지놀이터 앞 멀티코트, 게이트볼장
- 참여대상: 전체 영·유아와 부모

▷ 행사내용

구분	시간	내용	준비물	담당
행사 전 (13일)	16:00~	• 준비사항 점검 • 영·유아 및 부모 맞이 준비(참석 명단표, 명찰, 팀 구분 색 시트지 등) • 청팀(청색 티셔츠), 홍팀(빨간색 티셔츠)	참석가족 명찰 팀 구분 색시트지 참석자 명단 교직원 명찰 카메라(방ㅇㅇ)	김ㅇㅇ 김ㅇㅇ
행사 당일 (14일)	8:30~ 9:30 (1시간)	• 미니운동회 설치 및 최종 점검		
	9:30~ 10:00 (30분)	[장소: 율현공원 내 둥지놀이터 앞 멀티코트, 게이트볼장] • 유아 및 부모 맞이하기(명찰 배부) • 팀별 시트지를 가족 모두의 옷에 붙이기(홍팀, 청팀) (이ㅇㅇ, 유ㅇㅇ, 김ㅇㅇ, 이ㅇㅇ)		김ㅇㅇ 이ㅇㅇ 유ㅇㅇ 김ㅇㅇ 이ㅇㅇ
	10:00~ 10:20 (20분)	[장소: 율현공원 내 둥지놀이터 앞 멀티코트] • 행사 오프닝 – 가족 입장식 및 국민의례, 선서, 개회선언(원장님 말씀) – 준비체조(상어가족, 고래의 노래), 부모님 에어로빅		원장님 사회자
	10:20~ 10:50 (30분)	[1부 행사] 1. 원아 달리기(5분) – 영·유아만 2. 지구 전달하기(5분) 3. 태산을 넘어(5분) 4. 모자를 지켜라(5분)(안전주의) 5. 응원전 6. 장대농구	호루라기 음악 앰프	사회자 교직원은 소품 전달 등 행사 보조

구분	시간	내용	준비물	담당
행사 당일 (14일)	10:50~ 11:25 (35분)	[2부 행사] 1. 기차 달리기(부모님) 2. 색 카드 뒤집기 3. 풍선을 지켜라(안전주의) 4. 파도타기 5. 줄다리기(영·유아 → 부모님들) 6. 계주(교사 1명 + 엄마 2명 + 아빠 3명)	호루라기 음악 앰프	사회자 교직원은 소품 전달 등 행사 보조
마무리	11:25~ 12:00 (35분)	폐회사 • 운동회 마무리하며 함께 주변 정리하기(운동회가 끝나는 대로 주변을 정리하고 가족들끼리 간식 및 휴식 시간을 가질 수 있도록 마련하기) • 인사 나누며 헤어지기		전체 교직원 및 영·유아 가족

▲ 가족운동회 모습: 모든 일정에서 음악은 즐거운 분위기에 공헌한다.

운동회 같은 가족행사 대신에 추석이나 설을 맞아 '민속놀이 가족 한마당' 같은 행사를 진행할 수도 있다. 두 명절은 모두 영유아들이 기관에 익숙해진 2학기에 있으므로 영유아 가족과도 더 친밀한 행사 일정이 될 수 있다. 각 기관의 사정에 따라 실내 및 실외의 장소를 선정하고 일정을 계획해 볼 수 있다.

▲ 실내의 민속놀이 관련 활동 모습: 전래 동요와 전통음악을 즐길 기회가 된다.

5) 송년 행사

송년 행사는 1년을 마무리하는 취지를 갖는 만큼 즐거운 날이 될 수 있도록 계획한다. 비교육적인 '보여 주기 위주의 재롱잔치'나 많은 연습으로 시간을 낭비하며 영유아와 교사 모두 스트레스를 받는 행사가 되지 않도록 한다. 영유아들이 잘 부를 수 있는 노래를 반별로 1~2곡씩 부르는 것만으로도 충분히 행사 분위기를 연출할 수 있다.

행사 2주 전쯤부터 영유아들이 좋아하는 노래나 캐럴 등을 자연스럽게 들려주고 송년의 분위기를 만든다. 송년 행사용 새 노래나 음악은 등원시간이나 놀이시간에 틀어 놓아 멜로디와 리듬, 노랫말에 익숙해지는 과정으로 자연스럽게 듣고 익히게 한다. 이 책의 제7장에 서술된 '새 노래 가르치기'의 여러 교수방법을 활용하여 즐거운 마음으로 노래를 배우고 부르도록 한다.

종교적인 측면과 관계없이 영유아들은 크리스마스와 산타할아버지에 대해 관심이 많고 좋아한다. 영유아의 부모 중 한 사람에게 산타할아버지 역할을 부탁하여 기관에서 준비한 선물을 전달하기도 한다. 이때도 크리스마스와 관련된 배경음악을 준비하여 송년의 느낌을 더할 수 있다.

송년 행사「크리스마스 축제」

★ 목표

- 12월 송년 행사를 통해 영유아가 준비한 활동을 공유하며 즐거움을 나눈다.
- 영유아와 전체 교직원이 기억에 남는 시간을 보내고, 한 해를 마무리해 본다.

★ 개요

- 주제: 송년 행사「크리스마스 축제」
- 일시: 20◇◇년 12월 20일(수), 오전 9시 00분~오후 2시 00분(5시간)
- 장소: 본 어린이집

▷ 활동내용

<table>
<tr><th>구분</th><th>시간</th><th>내용</th><th>준비물</th><th>담당</th></tr>
<tr><td>행사 전 활동</td><td>11/29(수)~
12/8(금)</td><td>11/29(수)~12/8(금)
크리스마스 축제 환경구성하기</td><td></td><td>안ㅇㅇ,
각 반 담임교사</td></tr>
<tr><td>통합 보육</td><td>7:30~
9:00</td><td>• 오전 당직 선생님
– 행사 전 크리스마스 캐럴을 틀어 놓는다.
– 활동 준비물 및 환경구성을 점검한다.</td><td>블루투스</td><td>유ㅇㅇ</td></tr>
<tr><td>반별 활동</td><td>9:00~
10:00
(1시간)</td><td>포토타임 및 축제 준비
• 오전 간식 후 영유아들과 자유롭게 포토타임을 갖는다.
• 10시부터 시작될 각 반 행사 준비를 여유롭게 진행한다.</td><td>카메라
블루투스
노트북
만들기 재료 등</td><td>각 반 담임교사</td></tr>
<tr><td>전체 행사</td><td>10:00~
11:30
(1시간 30분)</td><td>크리스마스 축제
• 사회자: 유ㅇㅇ교사(간단하게 순서 소개)
• 교직원 복장: 빨간색, 초록색 의상과 소품
<table>
<tr><th>진행 순서</th><th>내용</th></tr>
<tr><td>가가반</td><td>1. 울면 안 돼(크리스마스 버전)
2. 울면 안 돼(국악 버전)</td></tr>
<tr><td>나나반</td><td>1. 꼬마산타 / 2. 징글벨 락</td></tr>
<tr><td>다다반</td><td>1. 겨울바람 / 2. 루돌프 사슴코</td></tr>
<tr><td>라라반</td><td>1. 고요한 밤 거룩한 밤
2. 창밖을 보라</td></tr>
<tr><td>마마반</td><td>1. Oh! Happy Day / 2. 눈눈눈</td></tr>
</table>
</td><td>블루투스
노트북
각 반 공연 준비물
사진 촬영: 신ㅇㅇ
동영상 촬영: 방ㅇㅇ
마이크 2개
앰프</td><td>전체 교직원</td></tr>
</table>

<table>
<tr><th>구분</th><th>시간</th><th>내용</th><th>준비물</th><th>담당</th></tr>
<tr><td rowspan="3">전체 행사</td><td>11:30~
12:30</td><td>크리스마스 런치타임
(짜장면, 군만두, 마카로니 샐러드, 케이크, 귤)</td><td>점심 세팅</td><td rowspan="2">각 반 교사</td></tr>
<tr><td>12:30~1:00
(30분)</td><td>크리스마스 콘서트(방문 연주)
• 튜바·트럼펫·피아노 3중주</td><td>콘서트 무대와
객석 세팅</td></tr>
<tr><td>1:00~
2:00
(1시간)</td><td>산타할아버지가 오셨어요
• 산타할아버지가 낮잠을 준비하고 있는 영유아에게 선물을 나누어 주기
• 산타할아버지와 단체사진 찍기
(도움 교사: 이ㅇㅇ, 김ㅇㅇ, 방ㅇㅇ, 김ㅇㅇ)
• 이동 순서:
가가반 → 나나반 → 라라반 → 다다반 → 마마반
• 산타 부모 자원봉사자: 김하△, 김도ㅇ 아버님
• 어린이집 선물(산타 양말)</td><td>산타 복장
선물 주머니
영유아 선물
카메라
블루투스
핸드폰
랜턴 등</td><td>이ㅇㅇ
김ㅇㅇ
방ㅇㅇ
김ㅇㅇ</td></tr>
<tr><td>마무리</td><td>2:00~2:30
(30분)</td><td>• 산타 부모 자원봉사자 인사 후 정리</td><td colspan="2">전체 교직원</td></tr>
</table>

기관의 재정에 여유가 있다면 방문연주를 해 주는 업체를 초대하거나, 영유아를 위한 지역사회 음악회를 찾아가 감상하는 것도 송년의 분위기를 느끼고 1년을 마무리하는 데 도움이 된다. 영유아들은 매년 한 해가 끝나갈 때마다 듣는 노래와 음악에 익숙해진다. 친숙한 곡으로 노래, 동작활동, 감상 등의 음악활동을 끌어내면서 여러 가지 발달에 도움을 줄 수 있다.

▲ 방문연주단과 함께하는 크리스마스 콘서트에서 영유아들이 여러 악기에 대해 배우고 연주에 따라 신나게 겨울 노래를 부른 후 산타의 선물을 받는 행사

▲ 송년 행사 후 기념촬영

2 현장학습

영유아기관에서 현장학습을 준비할 때는 수업 주제와의 연결, 발달의 적합성, 교육적 효과, 전달하고 싶은 문화 특성, 사전답사, 교사의 준비사항, 사전활동과 사후활동 등 많은 부분을 고려한다. 영유아교육에 필요한 여러 가지 이론과 실제를 반영하여 진행해 오던 현장학습이, 현재의 대한민국에서는 미세먼지, 안전 수칙, 차량, 부모의 의견 등에 의해 실내에서 짧게 이루어지는 부분으로 변화되고 있다. 각 지자체의 분기별 현장학습비 징수 기준을 지켜야 하는 한계도 있다. 하지만 어떠한 일정에도 음악은 활용될 수 있다. 저자의 어린이집에서 실행된 현장학습 사례를 보고 음악을 활용할 수 있는 부분을 찾아보기 바란다.

1) 음악활동 현장학습

<table>
<tr><th colspan="2" rowspan="2">현장학습 계획서</th><th>담당</th><th>원장</th></tr>
<tr><td></td><td></td></tr>
<tr><td>행사명</td><td colspan="3">서울상상나라 놀이체험</td></tr>
<tr><td>일시
및
장소</td><td colspan="3">20◇◇년 6월 27일(수)
→ 출발 시간: 8시 50분
→ 도착 시간: 12시 00분(어린이집)
→ 서울상상나라</td></tr>
<tr><td>참여
대상</td><td colspan="3">다다반(15명), 라라반(20명), 마마반(20명), 담임교사(3명), 보조교사, 누리교사,
보육도우미, 현장학습 보조인력</td></tr>
<tr><td>준비물</td><td colspan="3">차량(45인승) 2대, 어린이집 흰 티, 원아 명단, 이름표, 비상연락망, 안전조끼, 구급약품,
카메라, 휴지, 물수건, 쓰레기봉투, 봉투, 여벌 옷</td></tr>
<tr><td>업무</td><td colspan="3">공간별 놀이체험 인솔</td></tr>
</table>

<table>
<tr><th colspan="4">행사 일정</th></tr>
<tr><th>시간</th><th>일정</th><th>비고</th><th>예상 비용</th></tr>
<tr><td>8:30~
8:50</td><td>• 각 반에서 오전 간식 먹기
• 각 반 인원 점검 및 화장실 다녀오기</td><td></td><td rowspan="5"><table><tr><th>내용</th><th>부모</th><th>어린이집</th></tr><tr><td>차량 2대</td><td>220,000원
×2대</td><td>–</td></tr><tr><td>체험료</td><td>3,000원</td><td>–</td></tr><tr><td>소계</td><td>440,000원
÷55명
+3,000원</td><td>–</td></tr><tr><td>총계</td><td>11,000원</td><td>–</td></tr><tr><td>총계</td><td colspan="2">220,000원(차량 1대)×2대
= 440,000원
÷55명(유아 수)
+ 3,000원(체험료)
= 11,000원</td></tr></table>* 단체할인 유아 3,000원
인솔교사 무료 입장</td></tr>
<tr><td>8:50~
9:30</td><td>• 서울상상나라로 출발 및 도착 (약 30분, 도로 교통 상황에 따라 다를 수 있음)
• 이동하면서 경쾌한 음악 듣기</td><td>• 버스①: 다다반, 마마반
• 버스②: 라라반</td></tr>
<tr><td>9:30~
9:45</td><td>• 인원점검 및 화장실 다녀오기</td><td></td></tr>
<tr><td>9:45~
11:30</td><td>• Hello 마음도시
• 자연놀이
• 예술놀이
• 공간놀이
• 상상놀이
* 음악을 중심으로 발문하여 즐기도록 유도</td><td></td></tr>
<tr><td>11:30~
12:00</td><td>• 각 반 인원 점검 및 화장실 다녀오기
• 어린이집으로 이동(도로 교통 상황에 따라 다를 수 있음)</td><td>• 버스①: 다다반, 마마반
• 버스②: 라라반</td></tr>
</table>

상상나라는 서울의 어린이대공원에 있는 실내 체험놀이 공간이다. 여러 가지 놀이시설이 마련되어 있어서 가족 단위로 방문하기도 한다. 음악과 관련된 일부의 놀이를 촬영한 사진에서 영유아와 함께할 수 있는 놀이의 아이디어를 얻기 바란다.

▲ 통통음악실 활동: 듣기활동을 할 수 있도록 대형 파이프들이 있다.

▲ 자연의 소리 듣기활동

▲ 골목길 댄스 활동: 폴짝, 통통통, 점프 등의 동작을 할 수 있는 공간이 있다.

▲ 화면을 조정하면서 외계인과 함께하는 동작활동

새롭게 기획되고 있는 활동에 관한 더 많은 정보는 서울어린이대공원상상나라 홈페이지(www.seoulchildrensmuseum.org)를 참고해 보기 바란다.

2) 음악공연 현장학습

지역사회의 여러 공연을 찾아보면 영유아를 위한 내용이 많다. 수업의 주제에 맞는 공연을 감상할 기회를 찾아본다. 지역사회 특성상 공연장을 찾기 힘들다면 가까운 대학의 음악 관련 학과의 연습실, 교회나 성당의 성가대 연습실 등을 견학해 보는 것도 음악을 접할 기회가 된다.

현장학습 계획서	담당	원장

행사명	음악동화 '피터와 늑대'
일시 및 장소	20◇◇년 8월 24일 금요일 → 출발 시간: 9시 10분 → 도착 시간: 11시 30분(어린이집) → 강남시어터
참여 대상	라라반(20명), 마마반(20명), 담임교사(2명), 누리교사, 원장님
준비물	차량(45인승) 1대, 어린이집 흰 티, 원아 명단, 이름표, 비상연락망, 안전조끼, 구급약품, 카메라, 휴지, 물수건, 쓰레기봉투, 봉투, 여벌 옷
업무	음악동화 관람 인솔

행사 일정

시간	일정	비고	예상 비용
8:40~9:10	• 각 반에서 오전 간식 먹기 • 각 반 인원 점검 및 화장실 다녀오기		(아래 표 참조)
9:10~9:40	• 강남시어터로 출발 및 도착 (약 30분, 도로 교통 상황에 따라 다를 수 있음) * 차량 안에서 '피터와 늑대' 음악을 들으면서 이동하기	• 버스①: 라라반, 마마반	
9:40~10:00	• 인원 점검 및 화장실 다녀오기		
10:00~11:00	• 음악동화 '피터와 늑대' 관람		
11:00~11:30	• 각 반 인원 점검 및 화장실 다녀오기 • 어린이집으로 이동 * 차량 안에서 '피터와 늑대' 동화 듣기(도로 교통 상황에 따라 다를 수 있음)	• 버스①: 라라반, 마마반	

내용	부모	어린이집
차량 1대	220,000원 ×1대	–
관람료	3,500원	–
소계	440,000원 ÷55명 +3,000원	–
총계	9,000원	–
총계	220,000원(차량 1대)×1대 = 220,000원 ÷40명(유아 수) + 3,500원(관람료) = 9,000원	

* 유아 10명당 교사 1명 무료

▲ 많은 곳에서 관람할 수 있는 '피터와 늑대' 공연

3) 자연에서의 현장학습

미세먼지 등의 요인으로 다른 행사를 계획하는 곳도 있지만 일반적으로 영유아 기관은 봄과 가을에 숲이나 공원 등으로 소풍을 간다. 자연에서 여러 가지를 관찰하거나 뛰어놀면서 영유아들은 많은 것을 얻는다. 다음 사례는 여러 가지 테마를 표방하며 잘 조성된 숲으로 떠난 소풍이었다. 민물고기 생태관, 곤충박물관 등의 실내 시설을 돌아보기도 하고 숲길을 산책하면서 자연의 소리를 들어 볼 수 있었다. 이동하는 차량 안에서 동물과 식물에 관한 노래를 준비하여 들려주면 더 자연스럽게 그 대상에 관심을 갖게 할 수 있다. 현장학습 후에 행해지는 동작활동에서 영유아들은 구체적으로 보고 들으며 경험한 대상, 즉 헤엄치는 물고기, 날고 기는 곤충, 흩날리는 나뭇잎 등에 자신의 생각을 담아 표현할 수 있다.

현장학습 계획서	담당	원장
	유◇◇	

행사명	화담숲 현장학습
일시 및 장소	20◇◇년 11월 7일 수요일 → 출발 시간: 8시 40분 → 도착 시간: 12시 30분(어린이집) → 화담숲
참여대상	라라반(20명), 마마반(20명), 담임교사(2명), 누리교사, 보조교사, 원장님
준비물	차량(45인승) 1대, 어린이집 흰 티, 원아 명단, 이름표, 비상연락망, 안전조끼, 구급약품, 카메라, 휴지, 물수건, 쓰레기봉투, 봉투, 여벌 옷
업무	화담숲 관람 및 체험 인솔

행사 일정

시간	일정	비고
8:20~ 8:40	• 각 반에서 오전 간식 먹기 • 각 반 인원 점검 및 화장실 다녀오기	
8:40 9:30	• 화담숲으로 출발 및 도착 (약 50분, 도로 교통 상황에 따라 다를 수 있음) * 차량 안에서 '가을' 연주곡 듣기	• 버스①: 라라반, 마마반
9:30~ 9:50	• 인원 점검 및 화장실 다녀오기	
9:50~ 11:30	• 실내 – 민물고기 생태관, 곤충체험관 • 실외 – 추억의 정원길, 잔디마당, 무궁화 동산, 오죽길, 수련연못, 특이식물원	
11:30~ 11:45	• 각 반 인원 점검 및 화장실 다녀오기 • 어린이집으로 이동(도로 교통 상황에 따라 다를 수 있음) * 차량 안에서 '가을' 동요 듣기	• 버스①: 라라반, 마마반

예상 비용

내용	부모	어린이집
차량 1대	275,000원	–
입장료	3,000원	–
소계	275,000원 ÷40명 +3000원	–
총계	9,875원	–
총계	275,000원÷40명(유아 수) +3,000원(입장료) = 1인당 9,875원	

*교사 입장료 1인당 1만 원

▲ '미세먼지 나쁨' 예보로 마스크 착용 후 화담숲에서의 활동

4) 수업 주제 관련 현장학습

'동물'이 수업 주제였던 기간이 끝나갈 무렵, 동물을 볼 수 있는 돼지박물관으로 현장학습을 다녀왔던 사례이다.

<table>
<tr><td colspan="2" rowspan="2">현장학습(돼지박물관) 계획서</td><td>담당</td><td>원장</td></tr>
<tr><td></td><td></td></tr>
<tr><td>행사명</td><td colspan="3">돼지박물관</td></tr>
<tr><td>일시
및
장소</td><td colspan="3">20◇◇년 4월 6일(금), 돼지박물관
→ 출발 시간: 9시
→ 도착 시간: 14시</td></tr>
<tr><td>참여
대상</td><td colspan="3">만 4세(라라반), 만 5세(마마반), 교직원 4명(누리교사, 보육도우미 포함)</td></tr>
<tr><td>준비물</td><td colspan="3">차량(버스 1대), 어린이집 푯말, 원아 명단, 이름표, 구급약품, 카메라, 돗자리,
휴지, 물수건, 쓰레기봉투, 봉투, 여벌 옷, 생수</td></tr>
<tr><td>업무</td><td colspan="3">• 가정통신문, 게시판으로 일정과 준비사항 안내하기
• 현장학습 신청서 받기</td></tr>
</table>

<table>
<tr><th colspan="4">행사 일정</th></tr>
<tr><th>시간</th><th>일정</th><th>비고</th><th>예상 비용</th></tr>
<tr><td>8:40~
9:00</td><td>• 오전 간식
• 각 반 인원 점검 및 화장실 다녀오기</td><td>• 버스①: 라라반, 마마반</td><td rowspan="4">
<table>
<tr><th>내용</th><th>부모</th><th>어린이집</th></tr>
<tr><td>차량 1대</td><td>1인당
전체 비용
÷원아 수
= 실비</td><td>–</td></tr>
<tr><td>참가비</td><td>1인당
12,000원</td><td>–</td></tr>
<tr><td>도시락</td><td>4,000원</td><td>–</td></tr>
<tr><td>소계</td><td>–</td><td>–</td></tr>
<tr><td>총계</td><td colspan="2">약 1인당 16,000원 + α</td></tr>
</table>
</td></tr>
<tr><td>9:00~
9:45</td><td>• 돼지박물관으로 출발
* 〈엄마 돼지 아기 돼지〉 노래가 포함된 동물 동요 들으면서 이동</td><td></td></tr>
<tr><td>9:45~
13:10</td><td>• 화장실 다녀오기
• 간식
• 체험(돼지 먹이 주기)
• 돼지공연
• 점심</td><td></td></tr>
<tr><td>13:10~
14:00</td><td>• 어린이집으로 이동
* 차량 내에서 생상스의 《동물의 사육제》 음악을 들으면서 이동</td><td>• 버스①: 라라반, 마마반</td></tr>
</table>

▲ 현장학습 후 유아들이 한참 동안 기억하고 즐거워하던 동물의 모습들

영유아들이 무척 좋아하는 동물 관련 현장학습과 별도로 식물 주제 기간에는 가까운 농원이나 식물원을 다녀와도 좋다. 이러한 장소의 현장학습에서 식물과 관련된 노래나 음악(씨앗, 나뭇잎, 낙엽, 가을 등)을 접하게 해 주고 기관 내 생활에서도 들려준다. 최근에는 다양한 체험학습을 제공하는 농원이 많다.

▲ 농원의 체험학습 홍보 자료 / 딸기밭에서 딸기 따기 활동 중인 유아들

5) 졸업여행

졸업을 앞두고 떠나는 현장학습인 만큼 유아들이 기관에 다니면서 들었던 음악과 노래를 준비하여 이동하면서 불러 본다. 유아들과 이야기 나누기를 통해 좋아하는 노래와 음악을 선정하여 준비해도 좋겠다. 졸업여행 관련 패키지를 운영하는 업체에서는 다양한 프로그램을 준비하고 각 프로그램의 성격에 따라 적합한 음악을 준비한다.

<table>
<tr><td colspan="3" rowspan="2">졸업여행 계획서</td><td>담당</td><td>원장</td></tr>
<tr><td></td><td></td></tr>
<tr><td>행사명</td><td colspan="4">졸업여행</td></tr>
<tr><td>일시
및
장소</td><td colspan="4">20◇◇년 12월 6일 수요일
→ 출발 시간: 오전 9시 20분
→ 도착 시간: 오후 5시
→ 자연○○(담당자: 010-0000-1515, 한△△ 차장)</td></tr>
<tr><td>참여
대상</td><td colspan="4">참여유아 예상인원: 마마반(20명)
인솔교사: 이○○, 김○○, 원장님(3명)</td></tr>
<tr><td>준비물</td><td colspan="4">차량(45인승) 1대, 원아 명단, 음악시디, 이름표, 구급약품, 카메라, 휴지,
물수건, 쓰레기봉투, 안전조끼, 비상연락망, 어린이집 모자, 유아 개인 장갑,
마마반 유아 활동사진 20장 이메일로 보내기, 담임교사 편지</td></tr>
<tr><td colspan="5">행사 일정</td></tr>
<tr><td>시간</td><td>일정</td><td>비고</td><td colspan="2">예상 비용</td></tr>
<tr><td>8:30~
8:55</td><td>등원 후 준비
• 오전 간식 후 화장실 다녀오기</td><td rowspan="2"></td><td colspan="2" rowspan="3"></td></tr>
<tr><td>8:55~
9:20</td><td>• 9:00에 어린이집에서 버스 타는 곳으로 출발
426동 앞에서 버스 탑승하기</td></tr>
<tr><td>9:20~
10:45</td><td>자연○○으로 이동
(50분 소요 예상)</td><td></td></tr>
</table>

<table>
<tr><th colspan="4">행사 일정</th></tr>
<tr><th>시간</th><th>일정</th><th>비고</th><th>예상 비용</th></tr>
<tr><td>10:45~
11:00</td><td>• 화장실 다녀오기</td><td></td><td rowspan="9">(아래 표 참조)</td></tr>
<tr><td>11:00~
11:50</td><td>프로그램 1) 신나는 튜브썰매
• 튜브썰매 주의사항 알기
• 신나는 튜브썰매 타기</td><td>유아 개인 장갑 준비</td></tr>
<tr><td>11:50~
12:40</td><td>점심</td><td rowspan="2">밥, 미역국, 소불고기, 부추전, 메추리알 장조림, 마카로니 콘샐러드, 콩나물무침, 깍두기</td></tr>
<tr><td>12:40~
13:30</td><td>프로그램 2) 풍성한 졸업 잔치
• 책거리 유래와 의미
• 책거리 음식 알아보기
• 음식 나누기와 감사의 마음 갖기</td></tr>
<tr><td>13:30~
14:20</td><td>프로그램 3) 훈장님께 배우는 서당놀이
• 붓글씨 쓰기
• 인사예절</td><td></td></tr>
<tr><td>14:20~
15:10</td><td>프로그램 4) 추억의 울림 캔들 파이어
• 담임교사가 들려주는 감동의 편지
• 소중한 분들께 편지 쓰기</td><td>어린이집 생활 추억의 영상 준비</td></tr>
<tr><td>15:10~
15:50</td><td>프로그램 5) 친구들과 군고구마 먹고 산책하기
• 화장실 다녀오기</td><td></td></tr>
<tr><td>15:50~
17:00</td><td>어린이집으로 이동
(50분 소요 예상)</td><td></td></tr>
</table>

내용	비용
차량비	약 6,870원 (137,500원 ÷ 20명)
체험비 (1인당)	21,000원
식사비 (어린이집 부담)	4,000원 × 20명 = 80,000원
유아 1인당 납부 비용	약 27,870원

▲ 졸업앨범 사진촬영과 졸업여행

CHAPTER 12

상호작용

영유아기관에서 최종 실력의 판단기준은 교사의 상호작용 능력이다. 환경의 재구성, 관련 교구·교재의 배치 등은 모두 재정 능력으로 가능하지만 교육과정을 끌어가는 교사의 능력, 그중에서도 상호작용의 능력은 많은 훈련과 노력을 통해 발휘된다.

Victoria Rowe(2018)는 소리 만들기, 음악 만들기, 거울놀이 등의 활동 등 음악적 개념을 학습하는 과정에서도 교사의 상호작용 기법은 매우 중요하다고 강조한다. 창의적 사고나 문제 해결력을 위해 음악으로 여러 시도를 할 때 교사의 반응적 상호작용 기법이 영유아의 발달을 증진시킨다.

영유아기관에서 교사는 표준보육과정과 누리과정에서 제시된 '목표영역별 상호작용'이 영유아들과의 일과에서 이루어질 수 있도록 다양하게 준비해야 한다. 어린이집의 평가인증 과정에서도 상호작용 평가는 많은 부분을 차지한다. 저자의 어린이집에서는 교사실에 다음과 같은 목록을 게시하고, 음악활동을 포함한 모든 일과에서 반성적 사고로 자신의 상호작용을 각자 점검한다.

1. 영유아와 자주 눈을 마주치고 칭찬과 격려로 자신감을 준다.
2. 영유아에게 소리를 지르거나 방치하지 않는다.
3. 또래에게 표현하는 법을 알려 준다.
4. 규칙과 약속을 지키도록 긍정적인 방식으로 격려한다.
5. 영유아를 부를 때 '야! 너! 얘!'라고 하지 않고 이름을 자주 불러 준다.
6. 영유아를 비꼬는 말을 하지 않는다.
7. 영유아의 의사표현을 무시하거나 얼굴을 쳐다보지 않고 말하지 않는다.
8. 화내거나 짜증 내는 표정, 비웃음 등을 보이지 않는다.
9. 팔을 잡아당기거나 밀치는 행동으로 거세게 제압하지 않는다.
10. 영유아의 행동이나 의견을 존중하고 인정해 준다.
11. 집단으로 보육하고 있지만 개별적인 접촉과 반응을 많이 한다.
12. 영유아의 실수(흘리기, 용변, 넘어짐 등)도 이해하고 존중해 준다.
13. 편식, 싸움, 떼쓰는 행동, 친구 방해 등 문제행동의 지도방법을 안다.

14. 표준보육과정 및 누리과정의 영역별 목표를 알고 목표에 맞춰 발문한다.
15. 문제가 발생되지 않게 하는 환경을 구비하고 적절하게 개입한다.
(흥미 영역 간 통로 확보, 충분한 놀잇감 제공 / 발달에 적합한 놀이지도)
16. 끼적이기 등 언어활동을 위해 다양한 종이와 쓰기도구를 제공한다.
17. 영유아의 행동을 문장으로 묘사해 준다.
18. 기관의 최종 실력은 교사의 상호작용 실력으로 평가됨을 알고 있다.
19. 내 기관의 동료, 영유아의 부모와도 편안한 상호작용을 하고 있다.
20. 내 자신의 상호작용에 대해 자율적으로 분석하고 개선점을 찾는다.

참고: 평가인증 통합지표, 아동학대 예방을 위한 자가 체크리스트 기준 일부.

1 목표 영역별 상호작용

「2017 제3차 어린이집 평가인증 안내 통합지표」에 진술된 상호작용 항목과 설명을 근거로 정리한 상호작용과 유의사항은 다음과 같다. 영유아기관의 수업이 여러 영역을 통합한 놀이중심 활동이라는 측면에서 '음악' 외의 상호작용 눈장도 포함되어 있다.

1) 신체운동 · 건강 영역

유아가 신체운동·건강 영역, 영아가 기본생활 영역과 신체운동 영역 관련 활동에 참여하도록 유도한다. 이 영역에서는 실내외 공간에서 대근육발달을 위한 신체활동에 자발적으로 참여하고, 눈과 손의 협응과 소근육 조절 능력을 향상하는 신체활동을 경험하며, 일과 중 건강하고 안전한 생활습관을 기를 수 있는 경험을 하도록 해야 한다.

교사는 다음과 같은 상호작용을 할 수 있도록 환경을 구비하고 지도한다.

인터폰 소리가 들리는데 누가 왔을까? / 이 음식은 이름이 뭘까? 단호박에서는 정말 단맛이 난다. / 오늘 점심의 맛있는 고기는 어떤 냄새가 나지? / 선생님이 새로 준비한 점토는 어떤 느낌인지 만져 볼까? 점토색이 변했네? 빨간색과 흰색을 합하니까 어떤 색이 되었지? 맞아, 분홍색이야. (점토놀이를 하는 동안 차분한 음악을 들려준다.)

선생님이 바닥에 도로를 만들었는데 음악에 맞춰 이 위를 걸어 볼까? / (커다란 블록, 다양한 크기의 공 등을 이용하여) 이 블록을 징검다리처럼 건너 볼까? 큰 공을 느리게 잡으러 가 보자.

예원이가 블록을 꺼내 볼까? / 컵에 물을 따라 보자. 물소리가 어떻게 나지? / 선생님이 첫 번째 단추를 끼워 볼 테니까 수진이가 두 번째부터 끼워 볼까? / 죔죔,[53)] 곤지곤지[54)] 해 볼까?

밥을 이렇게 어금니에 올려놓고 꼭꼭 씹어 보자. / 콩나물을 먹어 봤는데 깨가 씹혀서 정말 고소해. / 고등어를 잘 먹으면 뼈가 튼튼해지고 머리도 좋아진단다. / 선생님처럼 이렇게 비누를 바르고 손바닥과 손등, 손가락 사이를 문질러 볼까? (손 씻기 노래를 불러 주기) / 인형 아기가 목욕을 하고 나니 깨끗하고 예뻐졌네. / 라라반이 모두 좋은 꿈꿀 수 있게 자장가를 틀어 줄게. 이 음악을 들으면서 누워 있으면 편안해질거야.

2) 의사소통 영역

(1) 유아

유아는 일상생활에 필요한 의사소통 능력과 바른 언어 사용 습관을 기를 수 있

53) 양손을 쥐었다 폈다 하는 동작

54) 왼손 손바닥에 오른손 집게손가락 끝을 댔다 뗐다 하는 동작

는 활동의 경험에 중점을 둔다.

나비 비퍼[55]는 바닥에서 먹이를 먹는구나. 어떻게 움직이면서 먹는지 볼까? /물 속에 담가 둔 관음죽에서 이파리가 생겼어. 언제 솟아 나왔지? / 준석이 눈은 엄마랑 똑같구나. (〈닮은 곳이 있대요〉 노래 불러 주기) / 아빠가 시영이를 안고 웃고 계시는 걸 보니 참 행복한 가족 같다. (〈가족〉 노래 불러 주기[56])

오늘은 어떤 책을 읽어 볼까? (자신이 읽고 싶은 책을 스스로 선택하여 읽거나 교사가 개별적으로 그림책을 읽어 줄 때 교실의 언어 영역에 수업의 주제와 관련된 도서들을 배치하고 자연스러운 책읽기 유도하기[57])

(2) 영아

영아가 주변의 소리와 말소리에 관심을 가지고 의사소통 능력의 기초를 기를 수 있는 활동에 참여하는 것에 중점을 둔다.

도경이는 나비 머리핀을 정말 좋아하는구나. /우리가 놀이터에서 찍은 사진에 친구들이 누구누구 있지? (친구 관련 노래 함께 부르기) / 현서네 가족사진을 보니 현서와 준서의 눈이 정말 많이 닮았구나. / 사진 속에서 채윤이 엄마는 누구를 보며 웃고 세시지? (가족 노래 함께 부르기)

안녕? 준이야! 나는 바다에 사는 고래야. 너는 누구니? (일과 중 영유아가 원할 때 교사가 개별적으로 그림책을 반복하여 읽어 주면서 영유아가 좋아하는 장면을 상호 대화하듯이 리듬 있는 억양으로 이야기 들려주거나 관련 노래 불러 주기)

영아는 무엇을 그렸니? 이 사람은 누구니? (영유아가 원할 때 자발적으로 쉽게 끼적이기나 그림을 그리며 즐길 수 있도록 다양한 종이와 쓰기 도구를 상시 비치해 주고 그 내용에 대한 이야기를 들어 주기를 통해 음악활동에서의 표현력도 증진됨)

---

55) 수족관에서 기르는 작은 물고기 이름

56) 가족과 관련된 노래만 들어 있는 시디 상품도 있다.

57) 누르면 소리가 나거나 노래가 포함되어 있는 책을 선택하면 음악적인 상호작용이 가능하다.

3) 사회관계 영역

(1) 유아

자신을 존중하고 다른 사람과 더불어 생활하는 능력과 태도를 기를 수 있는 활동 경험에 중점을 둔다.

혼자서도 손을 잘 씻는구나. / 친구의 손을 잡아 도와줬구나. / 친구에게 함께 놀자고 했구나. (〈꼭꼭 약속해〉 노래를 불러 주기) / 바닥의 휴지를 주워서 쓰레기통에 넣어 주니 우리 교실이 깨끗해졌구나.

민준이가 오늘은 할아버지와 어린이집에 왔구나. 민준이 할아버지께 '안녕하세요?'라고 인사할까? /수지 동생이 태어났었는데 오늘은 엄마 품에 안겨서 언니를 따라 어린이집에 왔구나. 수지 엄마께 아기 이름이 뭔지 물어볼까? (〈가족〉, 〈내 동생〉, 〈옛날 옛적에〉 등의 노래를 불러 주기)

서율아, 영광이와 함께 이 블록으로 자동차 만들어 볼까? 어떤 색의 자동차가 좋을까? 영광이는 빨간색이 좋고 서율이는 초록색이 좋구나. 좋아하는 색으로 자기가 타고 싶은 자동차를 만들어 보자. 자동차 안에 누가 타면 좋을까? (〈자동차〉, 〈장난감 기차〉 등의 노래를 불러 주기)

민서야, 선생님이 이 인형들을 이쪽으로 옮겨 주고 싶은데 너무 많아서 민서가 좀 도와주면 좋겠어 / 혜정아, 팔이 불편한 세윤이 간식 그릇을 좀 대신 정리해 줄 수 있을까? 지난번에 세윤이가 혜정이 이불 정리를 도와 줬을 때 선생님은 기분이 참 좋아서 칭찬해 주고 싶었어. (〈정리할 시간〉 노래를 불러 주기) / 다른 친구도 칭찬해 주고 싶은데 어떤 행동을 했어?

우리 동네 이 도로의 이름은 무엇일까? / 우리가 사는 아파트 외에 어떤 건물이 있을까? / 우리 동네에서 가장 높은 건물은 어디에 있을까? / 그 건물에서 사람들은 어떤 일을 할까? (〈우리 동네〉 노래를 불러 주기)

(2) 영아

영아를 위한 사회관계 영역의 상호작용은 자신을 인식하고 친숙한 사람과 관계를 형성하여 다른 사람과 더불어 생활하는 경험을 강조하고 있다.

하윤이 사진이 가가반 교실에 있네. (영아의 사진을 교실 여러 곳이 게시하고 사진을 볼 때마다 영아의 이름을 친숙하게 불러 주기) / 다리를 높이 들어 주니까 기저귀를 갈기 편하구나, 고마워. (잠시 후) 이제 다 갈았어. 뽀송뽀송하니까 기분 좋지? (기저귀를 갈 때 전신 거울을 통해 자신의 신체를 보고 움직일 때 교사는 영아의 시선을 따라가면서 말해 주기) / 거울 속에 라임이의 얼굴이 보이네.

이 노랫소리는 누가 노래하는 소리야? 여기 춤추는 사람은 도담이 오빠구나. (가족사진이나 목소리가 있는 영상 등을 교실에 비치하고 이야기 나누기, 가족이 들려준 동화나 노래 등의 녹음, 가족과 주말에 찍은 사진, 가족이 영아를 그린 그림이나 함께 만든 인형 등을 교실에 두고 함께 놀이하기)

혜인아, 영창이가 왜 울까? 저렇게 큰 소리로 우는 걸 보니 정말 속상한 일이 있나 봐. 한 번 물어보자. / 이 얼굴은 누구야? (같은 반 친구 사진을 교실에 비치하여 찾아보고 이름을 말하기) / 예린이는 신나게 춤을 추고 있다. 기분이 너무 좋은 가봐. 주연이도 함께 춤춰 볼까? (〈나처럼 해 봐라〉 노래를 불러 주기)

4) 예술경험 영역

평가인증지표에서 예술경험 영역의 상호작용은 영아와 유아 간 구분이 없이 설명하고 있다.

음률 영역이나 일상에서 교사와 영유아가 좋아하는 노래를 함께 부르기 / 악기나 사물, 손과 발로 리듬에 맞춰 리듬이 있는 소리를 만들고 즐기기 / 일과 중 영유아가 자발적으로 악기를 다룰 때 제지하지 않고 '주홍이가 악기로 맞춰 주니까 노래가 더 재미있다. 박자를 잘 맞추는구나.' 등의 말로 격려하기 / 악기나 사물을 가지고 거울을 보며 음악에 따라 즐기는 활동도 격려하기

잡지, 다양한 질감의 종이, 돌이나 낙엽 등의 자연물, 폐품, 크기가 다양한 상자, 찰흙, 노끈, 실 등의 자료를 준비해 주기 / '접으면 어떤 모양이 될까? 쌓아 올려 보자. 잘라 볼까? 찍으면 어떤 모양이 나올 것 같니?' 등의 말로 유도하기 / 교사가 계획한 활동 외에 영유아가 원하는 것을 꾸미거나 다른 것을 만들 때 '그런 생각도 했구나. 멋지겠다. 더 쌓아 올려 보자.' 등의 말로 지원하기

5) 자연탐구 영역

자연탐구 영역의 상호작용도 영아와 유아 간 구분이 없이 설명하고 있다.

하나야, 이 종이는 만질 때 느낌이 어때? / 정말 맛있는 냄새가 나는데 오늘 점심은 뭘까? / 오늘 하늘이 정말 맑구나. / 바람 소리가 어제랑 다른 것 같아. (〈겨울바람〉 노래 불러 주기)

0~1세 반에서는 있다와 없다를 구별하고 1개와 여러 개의 수량을 지각하는 경험을 위해 '선생님이 가져온 이 통에는 파란 색연필과 빨간 색연필이 많아. 노란 색연필은 없어요' 등의 말을 하면서 놀이 자료를 제공하기

만 2세의 경우 많고 적음을 구별하게 되고 3개 가량의 구체물을 세어 보는 과정에서는 교실 내 준비된 놀잇감을 이용하기 / 영아들의 갈등 상황을 줄이기 위해 동일한 놀잇감을 3개 이상 준비한 경우가 많기 때문에 '이 인형이 하나, 둘, 셋! 하율이, 윤이, 도윤이 이렇게 셋이 하나씩 가지고 놀 수 있겠다' 등의 상호작용하기 / 일대일 대응을 하면서 수량을 인식하게 하기 위해 점심시간의 '선생님이 포크와 숟가락을 1개씩 짝지워 놓아 볼게. 너희들도 해 볼 수 있겠니?' 등의 말로 대화하기

날씨의 변화와 자연물을 관찰할 수 있도록 다양한 모양의 잎사귀, 낙엽, 다양한 표면의 돌, 나무토막, 열매 등의 자연물을 교실에 비치하고 지속적 관심을 유도하기 / '잎사귀 모양이 변한 것 같아, 왜 그럴까? 가장 커다란 낙엽은 어떤 것일까? / 이 돌은 만질 때 느낌이 어때? / 나무토막에 무늬가 있어. 돋보기로 자세히 관찰해

볼까? (봄, 여름, 가을, 겨울 노래 들려주거나 함께 부르기)

2 하루 일과의 상호작용

상호작용의 과정에서 교사는 안정되고 자신감 있는 태도로 임한다. 자연스러운 표정으로 영유아들과 눈을 맞추는 일상이 필요하다. 모든 일과에서 기본적으로 지켜야 할 기본적인 상호작용 방식은 다음과 같다.

- 대화하는 과정에서 영유아의 이름을 자주 불러 준다.
- 영유아의 행동이나 의견을 존중하고 인정해 준다.
- 집단으로 보육하고 있지만 개별적인 접촉을 많이 한다.
- 영유아의 표현에 개별적으로 반응해 준다.
- 발달에 적합한 어휘와 행동으로 반응해 준다.
- 영역별 목표에 맞춰 발문한다.
- 영유아의 행동을 문장으로 묘사해 준다.
- 영유아의 실수도 이해하고 존중해 준다.

「2017 어린이집 평가인증 안내 통합지표」(p. 170)에서는 영유아를 존중하지 않는 말과 행동의 사례로 3가지를 제시하고 있다.

- 영유아의 이름을 부르지 않고 반복적으로 야! 너! 애! 등으로 위압적으로 부르는 경우
- 표면적으로 존댓말을 사용하지만 영유아를 비꼬는 말을 하는 경우
- 대화 시 얼굴을 쳐다보지 않음, 짜증 내는 표정, 비웃음, 팔을 잡아 다니는 행동

이와 같은 상호작용 방식을 염두에 두고 교사가 각 일과에서 펼쳐야 할 문장을 정리해 보았다. 영유아의 생각을 끌어내고 표현하게 하는 상호작용 대화들은 음악

적인 부분의 생각을 끌어내고 표현하게 하는 일에 많은 도움이 된다. 획일적이고 지시적인 교사의 수업방식이 아닌, 영유아의 마음을 읽어 주고 개별 특성을 존중하면서 편안한 분위기의 교실에서 영유아들은 창의적이고 도전적인 성향을 갖게 된다. 모든 일과에서 상호작용을 주고받을 때 관련된 노래를 불러 주거나 동화를 들려주면서 진행할 수 있다.

1) 등원

- 어린이집에서 정말 맛있는 냄새가 나는데 오늘 아침 간식이 뭘까?
- 인터폰 소리가 들리는데 누가 왔을까?
- 민준이가 오늘은 할아버지와 어린이집에 왔구나. 민준이 할아버지께 '안녕하세요?'라고 인사할까?
- 유나는 눈 주변이 부었구나. 그랬어? 모기에 물려서 그렇구나.
- 준석이 이마가 좀 뜨겁구나. 열이 났는지 엄마에게 여쭤 볼게.
- 윤우야! 이마에 상처가 있네. 왜 그래?
- 장수풍뎅이가 오늘 아침에는 어제보다 더 빨리 움직이는구나.
- 토끼가 그려진 옷을 입고 왔네. 우리 반에 토끼인형이 있지? 오늘은 어디에 있을까?
- 어제 읽은 책 재미있었지? 오늘은 어떤 책을 읽어 볼까?
- 현서네 가족사진을 보니 현서와 준서의 눈이 정말 많이 닮았구나.
- 채윤이네 가족사진에서 엄마는 누구를 보며 웃고 계시는지 보러 들어가자.
- 엄마에게 '잘 놀겠습니다' 인사하고 손 씻으러 가자. 맛있는 간식이 있어. 뭘까?
- 주은이는 감기가 오래 가는구나. 힘들지? 기침이 심하네. 손으로 이렇게 가리고 하자.

2) 자유놀이

- 서희가 흥얼거리는 노래가 어떤 노래지? 선생님도 함께 불러 보고 싶다.
- 선생님 연주에 맞춰 노랫말을 만들어 볼까? (음률 영역에서 우쿨렐레 등으로 두 마디 정도의 선율을 들려주고 노랫말을 만들어 봄)
- 선생님이 새로 준비한 점토는 어떤 느낌인지 만져 볼까? 점토색이 변했네? 빨간색과 흰색을 합하니까 어떤 색이 되었지? 맞아, 분홍색이야.
- 도훈이가 예린이에게 함께 놀자고 했구나.
- 준영이가 블록을 꺼내 볼까? 이 블록 위로 징검다리처럼 건너 볼까?
- 서율아, 영광이와 함께 이 블록으로 자동차 만들어 볼까? 어떤 색의 자동차가 좋을까? 영광이는 빨간색이 좋고 서율이는 초록색이 좋구나.
- 좋아하는 색으로 자기가 타고 싶은 자동차를 만들어 보자. 자동차 안에 누가 타면 좋을까?
- 자동차 길을 만드는데 함께 만들어 줄 사람이 필요해. 누가 함께하면 좋을까?
- 재훈이는 배 접기를 하고 싶었어? 하고 싶은 거 해도 돼요.
- 풀 그림을 재미있게 하려면 5명씩 하는 게 좋을 것 같아. 5명이 하고 있으니까 다른 놀이 먼저 하고 있으면 좋겠다. 친구가 다 하면 수현이에게 알려 줄게.
- 인형 아기가 목욕을 하고 나니 깨끗하고 예뻐졌네.
- 아기가 자네요. 새온이가 안아 주고 싶어요?
- 우리가 뿌려 놓은 씨앗에서 싹이 올라왔어.
- 혜인아, 영창이가 왜 울까? 한 번 물어보자.
- 이 인형이 하나, 둘, 셋! 하율이, 윤이, 도윤이 이렇게 셋이 하나씩 가지고 놀 수 있겠다.
- 그런 생각도 했구나. 멋지겠다. 더 쌓아 올려 보자.
- 잎사귀 모양이 변한 것 같아, 왜 그럴까?
- 가장 커다란 낙엽에는 어떤 무늬가 있을까?

- 이 돌은 만질 때 느낌이 어때?
- 나무토막에 무늬가 있어. 돋보기로 자세히 관찰해 볼까?
- 나무를 이렇게 잘 그렸구나. 친구들이 보도록 전시해 보자.
- 경희는 기운이 없어 보이네. 어디 아프니? 휴식 영역에서 좀 쉴까?

3) 대집단 활동

- 선생님이 들려주는 음악은 어떤 노래를 연주한 것일까? (이야기 나누기 주제와 관련된 친숙한 동요를 연주음악으로만 들려주고 이야기를 나눔)
- 선생님이 가장 좋아하는 음악인데 들어 볼래?
- 이 음악을 들을 때 리본막대를 박자에 맞춰 흔들어 볼 수 있니? / 리듬막대를 흔드는 것 말고 또 뭘 해 볼 수 있을까?
- 이 화보에는 여러 가지 도구가 있구나. 이 드릴은 어떨 때 사용하는 걸까?
- 이 동그라미들을 큰 것부터 차례대로 쌓아 올려 보는 놀이를 할 건데 할 수 있겠지? 누구부터 시작할까? ㅁㅁ를 발표한 리희부터 책상으로 가자. 그다음은 화장실에서 친구를 도와준 하영이 가자. 그다음은 ….
- 우리 어제는 점토로 마음대로 꾸미기를 했지? 점토를 이 틀로 찍으면 어떤 모양이 나올 것 같니? 점토놀이를 좋아하는 유빈이가 말해 볼까? 오리 모양을 보니 선생님은 오리 노래가 생각난다. 오리 오리 꽥꽥~♬
- 그림책 속의 원숭이는 왜 화가 났을까? 원숭이가 화가 났을 때 팔을 어떻게 움직였지?
- 그래, 손을 번쩍 든 태진이가 나와서 만져 보고 친구들에게 말해 주자.
- 주호처럼 생각할 수도 있구나. 왜 그렇게 생각했어?
- 민선아, 어떻게 하면 좋을까?
- 종이들을 마음대로 골라서 만들 건데, 이렇게 접으면 어떤 모양이 될까?

- 이 종이에서 사각사각 소리가 나네. 예원이는 어떤 소리로 들려?
- 이 종이는 만질 때 어떤 느낌이 날지 만져 보고 싶은 친구 있니?
- 우리가 오리고 남은 이 종이들은 어디에 버리면 좋을까?
- 그래. 수호는 엄마가 일본사람이셔. 수호는 한국도 알고 일본도 알아서 참 좋겠다.

4) 바깥놀이

- 나나반 친구들이 다 있는지 세어 볼게.
- 놀이터 바닥이 안전한지 선생님이 살펴볼게.
- 우리, 나오기 전에 나뭇잎 관찰해 보기로 했지? 돋보기 필요한 사람?
- 하나야, 그네 앞은 위험하니까 이쪽 길로 가자.
- 어제 모래를 친구에게 뿌린 사람이 있었지? 모래는 뿌리는 게 아니고 재미있게 가지고 노는 거지? 오늘 모래놀이부터 할 사람?
- 안전하게 길을 건너려면 어떻게 해야 할까? (〈건너가는 길〉 노래를 불러 주기)
- 친구들이 저렇게 달리는 모습을 북소리로 표현해 보면 얼마나 빠르게 쳐야 할까? 저 친구들이 좀 천천히 달리도록 북소리를 천천히 내 볼까?
- 정말 잘 하는구나. 한 바퀴 더 돌아볼까?
- 우리 동네 이 도로의 이름은 무엇일까? (〈우리 동네〉 노래를 불러 주기)
- 우리가 사는 아파트 외에 어떤 건물이 있을까?
- 우리 동네에서 가장 높은 건물은 어디에 있을까?
- 그 건물에서 사람들은 어떤 일을 할까?
- 오늘 하늘이 정말 맑구나. 하늘은 무슨 색일까? (〈가을은 무슨 색〉 노래를 불러 주기)
- 은행나무에서 무슨 냄새가 나지? 어제 영실이는 새가 똥 눈 냄새라고 했어.

- 바람 소리가 어제랑 다른 것 같아. 너희들 느낌은 어때? (〈가을바람〉 노래를 불러 주기)
- 우리, 놀이터에서 친구들 모두 사진 찍어 볼까?
- 서준이는 어떤 책을 읽고 싶어?
- 마트 전단지에서 과일 그림을 오려서 책 만들기 할까?
- 손뼉을 치면서 노래 불러 볼까? 이번에는 발을 구르면서 해 봐도 재미있겠다.
- 동원이는 무엇을 그렸어? 그래? 정말 멋진 기차구나. (〈장난감 기차〉 노래를 불러 주기)
- 소고 연주를 하는구나. (고개를 끄덕여 박자를 맞춰 주기)
- 우리가 생태공원에서 가져온 이파리들이 어떻게 변했나 볼까? (〈가을은 무슨 색〉 노래를 불러 주기)
- 주아는 색종이로 비행기를 접었는데 날려 보고 싶구나. 바깥놀이에 가지고 나갈까? (〈비행기〉 노래를 불러 주기)
- 다인이는 나비 퍼즐을 좋아하는구나. 나비야 나비야 이리 날아 오너라~♬
- 선화는 기운이 없어 보인다. 어디 아프니? 의자에 앉아서 좀 쉴까?
- 하윤이는 열이 나고 힘드니까 바깥놀이 가지 말고 방○○ 선생님과 쉬는 것이 좋겠다. 그렇지?
- 날씨가 갑자기 추워졌는데 얇게 입고 온 친구가 많구나. 우리 자동차 타고 놀까? (〈간다 간다〉 노래를 불러 주기)
- 지윤아, 우리 바깥놀이하면서 거미 봤지? 거미가 어떻게 움직였지? 거미가 줄을 타고 올라갑니다~♬
- 비가 와서(혹은 미세먼지가 나쁨 상태여서) 놀이터에 나가지 못하지? 그래서 □□□놀이를 할 거야.

5) 급간식

- 세은아, 밥을 이렇게 어금니에 올려놓고 꼭꼭 씹어 보자.
- 콩나물을 먹어 봤는데 깨가 씹혀서 정말 고소해.
- 숟가락으로 먹을까? 손으로 먹으면 묻을 것 같아.
- 정말 맛있다. 더 먹고 싶은 친구 있니? 더 줄까?
- 멸치를 잘 먹으면 뼈가 튼튼해지고 머리도 좋아진단다.
- 귤을 먹으면 감기에 잘 안 걸린다고 해.
- 준우야, 이 음식은 이름이 뭘까? 정말 단맛이 난다.
- 주연아, 오늘 점심의 맛있는 고기는 어떤 냄새가 나지?
- 신맛이 나는 건 어떤 거지?
- 오늘은 어떤 음식이 가장 맛있었어?
- 선생님이 포크와 숟가락을 1개씩 짝지어 놓아 볼게. 너희들도 해 볼 수 있겠니?
- 우리는 왜 골고루 먹어야 할까?
- 소연이는 먹고 난 자리를 벌써 정리했구나. 깨끗해.
- 형민아, 발을 다친 민혁이 간식 그릇을 좀 대신 정리해 줄 수 있을까? 지난번에 민혁이가 형민이 인형을 찾아줬을 때 선생님은 기분이 참 좋아서 칭찬해 주고 싶었어.

6) 낮잠

- 라라반 친구들이 모두 좋은 꿈꿀 수 있게 자장가를 틀어 줄게.
- 다다반 친구들이 편하게 잘 수 있도록 선생님이 블라인드를 내려 줄게.
- 조명도 포근하게 해 줄게.
- 잠이 안 오는 친구는 친구들에게 방해되지 않게 조용히 쉬면 돼요.
- 강민아, 이 음악을 들으면서 누워 있으면 편안해질 거야.
- 기침이 나오면 소매로 가리고 하는 거 알지?

- 잠이 안 오는구나. 선생님이 토닥토닥해 줄까?
- 친구들은 아직 꿈나라인데 벌써 깼구나. 다시 눈감으면 선생님이 자장가 불러 줄게.
- 깼구나. 다른 친구들에게 방해되지 않게 조용히 쉬자.

7) 일상생활

- 예지는 혼자서도 손을 잘 씻는구나. 손을 손을 씻어요~ ♬
- 손에 있는 세균이 없어지게 깨끗이 닦아 보자.
- 쓰레기통을 만졌으니까 손을 씻어야겠다.
- 상처가 났구나. 선생님이 손 씻고 약 발라 줄게.
- 소매를 걷고 물을 틀어 볼까?
- 세수했구나. 거울 볼까? 더 예뻐졌네. (〈요기 여기〉 노래를 영유아 이름을 넣어서 불러 주기)
- 시은아, 선생님처럼 이렇게 비누를 바르고 손바닥과 손등, 손가락 사이를 문질러 볼까? (〈손 씻기 송〉 노래를 불러 주기)
- 예은이는 칫솔과 양치컵을 정리했구나. 이가 반짝반짝하네!
- 선생님이 (영아반에게는) 잇몸까지 닦아 줄게. (〈치카치카〉 노래 불러 주기)
- 칫솔로 윗니 먼저 닦아 보자. 잘했어.
- 양치는 혼자 할 수 있지?
- 옷이 젖었구나. 갈아입는 게 좋겠다.
- 재솔이가 지우의 손을 잡아 도와줬구나.
- 채은이가 바닥의 휴지를 주워서 쓰레기통에 넣어 주니 우리 교실이 깨끗해졌구나.
- 유림이랑 요한이는 같은 치약을 쓰는구나. 치약 이름 알고 있어? 읽어 볼까?

- 컵에 물을 따라 보자. 어떤 소리가 나지?
- 선생님이 첫 번째 단추를 끼워 볼 테니까 새온이가 두 번째부터 끼워 볼까?

8) 귀가

- 설우는 엄마랑 웃는 모습이 똑같구나. 엄마를 다시 만나 좋아하는 웃음이야. (〈닮은 곳이 있대요〉 노래를 불러 주기)
- 아빠가 시영이를 안고 웃고 계시는 걸 보니 참 행복한 가족 같다. (〈가족〉 노래를 불러 주기)
- 영찬아, 길 건너서 집에 갈 때 양쪽 살펴보고 가는 거 알지? (〈건너가는 길〉 노래를 불러 주기)
- 지연이랑 지유, 엄마랑 마트에 갈 거야? 엄마! 오늘은 뭘 사실 건가요?
- 예서야, 수지 동생이 태어난 거 알지? 오늘은 엄마 품에 안겨서 언니를 보러 어린이집에 왔구나. 수지 엄마께 아기 이름이 뭔지 물어볼까? (〈내 동생〉 노래를 불러 주기)
- 지환이는 혼자서 신발을 잘 신는구나.

참고 문헌

참고 문헌

김미경·권정윤(2018). 동요를 활용한 통합적 유아음악교육 프로그램 개발 및 적용. 한국유아교육학학회 2018년 추계정기학술대회 자료집.

교육부(1999). 유아를 위한 전통문화 교육활동 지도자료 -음률편-.

교육부(2000). 유치원 교육과정 지도자료.

교육부(2010). 유치원 지도서 총론.

김영옥·홍혜경·이현경·이규림(2014). 영유아 인성교육 프로그램 마음씨앗 가꾸기. 서울: 다음세대.

김현주·유청옥(2008). 리듬·움직임으로 만나는 재미있는 수학. 아이코리아 연수자료.

김혜경(1991). 유아를 위한 음악교육. 서울: 삼광출판사.

김혜경(1995). 유치원 행사활동계획. 서울: 동문사.

김혜경(1996). 유치원 음악교육의 이론과 실제. 서울: 창지사.

김혜경(2001). 유아음악교육2000. 서울: 창지사.

김혜경(2008). 영유아프로그램 개발과 평가. 서울: 창지사.

김혜경(2009). 영유아음악활동의 이해. 경기: 공동체

김혜경(2013). 영유아음악교육. 서울: 창지사.

김혜경(2014). 아동음악. 경기: 공동체.

김혜경(2015). 저출산 세대의 슈퍼대디. 경기: 공동체.

김혜경(2018). 원장리더십과 평가인증 실무. 서울: 창지사.

김혜경(2019). 영유아기관 운영과 관리. 서울: 창지사.

김혜경(2020). 영유아프로그램 개발과 평가. 서울: 창지사

김혜경(2021). 영유아기관 운영과 관리. 서울: 창지사

김혜란(1987). 영유아활동 중심의 음악 지도가 영유아의 음악 학습에 미치는 영향. 중앙대학교 교육대학원 석사학위논문.

마이클 로젠(1994). 곰 사냥을 떠나자. 서울: 시공주니어.

신약성경잠언편찬위원회(2015). 개역개정 신약성경. 잠언. 서울: 아가페출판사.

박경애(1986). 유치원 음악교육환경에 관한 조사연구. 숙명여자대학교 교육대학원 석사학위논문.

보건복지부(2014). 3-5세 연령별 누리과정 교사용 지침서.

보건복지부(2014). 제3차 어린이집 표준보육과정. 교사용 지침서.

보건복지부(2019). 2019 보육사업 안내.

보건복지부·중앙육아종합지원센터(2013). 제3차 어린이집 표준보육과정에 기초한 연령별 보육프로그램의 활용.

색동유치원(2008). 유아음악교육의 통합적 교육활동 및 부모참여 프로그램 연구.

안재신(1994). 상상력 개발을 위한 영유아기 음악 교육과정 연구. 단국대학교 대학원 석사학위논문.

염현경(2009). 표준보육과정에 기초한 음악 활동, CTS 영유아문화원 강의자료.

이연섭(1995). 유아교육과정. 서울: 창지사.

임미혜(1994). 주의집중을 위한 손유희. 서울: 창지사.

조윤미(2004). 함께 즐기는 유아국악교육. 서울: 창지사.

한국기독교유아교육학회(2008). 유아기 영적 발달을 위한 음악의 이론과 실제.

한국보육시설연합회(2011). 어린이집 원장·교사 윤리강령.

허혜경·김혜영·우정순(2015). 영유아 음악교육의 이해와 적용. 서울: 태영출판사.

황인주(2000). 유아국악교육이 국악음악성과 국악선호도에 미치는 영향. 이화여자대학교 대학원 석사학위 청구논문.

Arnoff, F. W. (1979). *Music and young children* (expended de.). New York: Turning Wheel Press.

Bugos, J. (2016). Contemporary Research in Music Learning Across the Lifespan: Music education and human development. Tylor & Francis Ltd.

Cirelli, L. K., Einarson, K. M., & Trainor, L. J. (2014). International synchrony increases prosocial behavior in infants. *Developmental Science*, pp. 1-9.

Coleman, S. N. (2016). Creative Music for Children: A Plan of Training Based on the Natural Evolution of music, including the making and Playing of Instruments Dancing Si. Forgotten Books.

Colwell, R. (2017). Policy and Political Life of Music Education. Oxford University Press.

Crozier, R. (2016). *Practical Guide for music Educators*. Faber Music.

Drösser, C. (2015). 음악본능 (전대호 옮김). 서울: 북하우스 퍼블리셔스 해나무.

Flesch, A. (2017). *Exploring the Science of Sounds: 100 Musical Activities for Young Children*. Gryphon House.

Gallahue(1989). "Young children's acquisition of selected art concepts using the medium of blocks with teacher guidance." *Early Child Development and Care*, *27*, pp. 19-20.)

Geographic National(2018). *Look & Learn: Let's Make Music*. National Geographic Soc Children's books.

Gilliom, B. (1970). *Promise into Practice*. Columbus Public Schools.

Gray, P. M., Krause, B., Atema, J., Payne, R., Krumhansl, C., & Baptista, L. (2001). "The Music of nature and the nature of music". In: *Science291*, pp. 52-54.

Greenhalgh, Z. (2018). *Music and Singing in the Early Years: A Guide to Singing with Young Children*. Taylor & Francis Ltd.

Hal Leonard Publishing Cooperation (2016). *Singer's Musical theatre Anthology-Children's Edition*. Hal Leonard Corp.

Hanke, M. (2016). *100 Idears for Primary Teachers: Making Musical Schools*. Bloomsbury Children's Education.

Hanna, W. (2017). *The Children's Music Studio: A Reggio-inspired Approach*. Oxford University Press, USA.

Hargreaves (1986). Developmental psychology of music education. *Psychology of Music*, *14*, pp. 702-703.

Highlights for children(2018). Highlights Super Challenge 숨은 그림 찾기: Music Mania 신나는 음악나라. 소란.

Hoffer, C. R. (2008). 음악교사론 (안미자 옮김). 서울: 이화여자대학교 출판부.

Klein, M. D., Cook, R. E., & Richardson-Gibbs, A. M. (2016). 영유아 교육현장 장애유아 통합교육 전략 (유수옥·문연심·김호연·송미선·김혜경·심성경·박주희 옮김). 서울: 창지사.

Kupferstein, H. (2016). *Music Therapy Techniques That will Encourage Learning for Children and Adult!*. Future Horizons Inc.

Levitin, D. J. (1994). Absolute memory for musical pitch: Evidence from the production of learned melodies. In: *Perception & Psychophysics, 56*(4), pp. 414-442.

Lindman, C. (2017). Musical Children with CD: Engaging Children in Musical Experience. Taylor & Francis Ltd.

MacPherson, S. (2017). *The Musical Education of the Child, Some Thoughts and Suggestions for Teachers, Parents and Schools*. Trieste Publishing.

McDonald (1979). *Music in our lives: The early years*. Washington, DC: National Association for the Education of Young Children.

McTavish, A. (2018). *Expressive Art and Design in the Early Years: Supporting Young Children's Creativity Through Art, Design, Music, Dance and Imaginative Play*. Routledge.

Patel, A. D. (2008). *Music Language and the Brain*. New york: Oxford University Press.

Perry (1993). "Music in early childhood education.", In B. Spodek (Eds.). *Handbook of research on the education of young children*, pp. 207-224. New York: Macmillan.

Perry & Draper (1987). *Music and Child Development*. New York: Springer-Verlag.

Revers, Z. G. (2007). *The Psychology of a Musical Prodigy*. Kessinger Publishing.

Riley, P. E. (2016). *Creating Music: What Children From Around the World Can Teach Us*. Rowman & Lifefield Publishers.

Rowe, V., Pachet, F., & Triantafyllaki, A. (2018). *Children's Music-Making with Reflexive Interactive Technology*. Taylor & Francis Ltd.

Rowen, B. (1982). *Tuning into Your Child*. Humanics Publishing Group.

Rudkovsky, L. (2017). *American Holidays Songs: Children Book with 16 American Holidays Songs, Music Charts, Illustrations and Coloring Fragments*. Createspace Independent Publishing Plattform.

Scheldt, K. (2010). *Guiter Songbook for Music Therapy: A Collection of Children's Songs, Spirituals, and Folk Songs*. Mel Bay Pubns.

Schellenberg, E. G. (2005). "Music and cognitive abilities." In: *Current Directions in Psychological Science*, *14*, pp. 317-320.

Scott, S. (2017). *Music Education for Children with Autism Spectrum Disorder: A Resourse for Teachers*. Oxford Univ Pr.

Serafine, M. L. (1986). *Music, Cognition and instruction*. Academic Press: Orland.

Spodek, B. & Saracho, O. N.(1990). "Early childhood curriculum construction and classroom practice". *Early child development and Care*, *61*, pp. 1-9.

Spodek, B. & Saracho, O. N. (1994). *Right from the Start*. Massachusetts: Allyn and Bacon.

Storms, J. & Griffiths, A. (1995). *101 Music Games for Children: Fun and Learning with Rhythm and Song*. Hunter House.

Tayor, L. J. (2016). *Children of Music*. Creatspace Independent Publishing Platform.

Williams, L. (2013). *Sound and Music: Progression in Play for Babies and Children*. Featherstone Education.

Woolhouse, M. & Tidhar, D. (2010). "Group dancing leads to increased person perception." *Proceeding of the 11th International on Music Perception and Cognition*, pp. 605-608. Seattle, WA. Oxford University Press.

Young, S. (2018). *Critical New Perspectives in Early Childhood Music: Young Children Engaging and Learning Through Music*. Routledge.

〈참고 사이트〉

국가직무능력표준. www.ncs.go.kr.

국립국악원. www.gugak.go.kr.

네이버뮤직. music.naver.com.

아이코리아. www.aicorea.org.

알짜닷컴. www.aalzza.com.

어린이집·유치원 통합정보공시. www.childinfo.go.kr.

영유아교육경영연구소. www.kidsnme.org.

조선닷컴. www.chosun.com.

키드키즈. www.kidkids.net.

한국보육진흥원. www.kcpi.or.kr.

한국생활안전연합. www.safia.org.

한국어린이집총연합회. www.koreaeducare.or.kr.

www.coursera.org.

www.education.com.

www.khanacademy.org.

www.NACCRRA.org.

저자 김혜경

이화여자대학교 사범대학 유아교육과에 진학하여 유아교육과 영어교육을 복수전공한 이후 다양한 경력과 학력을 소유하고 있다. 최근까지 영유아교육경영연구소를 운영하며 모교의 유아교육과 겸임교수로 재직하였다. 현재는 어린이집원장으로 일하며 어린 천사들과 함께 하고 있다.

유아교육과 영어교육 외에 각기 다른 대학교에서 교육학(전남대학교), 음악학(서울대학교), 지도자학(총신대학교), 문예창작(중앙대학교)을 공부하였다. 30여 년 다양한 직업으로 영유아교육을 즐기며 일해 왔고 20대 후반부터 집필활동이 멈춰지지 않는다. 아무래도 Hypergraphia 증상 같다. 최근에는 여행 등 여러 가지 방식으로 글쓰기에 과도한 몰두를 절제하면서 가능한 만큼만 출판작업을 하고 있다.

주요 활동과 경력

- 세곡나비어린이집 원장
- 영유아교육경영연구소장(www.kidsnme.org)
- 이화여자대학교 사범대학 유아교육과 겸임교수
- 건국대학교 교육대학원 유아교육전공 겸임교수
- 광주보건대학교 유아교육과 전임교수
- CTS TV 영유아문화원 고문(kids.cts.tv)
  "영유아가 나라의 미래다" 제작 및 진행
- EBS "라디오 멘토 부모" 육아리포트 패널
  "부모라디오 알토란"/"부모의 시간" 출연진
- 서울특별시육아종합지원센터 초대 소장(어린이집 원장 겸직)
- 서울특별시보육정책위원회 부위원장
- 서울특별시 서초구 보육정책위원장
- 서울형 어린이집 공인인증 심의위원
- 아이낳기좋은세상 서울운동본부 위원

- 저출산 극복 운동 공로 “보건복지부장관상” 수상
- 한국육아지원학회 사업이사
- 아이코리아연수원장 / 보육교사교육원장
- 민주평통 자문위원
- 2014년 올해의 이화인
- 영유아 관련 저서 50여 권

최근 대표저서 및 연구

- 영유아기관 운영과 관리(2021)
- 영유아프로그램 개발과 평가(2020)
- 영유아기관 운영과 관리(2019)
- 원장리더십과 평가인증 실무(2018)
- 보육의 회복: 원장의 시선(2016)
- 저출산 세대의 슈퍼대디(2015)
- 보육교사론(2014)
- 아동음악(2014)
- 영유아프로그램 개발과 평가 제 3판(2013)
- 영유아교육기관 운영관리 개정 2판(2013)
- 영유아음악교육(2013)
- 영유아건강교육(2012)
- 어린이집 개원하기(2012)
- 원장리더십(2012)
- 부모도 이미지메이킹이 필요하다(2012)
- 유아교사를 위한 교직의 이해(2011)
- EBS 라디오멘토 부모(2010)
- 교구교재 연구 및 지도법(2010)
- 영유아음악활동의 이해(2010)
- 유아를 위한 도박중독예방교육 프로그램 운영 연구(2010)

연락처: kidsnme@hanmail.net

제2판

영유아음악교육2021

초판 1쇄 인쇄 2019년 3월11일
초판 1쇄 발행 2019년 3월15일
제2판 1쇄 발행 2021년 2월10일

지 은 이 | 김혜경
펴 낸 이 | 김기섭
편 집 인 | 김민수
펴 낸 곳 | 창지사 www.changjisa.com
08589 서울시 금천구 가산디지털 1로 83 파트너스타워 1차 9층
전화 (02)719-2211~3
팩스 (02)701-9386
등 록 | 1977년 4월 28일 · 제1-421호

ISBN 978-89-426-1436-3 (93370)

값 20,000원